Communication Theory for Christian Witness

기독교 커뮤니케이션론

찰스 H. 크래프트 지음   박 영 호 옮김

CLC

Communication Theory
for Christian Witness

By
Charles H. Kraft

Translated by
Young-ho park

Copyright © 1991 by Charles H. Kraft.
Originally published by Abingdon Books
as Communication Theory for Christian Witness
by Charles H. Kraft.
Translated by permission of Orbis Books
Maryknoll, New York 10545, U.S.A.

Korean Edition
Copyright © 2001, 2021 Christian Literature Center, Seoul, Korea

제1판 서문

우리는 커뮤니케이션(communication)을 당연한 일로 생각한다. 이것이 문제이다. 커뮤니케이션은 햇빛, 가정의 수도나 가스 장치 또는 우리 몸의 혈액 순환과 같이 주로 무의식으로 진행된다. 그런 극히 중대한 체계들에 문제가 일어나지 않으면, 우리는 심지어 그런 체계들의 존재도 인식하지 못한다. 그리고 그런 문제가 일어날 때, 우리는 "나는 무슨 일이 일어났는지 도무지 이해할 수가 없다!"라고 말한다. 그러나 그와 같은 문제들은 종종 우리가 그 체계들을 적절하게 돌보지 않았기 때문에 발생한다.

어떤 중대한 체계에 일어나는 이와 같은 문제들은 그 체계가 어떻게 작용하고 있는지를 알고 있는 사람에게는 놀라운 일이 아니다. 왜냐하면 그들에게는 일종의 기사의 지침서가 있기 때문이다. 즉 그 체계가 어떻게 작용하고 무슨 일을 하고 있으며, 바르게 기능하지 않을 때 수리하는 법에 대한 일련의 지침을 갖고 있다는 것이다.

본서는 기독교 커뮤니케이터들을 위한 간단한 지침이 되고자 하는 의도를 가지고 있다. 왜냐하면 많은 기독교 커뮤니케이터들이 커뮤니케이션 체계가 어떻게 움직이고 있는지에 대해 거의 이해하지 못하고 있는 것으로 보이기 때문이다. 우리는 이 체계를 기독교의 목적들을 위해 사용하고 싶어하지만, 일이 잘못될 때 종종 그 원인을 알지 못한다. 일이 제대로 이루어질 때에도 우리는 무슨 일이 일어나고 있는지도 거의 알지 못하는 것이 사실이다.

커뮤니케이션은 항상 사람들이 있는 시간에 그리고 사람들이 있는 장소에서 진행된다. 산다는 것은 곧 커뮤니케이션을 하는 것이다. 우리가 말하고 행하는 모든 것, 모든 독특한 버릇, 모든 얼굴 표정, 우리가 앉고 일어서는 방법, 옷을 입는 방법, 다른 사람들에 의해 해석될 수 있는 우리와 관련된 모든 일은 무엇인가를 커뮤니케이션한다. 따라서 문제는 "우리가 의도한 바에 가깝게 다른 사람들이 무리 없이 받아들이게 하려면 이런 활동들이 어떻게 관리되어야 하는가?"라는 것이다.

커뮤니케이션을 하려고 할 때 우리는 다른 사람들과 우리를 분리하고 있는 모든 간격을 가로질러 그들에게 접근한다. 그 간격은 가족 구성원들 간의 간격일 때와 같이 비교적 작을 수도 있고, 또는 크게 다른 사회들의 구성원들간의 간격일 때와 같이 상당히 큰 간격일 수도 있다. 그러나 적어도 커뮤니케이션 사건들에 참여하는 사람들의 생활 경험에는 항상 차이가 있을 것이다. 그리고 종종 커뮤니케이션 참여자들은 성(性), 사회 계급, 연령, 교육 배경, 직업, 하위 문화(subculture), 지방 사투리 등과 같은 커뮤니케이션 간격을 넓히는 추가적인 특성들도 갖고 있을 것이다. 이런 차이들은 신뢰와 개방성과 같은 눈에 잘 띄지 않지만 가장 깊은 수준의 커뮤니케이션에 강력한 영향을 끼치는 요인들로 작용한다.

효과적인 커뮤니케이션을 이루고자 한다면, 이런 간격에 교량을 놓아야 한다. 이 교량 작업은 수령자들, 즉 메시지를 받은 사람들에 의해 이루어질 수도 있다. 통례적으로 이 교량 작업은 심지어 서투른 커뮤니케이터가 전달하는 메시지라도 수용할 수 있는 높은 동기 부여를 받은 수령자들에 의해 이루어진다. 그러나 기독교 메시지를 듣는 모든 사람들이 그와 같은 높은 동기 부여를 받는 것이 아니다. 그러므로 커뮤니케이터들은 자신들이 이해되고 있다는 확신을 얻고자 한다면 종종 그들은 거의 수령자들에게 이르는 교량을 놓아야 할 필요가 있다. 숙련된 커뮤니케이터는 이러한 교량을 건설하는 법을 알아야 한다.

모든 인간 행동과 마찬가지로 막연히 일어나는 일은 없다. 커뮤니케이션 과정이 진행될 때 따라야 하는 규칙들과 패턴들과 원칙들이 있다. 이 규칙들이 준수될 때, 커뮤니케이션 과정은 대개 잘 진행된다. 반면에 이 규칙들을 따르지 않을 때, 대개 일이 잘 진행되지 않는다. 그렇다면 그 규칙 또는 패턴들은 무엇인가? 어떻게 우리는 규칙들을 식별하여 따를 수 있을까? 우리가 따를 수 있는 모범들은 존재하는가? 본서가 관심을 갖는 문제들이 바로 그런 내용들이다.

주제는 커뮤니케이션이다. 그리고 초점은 기독교 메시지의 효과적인 커뮤니케이션에 맞추고 있다. 하나님께서는 위대하신 커뮤니케이터(communicator)이시다. 그러므로 우리 그리스도인들은 하나님의 메시지의 수령자들로, 그리고 다른 사람들에게 그 메시지를 커뮤니케이션하는 동역자들로 하나님께 우리의 마음 문을 열고 있다. 하나님께서는 자신의 메시지를 전하기 위해 이 땅에 오셔서 완전히 자신을 드리셨다. 그리고 어떤 심오한 목적을 위해 이 메시지를 전하는 과정에 우리를 끌어들이셨다. 그렇다면 우리는 이 과제에 있어 우리의 역할을 얼마나 훌륭하게 수행하고 있는가?

본서에서 나는 커뮤니케이션 과정의 역학을 독자 여러분에게 커뮤니케이션 하고자 한다. 나는 이어지는 여러 장들에서 제기되는 고려 사항들에 비추어 여러분에게 위의 질문을 하고자 한다. 그리고 만일 여러분이 나의 의도에 따라 해석을 한다면, 여러분은 적어도 다음과 같은 두 가지 사항에 대한 식견을 얻을 것이다. 즉, 첫째로 여러분은 효과적인 커뮤니케이션 교류가 일어나는 법칙들과 원리들에 대한 식견을 얻을 것이고, 둘째로 하나님께서 자신의 메시지를 커뮤니케이션하기 위해 이 원리들을 사용하신 특정한 방법들에 대한 식견을 얻을 것이다.

따라서 본서는 두 가지 판단 기준으로 다루어질 것이다. 즉 성경과 현대의 커뮤니케이션 이론이다. 나는 우리의 활동과 하나님의(성경에 제시된) 활동에 나타나는 커뮤니케이션 차원들에 비추어 이론을 전개하고자 한다. 그럴 때에 하나님의 커뮤니케이션 활동은 우리가 본받아야 하는 모범과 우리가 따라야 하는 방법들을 제시할 수 있다. 왜냐하면 하나님께서는 전달되어야 하는 메시지들만을 계시하신 것이 아니라 그 메시지들을 효과적으로 커뮤니케이션할 수 있는 방법까지 계시하셨기 때문이다. 즉 하나님께서는 자신이 말씀하시는 내용을 바르게 들을 수 있는 해석 기술들을 소유하고 있는 수령자들을 위해 자신의 메시지를 효과적으로 커뮤니케이션할 수 있는 방법까지 계시하셨다.

나는 본서가 전문적으로 또는 비전문적으로 기독교 메시지를 커뮤니케이션하는 사역에 적극적으로 참여하는 사람들을 위한 기초적인 커뮤니케이션 안내서가 되기를 바란다. 나는 하나님께서 사용하시는(따라서 하나님께서 인정하시는) 커뮤니케이션 이론과 관습을 관찰하고 분석하는 시각을 가지고 균형 있게 커뮤니케이션 이론과 관습을 다루고자 한다. 나는 자료들을 극단적으로 단순화하지 않으면서 단순하게 제시하고, 전문적으로 또는 인위적으로 조작함 없이 정확하게 제시하고, 간결하고 포괄적으로 제시하고자 노력했다.

여러분이 본서를 읽음으로 (1) 커뮤니케이션 과정의 역학에 대한 보다 명확한 깨달음을 얻고, (2) 하나님께서 자신의 목적을 위해 이렇게 인간이 식별할 수 있는 커뮤니케이션 방식들을 사용하시는 방법들을 이해하고, (3) 이 구분들에 따라 여러분 자신의 과거와 현재의 커뮤니케이션 활동을 분석하는 능력을 개발하고, (4) 커뮤니케이터로서 여러분의 기술들을 계속 향상시킴으로 하나님께서 여러분을 파송하신 사람들에게 하나님께서 의도하신 의미들이 여러분을 통해 보다 더 효과적으로 전해질 수 있기를 기도한다.

나는 현재 다른 문화간의 커뮤니케이션을 전공하는 전문 선교사들을 가르치고 있다. 나는 인류학, 언어학, 그리고 신학 훈련을 받고 있다. 그리고 나는 나의 선교(나이지리아) 사역과 학문 생활에서 기독교의 메시지를 다른 사회와 언어 생활권에 있는 사람들에게 효과적으로 전달하는 일과 관련된 문제들에 초점을 맞추어 왔다. 비록 본서의 초점은 영어 언어권 내에서의 커뮤니케이션에 맞추고 있지만, 다른 문화의 경험들에서 얻는 식견들이 매우 일상적인 상황들에서 만나는 문제들과 큰 관련을 갖고 있다는 사실을 알게 될 것이다.

　나는 이 기획에 도움을 준 많은 사람들에게 감사를 표하기 원한다. 그 많은 사람들 중에 특별히 이 자료의 많은 부분을 시험한 대상이었던 청중들에게 감사한다. 이들은 풀러 신학교와 아쉴랜드 신학교의 여러 학급의 학생들로부터 이밴젤리즘(전도) 아카데미 회원까지 다양하다. 평가할 수 없을 정도로 귀중한 도움을 준 사람들로는 나의 아내, 마거리트, 나의 조교들인 로스 벤슬리와 폴 먼치, 나의 비서들인 켄 슬렝코비치, 켄 클레베, 조안 시주, 세비타 벤슬리, 제니퍼 딜라하, 베티 앤, 그리고 나의 비서들과 나에게 자신들의 워드 프로세서를 사용하도록 허락하고 또한 사용법을 가르쳐준 E. 토마스 박사와 베티 수 브류스터 박사가 있다. 또한 초고를 완성할 수 있도록 긴 휴가를 허락한 풀러 신학교와 학부의 직원 동료들에게 감사한다.

　커뮤니케이션을 받는 사람들에 대해 사용된 용어들에 대해 한마디하지 않을 수 없다. receptors(역주: 수령자 또는 「수용자・청자」로 번역함)라는 용어가 비록 커뮤니케이션을 받은 사람들이 상당히 수동적인 것으로 의미하는 것처럼 보이지만, 보통 나는 커뮤니케이션을 받는 사람들을 수령자로 칭한다. 간혹 respondents(응답자), interactants(상호 활동자), participants(참여자), audience(청중), receivers(수령자), 또는 hearers(청취자)를 사용하기도 한다. 응답자나 상호 활동자라는 용어는 커뮤니케이션을 받은 사람들이 커뮤니케이션 과정에서 능동적이라는 사실을 훌륭하게 지적하기 때문에 이 용어들이 수령자라는 용어보다 일반적인 용어로 바람직하게 보일 것이다. 그러나 응답자와 상호 활동자라는 용어는 너무 전문적으로 '느껴진다'. 그래서 나는 이 두 용어를 자주 사용하지 않기로 결정했다. 청중이라는 용어는 발전 가능성이 있어 보이기는 하지만 수령자보다 나은 장점을 갖고 있지 않다. 나머지 세 용어들은 너무 불명확하기 때문에 계속적인 수식을 필요로 한다. 비록 수령자라는 용어가 약간 전문적이며 많은 수동성을 내포하고 있지만, 사용 가능한 용어들 중에 내가 사용하기에 가장 결함이 적은 용어로 결정되었다.

Communication Theory for Christian Witness

개정판 서문

본서의 개정판을 출판할 수 있게 되어 매우 기쁘다. 이 일을 가능하게 한 오르비스 출판사(ORBIS BOOKS)에 크게 감사한다. 초판은 평론가들에게, 그리고 교실 안팎에서 사용한 사람들에게 만족스러운 반응을 받았다. 그리고 그 책으로 교육을 받은 여러분들이 달리 충족될 수 없었던 만족을 얻었다고 평했다.

본 개정판은 조금밖에 변경되지 않았지만, 몇 가지 새로운 특징을 갖게 되었다. 제1장은 완전히 새로운 장으로 초판에서 다루어지지 않은 결함을 메웠다. 제4장과 제5장은 어떤 면에 있어 너무 길었던 초판의 3장의 내용을 새롭게 정리하고 확대했다. 그리고 제9장은 상당 부분 다시 고쳐 기록하여 이에 해당하는 초판 제7장의 단점들 중 일부를 정정하고 확대했다. 그래서 초판은 총 10장이었으나 본 개정판은 12장이 되었고, 그 중 대부분은 초판을 새롭게 편집한 것이다. 초판을 사용했던 사람들이 주목할 한 가지 추가적인 변화는 남성과 여성 대명사들을 엇갈려 사용하던 습관을 버린 것이다. 이것은 하나의 실험이었으나 내가 느끼기에 효과가 좋지 않았다.

이 새 개정판을 발행하면서, 예수께서 하셨던 것처럼 하나님의 메시지를 명확하고 효과적으로 커뮤니케이션하는 보다 큰 재능이 여러분에게 함께 하기를 예수의 이름으로 축원한다.

Communication Theory for Christian Witness

기독교 커뮤니케이션론

목차

제1판 서문 / 3
개정판 서문 / 9
서론 / 13

제 1 장 성부 하나님과의 친밀함 ------------------------------ 17
제 2 장 커뮤니케이션에 있어 하나님께서는 무엇을 원하시는가? -------- 35
제 3 장 커뮤니케이션에 관련된 열 가지 통념 ------------------ 59
제 4 장 인간과 메시지 ---------------------------------- 83
제 5 장 메시지와 기술 ---------------------------------- 105
제 6 장 중요한 참여자: 수령자 --------------------------- 129
제 7 장 의미는 어떻게 생겨나는가? ------------------------ 151
제 8 장 사람들의 빈번한 오해를 어떻게 막을 수 있을까? ----------- 179
제 9 장 우리가 사용하는 전달 수단들 ----------------------- 195
제10장 환경이 담당하는 역할 ----------------------------- 225
제11장 유능한 커뮤니케이터는 어떻게 활동할까? ---------------- 245
제12장 삶의 변화를 위한 커뮤니케이션 ---------------------- 275

Communication Theory for Christian Witness

서론

　　인간 커뮤니케이션(human communication)이란 사람과 사람 사이의 의사 소통이며 대화를 말한다. communication은 라틴어의 communis(共有)에서 유래하였으며 communicare, sharing, meeting of mind(마음의 만남)등으로 표현된다. 마음과 마음이 만나서 함께 그 느낌의 공감을 나누기 위해 상호 전달하고자 하는 내용을 바르게 전달하고자 하는 것이다. 그러므로 의사소통은 참여자가 화자(話者)와 청자(廳者)의 역을 교대로 수행해야 가능하며 또 자신의 의사를 전달하는 일만큼 상대방의 이야기를 듣는 일도 매우 중요하다. 참여자가 지식, 정보, 의견, 신념, 감정, 경험 등을 나누어 갖는 행위이다. 이러한 의사 소통은 두 참여자간의 가치의 준거 틀이 다르기 때문에 때로는 의사 소통에서 의미적 갈등(semantic conflict)이 올 수 있다.
　　커뮤니케이션이란 한 약속된 기호를 통하여 서로 메시지를 보내고 받아서 공통된 의미를 수립하고 나아가서 서로의 행동에 영향을 미치는 다양한 과정 및 행동이다. 의사 소통은 화자와 청자 사이에 관계성과 내용성을 갖게 된다. 대화란 그 대화의 내용이 중요하기도 하지만 또한 내용이 무엇이든 간에, 어떤 것이든 그 대화를 나누는 상대방과 서로 인간적 관계성을 갖게 된다. 그러므로 의사 소통에 있어서 내용 전달이 바로 되기 위해서는 의사 소통의 내용과 어울려 의사 소통하는 서로의 인간적 관계성이 우선 자극되는 것이 필요하다. 그리고 대화에서 피드백(feedback; 양방향)은 상대의 대화를 촉진시키는 주요 요인이 된다. 고개를 끄덕이거나, "네", "그래요", "음", "저런" 등으로 정보를 수신하고 있음을 표시한다. 그러므로 대화 기법, 침묵, 반사(다시 말해준다), 연민(같은 처지)과 공감, 지지, 칭찬 등이 필요하다.

의사 소통은 언어적 의사 소통, 비언어적 의사 소통, 그리고 시청각적 의사 소통이 있다. 언어적 의사 소통에는 서면 커뮤니케이션(written communication) 구두 커뮤니케이션(spoken communication)이 있다. 언어적 의사 소통은 화자와 청자 사이에서 전달하고자 하는 내용의 15-35% 정도의 내용만을 전달받을 수 있으며 감정을 통한 공감형성이 약하므로 의미 전달이 매우 약하다. 대화를 할 때 청자의 생각하는 속도는 1분에 400단어이고 화자는 1분에 250단어를 구사하게 되므로 듣는 속도가 말하는 속도보다 더 빠르므로 대화의 흐름이 일정하게 유지되고 공감 형성이 되기 위해서는 상호의 노력이 요구된다.

비언어적 의사 소통의 방법을 사용할 때 화자와 청자는 상호 75%의 내용을 전달하는 보다 큰 힘을 가지고 있다. 예를 들어 몸짓 언어(body language), 접촉(skin touch), 눈맞춤(eye balling), 몸동작(gesture), 표정 등을 생각할 수 있으며 더 풍부한 감정을 전달할 수 있다. 다만 비언어적 대화에는 상호 감정의 명료화(clarification)가 더욱 필요하다. 비언어적 의사 소통으로 표정의 의미는 더욱 다양한 의미를 전달할 수 있는 매체이다. 한 사람의 표정은 그 자신의 안면 근육 80개 중 약 50개 정도의 근육이 사용된다. 이 안면 근육을 사용하여 서양인은 700개의 표정을 통해 비언어적 의사 소통을 하고 있으나 동양권 특히 한국인들은 300-400개의 표정을 만들어 낸다. 이러한 표정은 내면의 세계를 외부로 드러내고 많이 드러낼수록 감정의 교류가 다양하게 이루어 질 수 있는 것으로 상호 이해를 더욱 쉽게 할 수 있는 것이다.

시청각적 의사 소통이란 교사가 일군의, 즉 집단적으로 학생들에게 직접 제시하거나 학습의 상황에서 유용하게 쓰일 수 있는 시청각 자료를 준비해서 제공하므로 이루어질 수 있는 의사 소통을 말한다.

인간 커뮤니케이션(human communication)은 따뜻한 마음(warm heart, emotion)과 차가운 이성(cool head, logic)이 필요하며 철저한 신뢰와 정확성에서 이루어져야 한다. 그러므로 의사 소통이 다양한 기술(skill), 동기(motivation), 지식(knowledge)을 기초로 하고 있음을 알 수 있다.

1. 기독교 커뮤니케이션의 기초

커뮤니케이션에 대한 기독교적 이해가 시도되면서 기독교 커뮤니케이션학이 하나의 독자적 학문으로 자리잡고 있다. 커뮤니케이션의 궁극적 기초로서의 하나님은 한 본체(one substance)에 삼위가 따로 존재함으로써 서로 밀접한 커뮤니케이션 관계에 있으며, 서로 커뮤니케이트를 하고 있다. 이 완전한 내적 사역(innerwork; 성부, 성자, 성령에서 유지되는 관계성)으로서의 하나님 안의 커뮤니케이션은 모든 커뮤니케이션의 기원과 궁극적 목적을 설명하여 준다. 신성 안에서의 커뮤니케이션은 위격들 사이에 있는 「나-너(I-thou)의 관계」를 말해주고 있다. 성자 예수께서 성부 하나님께 기도한다는 사실에서 분명히 나타난다.

커뮤니케이션의 대상으로서의 피조물은 삼위일체 하나님의 작품이다. 피조물은 하나님에 의하여 보존되며, 하나님과 피조물 사이의 커뮤니케이션이 이루어진다. 하나님은 성육신을 통하여 자신을 계시하는데 이것은 하나님께서 그의 피조물에게 커뮤니케이션하시는 것을 나타낸다.

2. 기독교 커뮤니케이션의 단절

인간은 지음 받을 때부터 하나님과 더불어 커뮤니케이션을 하였다. 하나님과 아담의 대화에 나타나는 여러 내용들이나, 아담과 하와 사이의 완벽한 커뮤니케이션은 하나님의 형상(Image of God)으로 지음 받은 인간의 모습을 보여주고 있다. 인간은 하나님과 동료 인간과 완벽한 커뮤니케이션을 하였으나, 범죄와 타락으로 말미암아 이것이 단절되므로 심각한 문제가 인간 사회에 나타나기 시작했다. 성경은 이러한 단절을 "모든 사람이 죄를 범하였으매 하나님의 영광에 이르지 못하더니"(롬 3:23)라고 표현하였다. 이러므로 인간은 하나님과의 커뮤니케이션의 단절, 자신과의 커뮤니케이션의 단절, 다른 사람들과의 커뮤니케이션의 단절을 가져왔다.

3. 기독교 커뮤니케이션의 회복

하나님과 인간 사이의 커뮤니케이션의 단절은 죄로 말미암은 것이었다. 그 결과 자신과의 커뮤니케이션이 단절되고 다른 사람과의 관계, 그리고 자연과의 관계까지 단절되었다. 이러한 커뮤니케이션의 단절은 죄의 극복을 통해서만 회복할 수 있다. 이 회복은 정확한 의사 전달만이 아니라 인간이 처음 창조되었을 때의 하나님과 인간 관계, 인간과 인간 관계, 나아가서 인간과 자연의 관계가 회복되는 것까지 포함한다.

죄로 말미암아 단절된 커뮤니케이션이 그리스도로 말미암아 회복되고, 회복된 공동체인 교회를 통하여 경험된다. 이것이 기독교 커뮤니케이션 이론의 기초가 되며, 이러한 바탕 위에서 기독교 커뮤니케이션을 이해하여야 한다.[*]

---

[*] 본 서론은 박영호 교수가 첨가한 것이다.

제1장 성부 하나님과의 친밀함

1. 인격적인 말씀

> 너희 안에 이 마음을 품으라 곧 그리스도 예수의 마음이니. (빌 2:5)
> "나를 따라오너라 내가 너희로 사람을 낚는 어부가 되게 하리라 하시니" (마 4:19)
> 이 모든 날 마지막에 아들로 우리에게 말씀하셨으니. (히 1:2)

나는 여러 사회의 기독교 커뮤니케이션을 전공하는 사람으로 하나님의 커뮤니케이션 방법에 관하여 성경이 우리에게 보여주는 내용에 점점 더 매력을 느낀다. 커뮤니케이션을 더욱 깊이 공부하기 시작하면서 새로운 시각, 즉 커뮤니케이션에 중점을 둔 시각으로 성경을 보기 시작하고 있다는 것을 깨달았다. 그러면서 나에게는 여러 가지 의문들이 생기기 시작했다.

나는 이전에 성경의 가르침을 발견하고 사용하려는 근본적인 목표로 성경을 연구했지만, 이제 그런 가르침들이 최초 수령자들(receptors, 廳

者)에게 어떻게 전달되었고, 또 우리에게는 어떻게 전해지고 있는가에 대한 의문들을 제기하기 시작했다. 그리고 나는 이전에 예수 그리스도 안의 하나님의 성육신에 매혹되었지만, 이제는 특별히 하나님께서 기적적으로 인간의 삶 속으로 들어오시는 커뮤니케이션의 차원에 초점을 맞추기 시작했다.

내가 과거에 성경의 가르침에 대한 관심을 갖지 않았던 것은 아니다. 그렇지만 이제 이 가르침들이 어떤 방법으로 수령자들의 마음과 정신에 전달되었는지, 그리고 그 전달로 인해 당시 하나님의 메시지들을 커뮤니케이션하기 위해 마련된 모범(example)에 대한 호기심의 차원이 추가되었다. 예수 그리스도의 태도와 관련된 커뮤니케이션의 함축 의미들을 상고하면서, 내가 이미 과거부터 각별한 관심을 가지고 있던 빌립보서 2:5의 "너희 안에 이 마음을 품으라 곧 그리스도 예수의 마음이니"라는 구절들이 추가적인 의미를 갖기 시작했다.

마태복음 4:19의 "내가 너희로 사람을 낚는 어부가 되게 하리라"도 마찬가지이다. 만약 우리가 사람들을 '낚는' 방법을 배우고자 한다면 필수적으로 커뮤니케이션을 배워야 한다. 나는 질문하기 시작했다. 예수와 제자들간에 이루어진 상호 작용의 역동적 커뮤니케이션 (the communicational dynamics of Jesus' interaction with his disciples)이 예수와 그들과의 관계에 기초를 둔 것이 아닐까? 예수께서 다른 사람들과 상호 작용하는 방법은 그들에게 커뮤니케이션하는 방법을 가르치기 위한 것이 아니었을까? 그렇다면 우리는 어떻게 커뮤니케이션을 해야 하는가에 대한 실마리로 예수의 행동들뿐만 아니라 그 행동들의 기초를 이루는 태도를 연구해야 하지 않을까?

성경에 기록되어 있는 사례 연구들의 커뮤니케이션 차원들은 우리를 위한 모범들로 간주될 수 있을 뿐만 아니라 보다 분명한 가르침들이라는 확신이 나에게 계속 증가되어 왔다. 따라서 예수께서 "나를 따라 오너라"라고 말씀하실 때, 그리고 바울이 "나를 본받으라"라고 말할 때, 우리는 그들 삶의 다른 모든 측면들뿐만 아니라 커뮤니케이션의 모범까지도 본받을 수 있으며, 또한 본받아야 한다.

　여러 세대에 걸쳐서 하나님의 말씀을 커뮤니케이션하기 위해 노력해온 우리는 우리의 메시지를 위해 성경에 의지했다. 하지만 나는 우리가 우리의 방법에 있어서는 성경에 의지하지 않았던 것을 유감스럽게 생각한다. 나는 개인적으로 성경의 영감은 메시지뿐만 아니라 방법에까지 이른다고 확신한다. 따라서 본서에 있어서 나의 목표는 하나님의 메시지를 이해하기 위한 성경의 방법을 명확히 설명하는 것이다. 내가 주장하는 방법은 하나님의 방법이며 우리가 그분의 메시지들을 전달하고자 할 때 따라야 한다고 추천하는 방법이다.

　비록 이 방법을 위해 성경의 맨 처음부터 접근해 나가야 할 것이지만, 주로 예수의 모범에 초점을 맞추게 될 것이다. 물론 하나님께서는 다른 사람들(선지자)을 통하여 인간들과 커뮤니케이션하셨다(히 1:1). 그러나 하나님의 가장 뛰어난 방법-하나님께서 제시하신 가장 훌륭한 커뮤니케이션의 교량(the best communicational bridge)-은 예수이셨다(히 1:2).

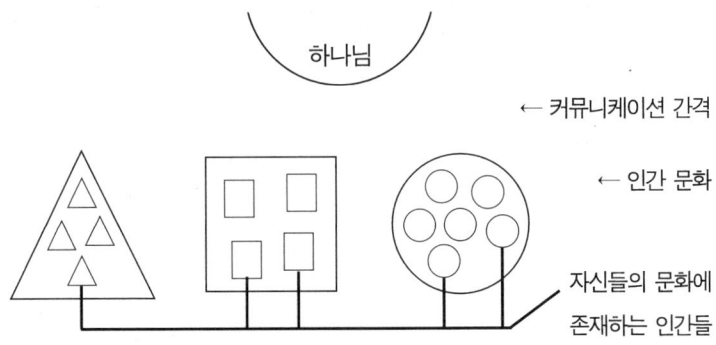

그림 1) 하나님과 인간들간의 커뮤니케이션 간격

　적용을 위해, 하나님께서 계신 곳과 우리가 있는 곳 사이의 간격(gap)을 건너 인간들에게 이르시는 데 있어 하나님께서 가지셨던 문제를 주목해

보자:

　문제는 이렇다: 완전하시고, 무죄하시고, 전지하신 하나님께서 어떻게 유한하고, 죄악되고, 나약한 인간들과 당신 사이에 놓여 있는 커뮤니케이션의 간격을 건너실 수 있을까? 그 대답은 하나님께서 실제로 어떻게 그 문제를 해결했는지를 보여주는 성경 자료들을 분석함으로 찾을 수 있다. 물론 궁극적으로 그 간격을 단번에 극복하기 위해서 하나님 자신께서 "인간이 되셨다"(요 1:14, 빌 2:7). 그러나 나머지 성경 분석(예를 들어, 그리스도 이전) 또한 교훈적이다.

　우리는 온 세상에 좋은 소식들을 전파하라는 소명을 받는다(막 16:15, 마 28:18-19, 행 1:8). 그러나 같은 사회에 사는 인간들 사이에도 커뮤니케이션의 간격이 있고 다른 사회에 사는 인간들 사이에는 훨씬 더 커다란 간격이 있다.

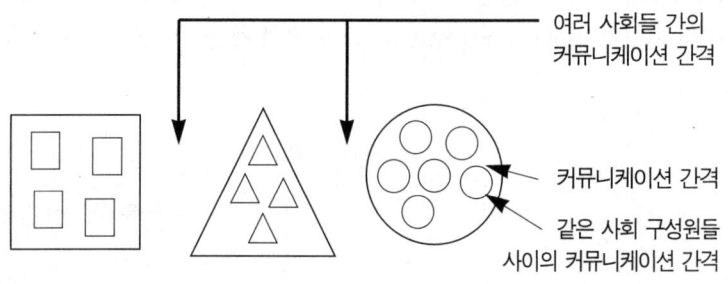

그림 2) 인간들 사이의 커뮤니케이션 간격

　그러면 우리는 어떻게 인간들 사이에 있는 커뮤니케이션 간격을 극복하는 방법을 배울 수 있을까? 하나님의 모범을 본받음으로써 배울 수 있다. 이어지는 단락에서 나는 우리가 보다 더 효과적으로 사용할 수 있도록 하나님의 모범을 분석하고자 한다.

2. 간격과 다리

모든 커뮤니케이션의 상호 작용은 그 사이의 간격과 간격을 이어주는 교량을 포함하고 있다. 커뮤니케이션의 간격은 항상 인간들, 그리고 그 인간들과 상호 작용을 하려고 하는 자들 사이에 존재한다. 그들은 다른 인간들일 수도 있고, 하늘에 있는 존재들일 수도 있다. 그러한 간격을 극복하기 위해서 커뮤니케이션의 교량이 필요하다. 커뮤니케이션 이론을 전공하는 우리는 커뮤니케이션의 교량들이 어떻게 놓이고 그 교량들을 어떻게 건너는지에 대해서 이해하려고 노력하는 데 대부분의 에너지를 소모한다. 하나님께서 자신의 메시지들을 어떻게 인간들에게 전달하시는지 이해하기 위해 이 통찰력을 적용할 필요가 있다.

교량은 다리 양끝을 가지고 있다. 입구와 출구이다. 교량은 양끝이 잘 연결되어 있어야만 한다. 나는 넓은 강을 가로지르는 교량이 절반 가량 건설된 것을 본 적이 있다. 누군가가 강의 반대편으로 교량을 연결하는 방법을 알아내기 전까지 거의 40년 동안 교량은 그 상태로 있었다. 비록 다른 한쪽 끝으로 잘 연결되긴 했지만 교량은 40년 동안 쓸모 없이 반쪽만 놓여 있었다.

커뮤니케이터(communicator, 송신자, 정보원, 전달자, 전달하고 싶은 내용을 잘 설득할 줄 아는 사람)가 되려는 사람은 누구든지 커뮤니케이션의 교량 양끝에 잘 연결되어야 한다. 나중에 알게 되겠지만, 커뮤니케이터는 커뮤니케이션이 이루어지는 교량이기 때문이다. 메시지가 시작되는 쪽의 말단(여기는 커뮤니케이터의 내부나 외부일 것이다)을 우리는 정보의 끝(source end) 또는 커뮤니케이터의 끝이라고 칭한다. 그리고 메시지가 다른 사람에 의해서 해석되는 끝을 우리는 수령자의 끝(receptor end, 수용자의 목적지)이라고 부른다.

다음에 이어지는 장들에서는 주로 수령자 쪽의 교량의 끝에서 어떤 일이 이루어지는지에 초점이 맞춰질 것이다. 우리는 다음 장들에서 커뮤니케이터들이 전달하고자 하는 내용에 어떻게 도달하는지에 초점을 맞추지 않을 것이다. 따라서 분석과 적용은 예수께서 자신의 인간 청중들과의 관계에서 보여주신 모범을 우리가 따를 수 있도록 설계될 것이다.

하지만 교량의 근원에 있어서, 우리의 모델이신 예수께서 자신이 전달한 내용을 받으신 방법을 이해하는 것이 중요하다. 그러므로 이 서두의 장(章)에서 우리는 예수께서 전달하고자 하셨던 메시지들의 근원이신 하나님과 예수의 관계를 깊이 생각하고자 한다. 그리고 앞으로 나아가면서 우리는 예수의 모범을 우리가 어떻게 따를 수 있고, 또한 어떻게 따라야 하는지에 주의를 기울일 것이다.

3. 성자 예수

태초부터 하나님께서는 자신을 커뮤니케이션하는 하나님으로 나타내셨다. 하나님께서는 자신의 피조물들에게 메시지를 보내는 것을 결코 멈추지 않으셨다. 이 과정에서 하나님께서는 여러 가지 방법을 사용하셨다(예를 들어, 꿈, 천사, 불타는 숲). 그러나 하나님께서는 다른 인간들에게 접근하는데 인간들을 통한 역사를 더 선호하신 것 같다. 따라서 하나님께서 자신의 궁극적인 커뮤니케이션 방법을 나타내셨을 때, 그 방법은 곧 인간이 되신 하나님의 성자라는 사실이 밝혀졌다(히 1:2). 하나님께서 선택하신 최고의 방법은 하나님께서 자신의 성자라고 부르시는 분이셨다.

아들은 가족의 한 구성원이며 따라서 부모와 분리될 수 없는 관계에 있다. 아들이 아버지를 만족스럽게 하든지 그렇지 못하든지 이 관계는 존재한다. 아들은 아버지의 집에서 자라나고 무의식적으로 아버지와 비슷하게 행동하는 것을 배운다. 유전적인 이유로 아들은 심지어 아버지처럼 보이기도 한다. 가정에서의 친밀한 접촉으로 인해 아들은 아버지처럼 행동한다.

그러나 이러한 아버지와 아들의 관계는 악화되지 않을 때에라도 주의를 필요로 한다. 아들은 아버지와 함께 시간을 보내야 한다. 만일 아버지나 아들의 선택으로 인해 이렇게 함께 보내는 시간이 상실된다면, 아들은 아버지를 많이 닮아가기보다는 오히려 아버지에게서 멀어질 수 있다. 아버지들의 말에 귀기울이고 순종하기를 거부하는 아들은 불충실한 아들들로 칭해진다.

이것이 아담이 행했던 방식이고, 그의 대부분의 자손들, 그리고 결국 하나님께서 자신의 가장 아끼는 민족으로 선택했던 이스라엘 민족이 행동했던 방식이다. 그들은 그들의 아버지이신 하나님에게 귀기울이고 순종하기를 거부하고 하나님에게서 빗나갔다. 첫 사람 아담은 충실성의 시험에서 탈락했다(고전 15:45-47). 아담의 많은 자손들이 충실했던 반면에, 다른 많은 자손들은 그들의 아버지 하나님에게 등을 돌리고 그 분을 떠났다. 예레미아서 3장 19절에서 20절까지의 말씀에서 하나님께서는 이스라엘에 대해 다음과 같이 한탄하셨다:

> 내가 스스로 말하기를 내가 어떻게 하든지
> 너를 자녀 중에 두며 허다한 나라 중에
> 아름다운 산업인 이 낙토를 네게 주리라 하였고
> 내가 다시 말하기를 너희가 나를 나의 아버지라 하고
> 나를 떠나지 말 것이니라 하였노라
> 그런데 이스라엘 족속아 마치 아내가 그 남편을 속이고 떠남 같이
> 너희가 정녕 나를 속였느니라 여호와의 말이니라

그러나 두 번째 아담이신 예수께서는 성부 하나님과 우리의 관계가 무엇을 전제로 하고 있는지를 모범으로 보여주셨다. 예수께서는 성부와 시간을 보내신 충실한 아들이셨다. 모든 인간들처럼 예수께서는 유전에 의해서 하나님의 형상과 모양을 소유하셨다(창 1:26). 그리고 예수께서는 연합으로 인해 '그 본체의 형상'에까지 이르심으로 '하나님의 영광의 광채'를 반영하게 되셨다(히 1:3).

인간이 되면서 예수께서는 신적 속성들을 버리시고, 인간의 상태에서 그 속성들을 절대로 사용하지 않겠다고 성부 하나님에게 동의하셨다(빌

2:6-8). 그 다음에 두 번째 아담으로 예수께서는 진정한 아들 신분의 모델 역할을 하셨으니, 곧 예수께서는 완전한 인간으로 사탄을 물리쳐 승리하셨을 뿐만 아니라 우리가 본받을 수 있는 모범을 제시하셨다. 예수께서는 시험을 받으셨고(히 4:15), 순종을 가르치셨고(히 5:8), 인간의 아들로서, 첫 사람 아담이 실패했던 충실성의 시험을 통과하심으로 온전해지셨다(히 2:10). 첫 사람 아담의 모범이 아닌 예수의 모범은 다음에 이어질 것이다.

4. 성부와 예수의 친밀성

예수께서는 자신의 유전을 기초로 한 것이 아니라 인간으로서 자신의 행동을 기초로 하여 시험을 통과하셨다. 예수께서는 인간들에게 예정되어 있는 성부 하나님과의 친밀한 관계를 신중하게 확립하시고 지속하셨다. 바른 아들의 신분은 친밀성을 요구한다. 그러나 친밀성에는 노력이 따른다. 그러므로 예수께서는 성부와의 친밀성을 지속시키려고 노력하셨다. 비록 예수께서는 인간이기에 하나님과 인간들 사이에 존재하는 거대한 커뮤니케이션 간격으로 인해 하나님으로부터 분리되셨지만, 그는 규칙적으로 평상시의 의무들에서 떠나 혼자 있는 시간에는 아버지와 함께 있는 시간을 가지셨다. '물러가서 한적한 곳에서 기도하는 것'이 예수의 습관이었다(눅 5:16, 6:12, 9:18, 28, 11:1, 22:41).

예수께서 성부와 이런 시간을 보내는 동안 하셨던 일에 대해 기도라는 용어가 사용될 때, 그 용어는 무엇을 의미하는 것일까? 우리는 보통 그 단어를 하나님께 어떤 것들을 청하는 행동에 주로 사용한다. 하지만 예수께서 성부와 시간을 보내셨던 대부분의 방식이 그런 것이었다고 생각하지 않는다. 보다 합리적으로 나는 예수께서 아마 그 시간을 전날에 일어난 사건들이나 앞으로 올 계획들을 의논하는데 보내시지 않았을까 생각한다. 예수께서 그 많은 시간을 단지 성부의 팔에 안겨 휴식을 취하는데 보내셨을까? 하나님과 예수께서 무엇을 했든지 간에 우리는 하나님과 예수께서 관계를 깊게 하고 계셨고, 친밀성을 '더욱 키워가고' 있었다고 확신할 수 있다. 하나님과 예수께서는 교량에 있어 '하나님께서 계신 쪽'에 가까이 행하심으로 예수께서 교량의 다른 한쪽 끝에서 효과적으로 사역하시는데 필요한 권세를 얻으셨을 것이다. 아래에서 보게 될 것처럼 친밀성과 권세, 이 두 가지는 '하나님에게'(to God) 유형의 기도와 반대되는 '하나님과 함께'(with God) 유형의 기도이다.

성부와 예수의 관계는 절대적 의존 관계였다. 그런 관계를 드러내기 위한 목표로 예수께서는 "아들이 아버지의 하시는 일을 보지 않고는 아무것도 스스로 할 수 없나니 아버지께서 행하시는 그것을 아들도 그와 같이 행하느니라"(요 5:19)라고 말씀하셨다. 예수께서는 전적으로 성부의 권세 하에서 자신의 삶을 사셨고 자신의 사역을 수행하셨다. 예수께서는 어떤 일도 자신의 권세로 행하지 않았다(요 5:30). 예수께서는 성부와 동등할 수 있는 권리를 가지고 있었음에도 불구하고 성부의 권세 하에서 종의 위치를 지키셨다(빌 2:7). 예수께서는 지상에 계시는 동안 자신이 물려받으신 신적 능력들을 사용하지 않으시기로 성부와 동의하신 것으로 보인다(Wagner 1988: 113-27을 보라). 그러므로 예수께서는 세례 때에 성령께서 자신에게 임하시기 전에는 기적을 행하지 않으셨다(눅 3:21-22). 세례를 받은 이 시점부터 예수께서는 전적으로 성령의 능력 아래에서 완전한 인간으로 성부의 '일들을 하실'(요 9:4 KJV, work the works) 수 있었다.

성령에게 복종하시면서, 예수께서는 성부께서 자신에게 커뮤니케이션하신 것에 신중한 주의를 기울이셨으니, 곧 하나님에게 들은 것만을 세상에 말하고(요 8:26, 28, 38), 그리고 성부로부터 받은 것만을 가르치셨다(요 7:16.). 예수께서는 순종 가운데 성부의 일들을 행하셨고(요 5:17), 자신이 보았던 성부의 일을 행하셨으며(요 5:19-20), 자신이 행동들을 통해 하나님께서 어떤 분이신지를 나타내셨고(요 10:37-38, 14:11), 항상 자신의 행하시는 일들로 성부를 기쁘시게 해 드렸다(요 8:29).

5. 우리도 동일한 친밀성을 필요로 한다

이렇게 예수께서는 성부와 우리의 관계가 어떠해야 하는지를 모범으로 우리에게 보여주셨다. 왜냐하면 예수와 마찬가지로, 우리도 가르침과 권세를 받기 위해서 하나님께서 계신 교량 끝에 단단히 연결될 필요가 있기 때문이다. 예수와 마찬가지로 우리도 바로 성부와의 친밀성으로 말미암아 하나님의 일들을 행할 수 있는 권세를 부여받는다. 예수에게서 그러했던 바와 마찬가지로, 하나님께서 우리에게 행하라고 지시하시는 바를 행할 수 있는 능력은 성령에게서 온다.

교육 사역을 시작하셨을 때, 예수께서는 "내가 나와 함께 있게 하기 위해 너희를 택했다"라고 말씀하시며 열두 제자를 택하셨다. 그들이 예수와 함께 시간을 보낸 후에 비로소 예수께서는 그들을 "보내사 전도도 하며 귀신을 내어쫓는 권세도 있게" 하실 수 있었다(막 3:14-15). 예수께서는 자신이 모범을 보여주신 성부의 친밀성과 똑같은 친밀성을 그들이 구축할 때, 그들도 자신이 행했던 일을 행할 뿐만 아니라 그보다 더 한 일도 행할 것이라는 약속도 하셨다(요 14:12).

따라서 말씀뿐만 아니라 행위로도 커뮤니케이션하시는 하나님의 접근을 지향하는 사도들에게 필요한 첫 단계는 그들의 권세의 근원이신 하나님과 친밀한 관계를 발전시키는 것이었다. 예수께서는 제자들을 떠나시면서 그들에게 성령께서 능력을 주실 때까지 기다리면(눅 24:49, 행 1:4) 하나님께서 그들에게 의도하시는 역사를 행할 수 있을 것이라고 말씀하셨다. 그들에게 의도된 역사의 주요 부분은 예수의 권세로, 그리고 성령의 능력으로 세상에서 증인이 되는 것 - 커뮤니케이션 - 이었다(행 1:8).

그리고 이 일은 우리에게 있어서도 동일하다. 그러므로 만일 우리가 예수의 일들을 효과적으로 행하고자 한다면 우리는 예수와 친밀해야 한다. 왜냐하면 "[예수]를 떠나서는 [우리]가 아무것도 할 수 없음이라"(요 15:5). 우리가 하는 일이 구두로 하는 것이거나 능력을 나타내는 일이거나 간에 우리가 커뮤니케이션 교량을 통해 하나님으로부터 인간들에게 전달하는 메시지들은 오직 하나님에게서만 나올 수 있는 것이다. 그리고 우리의 일은 우리 즉 커뮤니케이터들이 하나님과 연결되어 있고 하나님으로부터 그 메시지들을 받을 때에만 가능할 수 있다.

그래서 하나님의 방식으로 하나님의 메시지들을 전달하려고 하는 사람들에게 유일하게 적절한 출발점은 친밀하고, 의존적이고, 경청하고, 순종하는 하나님과의 관계를 발전시키는 것이다. 이 사실은 우리를 그 다음의 질문으로 나아가게 한다. 즉 "이 관계는 어떻게 발생하는가?"라는 질문이다.

6. 여섯가지 유형의 기도

앞에서 제시한 것처럼, 예수께서 기도하시며 행했던 것은 우리가 기도에 대해 말할 때 보통 유념하는 것 이상(또는 이하) 일지 모른다. 왜냐하면 기도라는 용어는 여러 가지 다른 행동 유형들로 분류되곤 하기 때문이다. 나는 예수께서 6가지 유형들 중에서 5가지만을 사용했다고 믿고 있지만 여기서 나는 6가지 유형들에 대해서 논하려고 한다.

이런 기도의 유형들은 다양한 방법들로 분류될 수도 있지만, 나는 첫 번째로 '하나님과 함께'와 '하나님에게'라는 방법으로 분류하고자 한다.

1. 하나님과 함께
1) 친밀성의 실천
2) 권세의 획득

2. 하나님에게
1) 감사의 기도
2) 고백의 기도
3) 요청의 기도
4) 중보의 기도

기도의 유형들을 분류하는 두 번째 방법은 커뮤니케이션의 교량에 관련시키는 것이다. 이 기도의 유형들 중 3가지, 즉 친밀성의 실천, 감사의 기도와 고백의 기도는 하나님 쪽의 교량 끝에서 작용하는 것으로 보인다. 우리가 청하는 것을 받을 때, 무엇인가가 교량을 건너 우리에게 전달된다는 의미에 있어, 교량을 건너는 일은 요청의 기도 중에 일어난다. 그 다음으로 인간 쪽의 교량 끝에서는 사람들이 하나님으로부터 커뮤니케이션을 받기 위한 자유를 전달하는데 필요한 전투가 중보의 기도와 권세의 획득을 통해 벌어진다.

이런 요소들, 그리고 커뮤니케이션이라는 과제들에 있어 이런 요소들이 지니는 중요성을 더 상세히 살펴보도록 하자.

(1) 친밀성의 실천

나는 우리가 기도라고 언급하는 것들 중에서 가장 중요한 것이 친밀성의 실천이라고 칭하는 것이라고 믿는다. 친밀성의 실천은 단순하게 하나님과 함께 하는 활동이며, 하나님께 우리에게 오셔서 우리와 함께 하시라고 초청하는 활동이다. 위에서 말한 바와 같이, 나는 예수께서 성부와 함께 밤을 보내실 때 보통 행하셨던 활동이 바로 이 친밀성의 실천이라고 생각한다.

예수께서 우리가 우리의 무거운 짐을 지고 자신에게 오라고 말씀하시며 약속하셨던 '안식'이 바로 이 친밀성의 실천이라는 나는 믿는다(마 11:28). 나는 제자들이 예수와 대화를 끝내고 서로의 존재로 마음이 편해졌을 때 이런 안식을 여러 번 경험하지 않았을까 생각해본다. 아마 주님께서 지상의 마지막 시간 중에 일어났던 혼란스러운 일들 중에서도 제자들의 발을 씻기실 수밖에 없으셨던 것은 이런 긴장 완화가 제자들에게 필요했었기 때문일 것이다(요 13:1-17).

우리는 창조주이신 예수께서 이런 식으로 자신의 피조물들을 섬기셨던 이유를 이해하기 어렵다. 그러나 만일 우리가 계속해서 예수의 제자들이 되어야 한다면, 아마 베드로처럼 우리도 하나님 쪽의 교량 끝에서 이루어지는 이런 종류의 커뮤니케이션을 받아야 할 것이다(요 13:8). 왜냐하면 커뮤니케이션 교량 이편 끝에서 예수를 본받는 법을 배우기 위해, 우리는 예수님께서 커뮤니케이션 교량 저편 끝에서 경험하셨던 친밀성과 섬김을 모두 경험할 필요가 있으며, 또한 이러한 경험은 우리 자신의 선을 위한 것이다.

종종 우리는 고독한 모든 시간을 하나님과 말하면서 보내는데 거의 듣지는 않는다. 친구들 중에 목사인 한 친구는 이런 기도를 한 사람이 계속해서 말하다가 상대편의 사람이 어떤 말을 할 수 있기 전에 끊어버리는 전화 대화로 묘사한다. 마음을 편안하게 함으로 하나님의 임재를 습관화할 때, 우리는 우리가 대화를 할 때와 다른 방식으로 하나님께서 우리에게 자신을 표현하시는 기회를 하나님께 드릴 수 있다.

내가 예수와 이런 친밀성을 실천할 때, 예수께서는 때때로 나를 안아 주기도 하시고 또는 나의 어깨를 자신의 팔로 감싸시는 한 폭의 그림으로 자신을 나타내신다. 때로 우리는 앉기도 하고, 함께 걷기도 하면서 서로의 존재를 즐긴다. 예수께서는 베드로를 보살피실 때 하셨던 것과 똑같이 나에게도 사랑과 관심을 전하신다-그리고 나는 성부께서 예수와 함께 시간을 보내셨을 때에도 이와 똑같이 사랑과 관심을 전하셨다고 확신한다. 하나님께서는 시편 23편에서 다윗에게 하셨던 것처럼 나를 자신의 사랑하는 자녀로 대우하시며(요일 3:1) 나를 소생시키신다.

때때로 하나님께서는 내가 어떤 시각적인 심상 없이 단지 자신의 존재를 느끼도록 하신다. 내가 하나님께 오시기를 청할 때, 종종 하나님께서는 그저 감미로운 무게나 거룩한 침묵과 같은 느낌을 전달한다. 이런 때에는 어떤 소음이나 움직임이 방해가 되는 것 같다. 하지만 때로는 거의 또는 전혀 느낌이 없을 때도 있다. 그러나 나는 하나님께 오시길 청할 때 하나님께서 정말로 나에게로 오신다는 사실을 알고 있다.

나는 예배 환경에서 음악에 수반되는 이런 종류의 친밀성을 자주 경험한다. 우리가 하나님께 찬양할 때 종종 하나님께서는 우리로 감미로운 무게를 느끼게 함으로 응답하신다. 평범한 찬송가들을 부를 때에는 대개 그런 느낌이 나에게 오지 않는다. 그러나 보통 눈을 감고 최근의 예배 음악의 형식으로 하나님께 나의 사랑과 헌신을 노래할 때 나는 종종 곧바로 하나님의 보좌 앞으로 인도됨을 느낀다.

친밀성을 실천함으로(이를 기도라고 부르든지 부르지 않든지) 우리는 교량의 다른 한쪽에 있는 사람들에게 교량을 건너 전달하고자 하는 메시지들의 근원이신 하나님과 우리는 단단하게 연결된다. 그런 경험은 예수와 같이 커뮤니케이션을 하고자 하는 사람들에게 극히 중요하다. 아마 바울이 "쉬지 말고 기도하라"(살전 5:17)라고 말할 때, 마음속에 생각했던 기도가 이런 기도일 것이다.

예수와 함께 하는 친밀성의 실천은 또한 우리로 하여금 인간 쪽의 교량 끝에서 하나님을 대표할 수 있게 해주는 기본적인 연결 고리이다. 그 다음에 그 교량을 건널 때, 인간 쪽에서 삶의 질을 높이고 증거하는 기도의 몇 가지 유형들이 있다. 그런 기도의 유형들 중에는 다음과 같은 기도들이 포함된다:

(2) 감사의 기도

"범사에 감사하라"(살전 5:18)라고 말할 때 바울은 이런 종류의 기도를 명한다. 하나님에 대한 감사는 일종의 예배이며, 따라서 친밀성의 실천과 연결된다. 우리의 환경이 어떠하든지 간에 이런 감사가 항상 우리의 태도가 되어야 한다.

감사하는 자세로 사는 사람들은 하나님과 연결을 갖고 있을 뿐만 아니라 그들이 관계하는 사람들에게 중요한 하나님의 은혜들 중 하나를 전달한다. 환경이 우리에게 항상 좋지는 않을 것이다. 그러나 "하나님을 사랑하는 자 곧 그 뜻대로 부르심을 입은 자들에게는 모든 것이 합력하여 선을 이룬다"(롬 8:28)는 사실에 대한 확신은 우리에게 차별성을 주고 다른 사람들에게 커뮤니케이션할 수 있는 기회를 잠재적으로 열어준다.

모든 일들이 잘 되어 갈 때, 우리는 하나님께서 이 모든 일의 창시자시라는 사실을 알고 그렇게 선포한다. 그리고 우리는 하나님에게 감사한다. 또한 우리에게 이해되지 않는 일들이 일어날 때 우리는 하나님께서 그런 정황들 뒤편에서 우리와 함께 선을 이루실 준비를 하신다는 사실을 안다(롬 8:28). 그래서 우리는 하나님께 감사한다. 그리고 심지어 적이 우리를 공격할 때에도 우리는 하나님께서 제한을 두신다고 확신한다(욥 1:12,

2:6). 그래서 또한 우리는 하나님께 감사한다. 우리는 다윗이 종종 힘든 상황에 처해있었음에도 불구하고 "내가 여호와를 항상 송축함이여 그를 송축함이 내 입에 계속하리로다"(시 34:1)라고 말하면서 가졌던 것과 똑같은 태도를 가질 수 있다. 감사의 기도는 하나님과 친밀한 모든 사람의 삶과 증거에 있어 중요하다.

(3) 고백의 기도

고백의 기도는 커뮤니케이션의 교량을 건너는 사람을 정결하게 해 주는 기능을 한다. 예수께서는 이런 종류의 기도를 필요로 하지 않으셨지만 우리에게는 반드시 필요하다. 요한일서 1:9의 "만일 우리가 우리의 죄를 자백하면 저는 미쁘시고 의로우사 우리 죄를 사하시며 모든 불의에서 우리를 깨끗케 하실 것이요"라는 말씀과 같이 우리는 고백을 통해 우리의 부족함과 불순종을 인정하고 하나님의 용서를 받아들인다.

우리가 계속하여 우리의 약점들을 인정하고 고백할 필요가 있는 것이 사실이지만, 우리는 그런 약점들에 머물지 않는다. 오히려 우리는 우리를 자신과의 관계 속으로 사랑스럽게 받아들이시고, 용서하시고 환영해주신 하나님에게 초점을 맞춘다(롬 5:6-11). 이렇게 경험한 자유 안에서 우리가 누구인가를 알 때, 우리는 천국의 권세를 가지고 살며 커뮤니케이션할 수 있다. 그리스도 안에서 얻을 수 있는 죄로부터의 자유는 또한 우리가 교량을 건너 다른 사람들에게 전달하는 메시지의 중요한 부분이 된다.

(4) 요청의 기도

요청의 기도는 여기에서 초점을 맞추는 가장 보편적인 종류의 기도이다. 하나님의 커뮤니케이션 교량의 양끝에서 일하라는 위임을 받은 사람들로서 우리는 교량의 이쪽 또는 저쪽에 서서 우리에게 무엇을 보내주시기를, 또는 다른 사람들에게 가져다줄 무엇을 주시기를 하나님 아버지에게 청한다. 하나님과 우리의 신앙 관계에 기초를 두고 있는 하나님과 우리의 친밀성은 하나님의 임재 가운데로 담대하게 나아가는 것을 허용한다(히

4:16). 왜냐하면 우리는 우리가 그곳에서 영접을 받을 것을 알고 있기 때문이다.

더욱이 예수께서는 "구하라 그리하면 받으리니 너희 기쁨이 충만하리라"(요 16:24)라고 말씀하신다. 성부 하나님과의 이 친밀한 관계는 우리가 우리의 삶의 모든 측면들과 관련된 요구를 할 수 있다는 것을 의미한다. 그러나 우리는 하나님 나라의 커뮤니케이션 목표들을 위해서도 기도하라는 명령을 받는다(눅 10:2).

(5) 예수의 군대

왕과의 친밀한 관계를 맺고 있는 하나님 나라의 일원으로 우리는 예수의 군대의 한 부분이다. 이 말은 우리가 적과 싸우라는 요구를 받는다는 것을 의미한다(엡 6:12). 우리가 전투를 할 때 사용하는 주요 방법들 중 하나는 중보의 기도이다. 인간 쪽의 교량 끝에는 도움을 필요로 하는 전투병들이 있다. 그러므로 우리는 그들의 필요를 하나님께 전해야 한다. 이런 방법으로 우리는 우리가 완전하게 이해하지 못하는 규칙들에 따라, 우리는 우리가 중보의 기도를 하여 악한 자의 권세로부터 해방시키는 일에 하나님과 협력하는 특권을 받는다.

우리는 모든 자들을 위해 중보 기도를 해야 한다(딤전 2:1; 엡 6:18). 중보 기도에 대한 성경의 많은 예들 중에 소돔을 위한 아브라함의 중보 기도가 있고(창 18:23-32), 바로(출 8:12, 30-31, 9:33, 10:18)와 이스라엘 백성들(출 32:11-13, 31-32, 34:9; 민 11:11-15, 14:13-19, 21:7; 신 9:18-20, 10:10)을 위한 모세의 중보 기도, 베드로(눅 22:32)와 제자들(요 17:20-23), 그리고 예수를 믿는 사람들(요 17:20-23)을 위한 예수의 중보 기도, 자신이 목회하던 사람들을 위한 바울의 중보 기도(롬 1:9-10; 엡 1:16-19, 3:14-19; 골 1:9)가 있다.

바울은 중보 기도를 하나님께서 사탄과의 전투를 위해 우리에게 주시는 갑옷의 사용과 연관시킨다(엡 6:18-19). 중보 기도는 성령이 이끄는 대로 모든 경우에 사용될 수 있다(엡 6:18). 중보 기도는 사람들을 적으로부터 자유롭게 하여 하나님께서 그들에게 전하고자 하시는 커뮤니케이션을 받을 수 있게 하는데 중요한 역할을 담당하고 있는 것으로 보인다. 또한 중보 기도는 적과 싸우는 사람들을 지원하기도 한다.

(6) 중보의 기도

중보 기도라는 권능을 부여받음으로 지탱되는 인간 쪽의 교량 끝에서 우리는 예수께서 증명하신 것과 동일한 종류의 권세 획득(taking authority)에 관여해야 한다. 전문적으로 나는 권세 획득을 기도라고 칭해야 한다고 생각하지 않는다. 왜냐하면 권세 획득으로 우리는 하나님께서 우리에게 반대하라고 인도하시는 일에 대해 하나님을 대신하여 반대를 함으로 하나님과 같은 자세를 위하기 때문이다.

예수와 같이 우리는 권세 있게 악마들과 질병들에 반대한다(눅 9:1). 왜냐하면 예수께서는 제자들에게 그런 존재들과 실체들을 지배하는 권능을 주시고, 그들에게 전도하고 치료하면서(눅 9:2), 자신이 그들에게 가르쳤던 모든 것을 그들의 제자들에게 가르치라고(마 28:20) 명하셨기 때문이다.

예수께서는 사람들을 보살피실 때, 첫 번째에서 다섯 번째까지의 기도 유형들은 사용하지 않으셨다. 오히려 예수께서는 왕의 대리자로서의 자신의 권세를 단언하셨고 그 결과가 일어날 것을 명하셨다. 예수께서는 자신의 권세와 능력을 성부의 사랑을 보여주는데 사용하시며 성부를 설명하셨다(요 14:9). 그리고 예수께서는 우리도 똑같이 행할 수 있을 것이라고 약속하셨다(요 14:12).

예수의 성부와의 친밀성과 성부에 대한 순종으로부터 나온 이 권세는 인간이신 예수의 커뮤니케이션에 대한 기초를 마련하였다. 또한 이 권세는 이 책의 나머지 부분에서 말하게 될 성육신의 증거를 위한 기초이기도 하다. 예수께서는 교량의 한끝에서 하나님께 단단히 연결되셨고 다른 한끝에서는 인간들에게 연결되어 있었다. 따라서 만일 우리가 하나님의 메시지들을 예수의 방법으로 전달하고자 한다면 우리도 예수와 같이 되어야 한다.

7. 요점

커뮤니케이션은 메시지, 메시지가 전해지는 한 명 또는 그 이상의 사람들, 그리고 메시지의 근원과 그 메시지의 의도된 수령자(들) 사이에 존재하는 어떠한 간격도 넘어 전달할 수 있는 전달자를 필요로 한다. 본서는 커뮤니케이션 과정에 존재하는 그 요소들을 각각 상세히 설명할 것이다.

성경은 하나님을 대신하여 커뮤니케이션하는 사람들에게 필요한 몇 가지 요구 조건들을 제시한다. 이런 조건들 중에는 전달자(들)이 전하는 메시지의 신적 근원 그리고/또는 그 메시지의 신적 보증, 그리고 전달자(들)에 대한 신적 권능 부여가 존재한다. 우리의 모델이신 예수께서는 자신이 들으신 성부의 말씀과 자신이 보신 성부의 행동만을 말씀하시고 행하시기로 자신을 제한하셨다(요 8:26 이하, 5:17). 이런 기준들을 유지하기 위해서 예수께서는 성령으로부터 권능 부여를 받으셨고(눅 3:21-22), 성부와의 친밀한 관계를 계속 지속하셨다.

지상에서 인생을 마감하면서 예수께서는 제자들에게 그들도 자신이 행한 대로 행할 것이라고 약속하시고(요 14:12), "아버지께서 나를 보내신 것 같이 나도 너희를 보내노라"라고 말씀하시며 그들에게 위임을 하셨다(요 20:21). 따라서 예수의 메시지들을 전달하기 위해 우리는 예수를 본받아야 한다.

제2장 커뮤니케이션에 있어 하나님께서는 무엇을 원하시는가?

태초에 말씀이 계시니라(요 1:1, "At the beginning God expressed himself" [태초에 하나님께서 자신을 표현하셨다], Phillips)

저희에게 당한 이런 일이 거울이 되고 (고전 10:11a)

아버지께서 나를 보내신 것 같이 나도 너희를 보내노라 (요 20:21)

내가 그리스도를 본받는 자 된 것 같이 너희는 나를 본받는 자 되라 (고전 11:1; 고전 4:16; 빌 3:17)

1. 하나님의 커뮤니케이션 목표들

"태초에 하나님은 자신을 나타내셨다"는 필립스(J. B. Phillips)가 요한복음 1:1a를 번역한 방법이다. 하나님께서는 어떻게 인간들이 나타나기 전에 이 일을 행하셨을까? 우리는 확실하게는 알지 못한다. 그러나 창조하는 하나님에 대한 성경의 묘사는 말씀을 통해 창조하시는 하나님으로 하나님을 나타낸다. 하나님께서는 태초부터 커뮤니케이터로 나타나신다. 하나님께서 말씀하시기를, "빛이 있으라"(창 1:3b), "물 가운데 궁창이 있어 물과 물로 나뉘게 하리라"(6b), "뭍이 드러나라"(9b), "땅은 풀과 씨 맺는 채소와 각기 종류대로 씨 가진 열매 맺는 과목을 내라"(11b), "하늘의 궁창에 광명이 있어"(14b), 그리고 마지막으로 "우리가 사람을 만들고"(26b)라고 하셨다.

그러나 인간을 만드는 것은 그분의 마지막 활동이 아니라, 커뮤니케이션하는 하나님에 대한 이야기의 시작이었다. 그러면 인간들을 만들기 전에 하나님께서는 혼자 말을 하셨을까? 우리는 알지 못한다. 그러나 그분은 교량의 끝에서 이루어질 확실한 목표들을 가지고 계신 것으로 보인다.

(1) 관계 회복

하나님께서는 자신이 창조하신 인간들과의 관계를 원하신다. 우리는 그 이유를 모른다. 우리가 하나님에게 쫓겨나기 마땅한 일을 행한 후에도 하나님께서는 왜 우리 같은 자들과 관계를 갖고 싶어하셨을까? 그러나 성경은 하나님을 자신의 피조물들과 관계를 맺고 싶은 억제할 수 없는 충동을 갖고 계신 분으로 묘사하고 있다. 분명히 이 관계가 하나님의 커뮤니케이션 계획(communicational agenda)을 구성한다. 유능한 커뮤티케이터들은 자신들이 전달하고자 하는 바에 대한 명확한 계획과 명확한 이해를 갖고 있어야 한다. 하나님의 목표들 중에서 가장 주요한 것은 자신의 피조물들과의 관계를 정립하고 유지하는 것으로 보인다.

하나님께서는 아담의 뒤를 쫓아다닐 필요가 없었다. 하나님께서는 아담을 무엇인가와 분리시켜 놓을 수 있으셨다. 그러나 창조 후에 첫 장면들 중 하나는 아담을 찾아가 "어디 있느냐, 아담아?" 하고 부르시는 하나님이다. 하나님께서는 노아와 그의 가족을 구출하실 필요도 없었다. 구출하시더라도 직접 하지 않으셔도 될 일이었다. 또한 하나님께서는 아브라함과 커뮤니케이션하시기 위해 교량을 건너시어, "일어나 가서, 나를 위해 너의 문화를 이루는 일을 시작하라"라고 우르에 있는 그에게 명하시고, 그를 자신과의 관계로 부르실 필요가 없으셨다.

마찬가지로 하나님께서는 이삭, 야곱, 모세, 여호수아, 엘리야, 사무엘, 다윗, 이사야, 예수의 제자들, 바울, 어거스틴, 앗씨 시의 성 프란치스코, 루터, 칼빈, 여러분 그리고 나에게 손을 뻗으셨다. 아브라함은 '하나님의 벗'(약 2:23b)이라고 불리었고, 다윗은 "[여호와]께서 그 마음에 맞는 사람"(삼상 13:14b)이라고 불리었다. 욥과 하나님의 관계는 하나님을 기쁘시게 했다(욥 1:8 이하). 그리고 하나님께서는 자신의 피조물들을 자신과 관계를 맺을 가치가 있는 상대로 여기시고 계속하여 자신의 피조물들과 상호 작용을 하셨다. 하나님께서는 수시로 명령을 내리셨고(창 1:28b, 17:1b), 위로를 베푸셨고(시 23:4b; 사 49:13b, 52:9b), 등을 돌려버릴 수 있으신 경우에 간청을 하셨고(호 14; 마 23:37), 자신의 경고에 사람들이 응답할 때 마음을 되돌리셨다(렘 26:3; 욘 3:10).

그리고 하나님께서는 예수를 개인 대 개인의 관계 중에서 가장 친밀한 모델로 삼으셨다. 예수께서는 교량을 건너가 그곳에 머무르시며, 자신의 피조물들과 수평적 관계에서 만질 수 있고, 들을 수 있으며, 볼 수 있고, 거절할 수 있는 분이 되셨다. 믿기 어렵지만 사실이다. 이 사실은 우리로 하여금 "예수께서는 하나님에게 어떤 사람일까?"라는 질문을 던지게 한다.

(2) 관계 응답

하나님께서는 온전한 관계에 대한 응답을 이끌어내시기 위해 우리에게 다가오신다. 수동적으로 응답하는 사람들은 하나님을 기쁘게 하지 못하고, 하나님과 만족스러운 관계를 갖지 못한다. 하나님께서는 우리가 자신과 관계를 가지기를 원하시고, 또한 그 관계를 유지하고 수정하는 우리의 응답을 이끌어내신다. 아담과의 전달 수단은 질문이었다. 하나님께서 아담이 어디에 있는지 모르셨을까? 물론 아셨다. 하나님께서 질문을 하신 이유는 정보를 얻기 위해서가 아니라 하나님과 아담간의 깨어진 관계에 대한 아담의 응답을 이끌어 내기 위함이셨다. "어디에 있느냐?"라고 물으심으로 하나님께서는 사실상 "아담아, 너는 네가 어디에 있는지, 그리고 네가 숲 뒤에

숨어 있는 것이 무엇을 의미하는지 정말로 아느냐?"라고 묻고 계셨다.

하나님께서는 자신의 피조물들과의 관계를 유발하기 위해 응답을 기다리고 계셨고 지금도 응답을 기다리신다 –정말로 믿기 어려운 일이 아닐 수 없다! 그리고 하나님께서는 적당한 때에(히 11) 그리고 영원히(요 10:28) 그런 응답에 대해 풍성한 보상을 주신다. 하나님과 하나님의 피조물 간의 관계는 우리 미국인들이 흔히 우정으로 얼렁뚱땅 넘겨버리는 무심한 관계들과는 달리 장기적인-길고 깊은-관계이어야 한다. 하나님께서는 예수와 가지셨던 사랑하고, 성장하며, 넓어지고, 신뢰하는 친밀한 관계를 원하신다. 즉 바로 예수께서 자신의 짧은 사역 기간을 12명의 제자들과 하루 24시간의 상호 작용에 투자하시며 모범을 보이셨던 그런 관계를 원하신다.

하나님께서는 자신과 우리의 관계에 세 가지 헌신이 포함되기를 기대하신다. 그 첫 번째 요소는 우리에 대한 하나님 자신의 헌신에 대한 우리의 응답이다. 교회의 머리로서 그리스도께서는 자신의 몸인 우리에게 자신을 헌신하신다(엡 5:24-25). 그러므로 우리도 우리의 머리이신 그리스도에게 우리 자신을, 헌신함으로 응답해야 한다. 두 번째 요소는 하나님께서 몸의 지체들로 우리가 서로 헌신하기를 원하신다(고전 12:12ff; 엡 5:21). 그리고 마지막으로 하나님께서는 우리가 하나님의 헌신을 널리 세상과 공유하게 하고자 하신다(요 20:21).

따라서 하나님의 주요 목표는 우리, 즉 하나님 자신의 피조물들과의 관계이다. 응답과 헌신은 믿음, 사랑, 신뢰, 성장 그리고 섬김의 관계에 있어 기본이다. 그러면 하나님께서는 자신과 자신의 피조물들 간에 존재하는 커다란 심연을 넘어 어떻게 그와 같은 관계에 대한 자신의 소망을 전달하실까? 무한하시고 무죄하신 커뮤니케이터에게서 나온 메시지들이 유한하고 죄악된 수령자들에 의해 정확하게 이해될 것을 하나님께서는 어떻게 확신하실 수 있을까? 하나님의 목표는 관계를 갖는 것이지만 이 관계를 방해하는 중대한 장애물이 있으니 바로 우리와 하나님 사이의 커뮤니케이션 간격이다. 그러므로 하나님에게는 세 번째의 목표가 있다.

(3) 이해

하나님께서는 이해되기를 원하신다. 커뮤니케이터가 되려는 모든 사람들과 마찬가지로 하나님께서도 자신의 의도가 수령자들에 의해 정확하게 이해되고 적절하게 응답되는 방식으로 해석되기를 원하신다. 그래서 하나님께서는 항상 우리의 언어, 문화, 그리고 인간의 형태로 교량을 건너오신다. 시간과 공간의 세상으로, 상대적인 세상으로, 죄가 있는 세상으로 하나님께서 들어오시는 것이다. 아래에서 증명될 바와 같이, 하나님께서는 자신의 피조물들에게 메시지들을 전달하시기 위해서 자신의 창조의 원리들과 규칙들을 사용하신다.

하나님께서 이해되기 위해서 커뮤니케이션을 원하신다는 사실을 많은 사람들이 망각하고 있는 것처럼 보인다. 그들은 하나님께서 단순하게 우리를 감동시키고, 우리로 하여금 감탄하게 하고, 우리 안에 경외와 존경심을 불러일으키는 것만을 원하신다고 가정하는 것 같다. 유감스럽게도 교회나 개인적인 그리스도인들이 하나님을 표현하는 대부분의 방법은 하나님께서 상관적인 상호 작용에 기초된 이해를 바라시기보다는 인간들과 거리를 둔 감탄, 하나님 자신의 강한 인상에 바탕을 둔 감탄을 바라신다는 느낌을 준다.

고대의 교회 건물들, 음악, 예배 형식들, 언어와 같은 것들을 경험하는 사람들이 받는 것이 그런 느낌이 아닐까? 매우 인상적인 많은 기독교 의식들이 있는데, 그 의식들은 무엇을 전달하는가? 그런 의식들이 하나님께서 무엇을 커뮤니케이션하기 원하시는지 전달하는가? 아니면 다른 것을 전달하는가? 설교술의 걸작들이라고 할 수 있는 많은 설교들이 있다. 그러나 그런 설교들은 종종 하나님에 대해서보다는 설교자의 전문적인 기술에 대해 더 많은 것을 전달한다. 적어도 몇몇 사람들을 칭송할 수 있는 많은 교회 음악이 있다. 그런 음악은 매우 감동적이어서 연주자들은 크게 찬탄을 받는다. 그러나 그런 감동적인 연주에 의해서 전달되는 메시지는 "날이 서늘할 때에"(창 3:8b) 평범한 인간의 언어로 아담에게 말씀하셨던 하나님의 메시지를 거의 닮지 않은 것 같으며, 또한 후에 목수와 선생이 되실 아기로 갈릴리 농부들에게 오셨던 하나님의 메시지와도 거의 유사하지 않은 것 같다. 진정한 하나님의 메시지는 감동적인 전달 수단으로 임하는 법이 거의 없다(왕상 19:11-2). 감동은 메시지가 전달되는 형태에 존재하는 것이 아니라 메시지의 내용에 존재한다. 그럼에도 불구하고 기독교 커뮤니케이터들은 "저 사람이 말하는 것은 모두 옳지만 누구를 향해서도 말하고 있지 않다"라는 식의 응답을 종종 듣는다. 그는 인상적이지만 그의 말을 듣는 사람들과 무관하다. "그는 내가 어디 있는지 알지 못한다. 그러므로 그에게 질문을 할 일은 전혀 없을 것이다." 그는 멀리 있고 무관심하며, 시대에 뒤떨어져 있으며, 우리 사이에 있는 심연에 다리를 놓을 수도 없고 다리를 놓으려고 하지도 않는다(Kraft 1979a: 279).

그러나 하나님의 언어 선택으로 구체화된 메시지를 주목해 보자. 신약성경은 고전 헬라어로 쓰여진 것이 아니라, 코이네 헬라어(Koine Greek)라고 불리는 언어로 쓰여졌다. 그러면 코이네 헬라어란 무엇일까? 세련된 언어일까? 전혀 그렇지 않다. 인상적인가? 아니다. 정확한가? 전문적인 의미에 있어서 정확하지도 않다. 커뮤니케이션에 사용되는 언어인가? 그렇다. "하나님의 메시지가 인간 쪽의 커뮤니케이션 교량 끝의 평범한 사람들에게로 흘러나오도록 하는 전달 수단"이라는 설명이 바로 코이네 헬라어를 나타내는 말이다. 코이네 헬라어는 1세기 그리스-로마 시대에 평범하고 무식한 사람들의 언어였다. 그러면 그런 종류의 언어로 오시는(우리는 "내려오신다"고 말한다) 하나님께서는 어떤 분이실까? 왜 하나님께서는 그런 언어를 사용하시는 것일까? 하나님께서는 고전 헬라어, 또는 더 그럴듯하게 고대 히브리어를 사용하심으로 사람들에게 감명을 주실 수도 있으셨다. 그러나 하나님께서는 그렇게 하지 않으셨다. 하나님께서는 자신이 다가가길 원하시는 평범한 사람들의 평범한 언어를 사용하셨다. 바로 그들에게 이해되기 위함이셨다.

여기에 나타나는 원칙은 언어 자체에 거의 주의를 기울이지 않을 때 언어는 커뮤니케이션의 목적에 가장 훌륭하게 기여한다는 것이다. 여러분이 (예를 들어, 중서부 지역의 미국인이라면) 두드러진 중유럽의 억양을 가지고 있거나 전문적인 언어를 많이 사용하는 사람의 말에 귀를 기울일 때 어떤 일이 일어날까? 여러분은 주의가 산만해질 것이다. 여러분은 그 사람이 전달하려고 하고 있는 내용에 마음이 끌리기보다는 그가 말하는 방식을 계속 주목하게 될 것이다. 그렇게 되면 얼마나 피곤해지는지 모른다. 이해하고자 한다면 여러분은 듣고 있는 내용의 대부분을 이해할 수도 있지만 대단히 피곤한 일이다. 여러분의 생각은 점점 지쳐 무관심하게 된다.

다음으로, 하나님께서 다루는 주제들에 대해 약간 생각해보자. 하나님께서는(많은 설교자들이 하는 것처럼) 자기 혼자만 흥미 있는 많은 일들에 대해서 인상적으로 말씀할 수도 있으셨다. 하나님께서 하실 수 있을 것으로 생각되는 연설들은 무엇일까? 하나님께서 신학, 창조의 복잡성, 또는 하나님과 천사나 악마와의 관계에 대한 상세한 논설에 대해 강연을 하셨을까? 만일 그런 강연을 하셨다면, 하나님께서는 "올바른 것들을 모두" 말씀하셨지만, (아마도 소수의 신학자들을 제외하고는) 아무도 듣지 않았을 것이다.

그러나 그런 강연을 하는 대신, 하나님께서는 자신의 말씀을 듣는 사람들에게 긴급하게 관련된 주제들, 하나님 자신께서 대화하시는 사람들에게 현실적이며 중요하다고 인식되는 욕구들과 대체적으로 관련된 주제들을 다루신다. 그 주제가 피해야 하는 홍수든지(창 6:13 이하), 후사에 대한 소망이든지(창 18장), 애굽으로부터의 해방이든지(출 3장 이하), 이스라엘의 왕에 대한 욕구이든지(삼상 8장), 사람이 눈을 보지 못하는 것이든지(막 10:46ff), 가난한 어머니를 돌보아야 하는 필요성이든지(요 19:26-27), 하나님께서는 수령자들의 관심 사항들에 관심을 두신다.

하나님께서는 인간들과의 인격적인 관계를 바라시는 자신의 열망을 커뮤니케이션하실 때, 그 커뮤니케이션이 이해되길 원하신다. 이 커뮤니케이션을 이루시기 위해서 하나님께서는 하나의 전략을 개발하시어 실행하셨다. 그 전략은 우리가 과거에 응답을 한 경험에서 터득할 수 있는 전략이다.

2. 하나님의 전략

우리의 당면 과제는 "하나님께서 커뮤니케이션으로 무엇을 원하시는가?" 이다. 적어도 우리는 하나님의 몇 가지 목표들과 계획(agenda)을 확인했다. 우리는 우리 자신을 하나님께 헌신함으로 이 하나님의 목표들과 계획들에 응답하려고 한다. 그 다음에 하나님께 헌신한 사람들로 우리는 이런 목표들을 실행하시는 하나님과 계속 함께할 필요가 있다. 그렇게 할 때, 우리는 하나님의 커뮤니케이션 전략을 발견하고 본받고자 애쓰게 된다. 왜냐하면, 내가 주장하는 바와 같이, 만일 하나님께서 행동만 하신 것이 아니라 자신이 행동하시는 기본 원칙들을 보여주셨다면, 하나님을 신실하게 섬기려는 우리가 하나님의 계시 중 이 부분을 무시할 수 없기 때문이다.

하나님의 커뮤니케이션 전략을 다루면서, 나는 하나님께서 행하신 것으로 보이는(성경 도처에 나타나지만 예수에게서 절정으로 나타나는) 일들과 커뮤니케이션 전문가들이 유사한 상황들에서 추천할 원칙들 간의 집합점들(convergences)에 초점을 맞출 것이다. 그러한 집합점들은 매우 많다. 내가 믿기로 이 사실은 현대 커뮤니케이션 이론에 대한 대단히 많은 식견들을 확인할 뿐만 아니라 하나님께서는 대개 자신이 창조 가운데 세워놓으신 커뮤니케이션 법칙들을 지키신다는 주장도 확인한다. 만일 이 사실이 정확하다면, 우리는 하나님의 모범을 본받을 수 있고 또 본받아야 한다.

다음에 이어지는 내용은 하나님의 활동에서(특히 예수 안에서) 증명된 이 원칙들 중 일부를 명백하게 해주고, 다음 장들에서 더 상세하게 말할 수 있는 발판을 마련해준다.

(1) 하나님의 사랑

먼저 우리는 하나님의 커뮤니케이션 활동에서 하나님의 사랑의 본성을 깨닫는다. 사랑하는 것은 근원에 어떠한 희생이 있을지라도 수령자를 위한 최선을 추구하는 것이다. 커뮤니케이션으로 사랑하는 것은 수령자들이 이해한다는 것을 확인하기 위해 필요한 어떠한 불편함도 감수하는 것이다.

우리는 이것을 '수령자 지향적 커뮤니케이션'(receptor-oriented communication)이라고 부른다. 이것이 하나님의 접근법이며 또한 우리의 접근법도 되어야 한다.

자신의 목표들을 이루기 위한 하나님의 접근법에서 증명되는 사랑의, 수령자 지향적 커뮤니케이션에는 몇 가지 차원이 있다. 그 중에 하나님께서 수령자들을 향하여 나타내시는, 그리고 하나님께서 우리를 발견하시는 정황을 향하여 나타내시는 배려(respect)가 있다. 온 우주의 하나님께서 우리와 대화하시는 정황으로 자신보다 우리에게 익숙한 환경, 우리의 생활 방식, 우리의 언어, 우리의 전체적인 준거 기준, 준거 틀(frame of reference)을 선택하신다는 사실은 매우 놀라운 일이 아닐 수 없다. 하나님께서는 이런 접근법을 채택하심으로, 자신의 피조물들에 대한 신뢰를 나타내시고, 우리에게 자신을 의존하시고 우리에게 상처를 받으셨다.

준거 틀이라는 용어는 문화, 언어, 생활 상황, 사회 계급, 또는 이와 유사한(사람이 그 안에서 활동하는) 포괄적인 배경이나 정황을 나타낸다(10장 참조). 사람은 이런 환경에 의해 부여받은 시각으로 생활 전체를 해석하게 된다. 수령자들은 자동적으로 그들 자신의 정황의 시각으로 커뮤니케이션을 해석한다. 그러나 그들은 사투리가 섞인 자신들의 모국어 변형을 이해할 수 있는 것과 같이, 자신들이 배운 또 다른 준거 틀 내에서 메시지들을 전하는 사람들에게 순응할 수 있다. 하지만 그런 순응은 매우 큰 노력을 요하는 활동이며, 종종 수령자를 지치게 하고 이해의 노력을 포기하게 하기도 한다.

커뮤니케이터가 본래 의도한 것을 수령자가 정확하게 해석하는 결과를 낳는 커뮤니케이션은 대개 여기에 참여한 자들 모두가 똑같은 준거 틀의 일부가 되기를 요구한다. 여기에서 즉시 유효한 두 가지 가능성이 있다. 첫째로, 커뮤니케이터들은 자신들의 준거 틀을 그 안에서 커뮤니케이션이 일어나는 준거 틀로 선정할 수도 있다. 사람들과 국가 조직들은 이렇게 하기 위해서 종종 권력을 사용한다. 이 경우에 수령자는 커뮤니케이터의 준거 틀을 배워 모든 것을 수정하라는 요구를 받는다. 또는 둘째로, 커뮤니케이터가 수령자의 준거 틀을 커뮤니케이션이 일어나는 곳으로 선정할 수도 있다. 이 경우에 커뮤니케이터는 수령자에게 익숙한 상징들을 배우고 사용함으로 모든 것을 수정한다. 그럴 때에 커뮤니케이션을 가능하게 해주는 해석은 선정된 준거 틀의 법칙들에 따라 이루어질 것이다.

위에서 언급한 것처럼, 대개 가장 힘이 센 사람이 사용할 준거 틀을 선정한다. 따라서 하나님께서는 인간들과의 커뮤니케이션이 일어나는 환경으로 자신의 준거 틀을 선정할 수 있으셨다. 이 말은 하나님께서 사람들과 상호 작용에 사용될 준거 틀로 하나님 자신의 언어와 문화를 선전하실 수 있으셨다는 의미이다. 만일 그랬다면 우리는 하나님을 이해하기 위해서 하나님의 언어와 문화를 배워야 할 것이다. 그랬을 때 우리는 그 언어와 문화에 의존하고 그 언어와 문화에 의해 상처를 받았을 것이며, 커뮤니케이션은 하나님의 영역에서 일어날 것이다.

그러나 하나님께서는 우리로 하여금 자신의 정황에서 움직이도록 요구할 수 있는 자신의 권리를 주장하는 대신, 커뮤니케이션이 일어날 환경으로 우리의 준거 틀, 우리에게 익숙한 영역을 지목하셨다. 따라서 하나님께서는 우리가 익숙한 배경에 있도록 해주시기 위해 모든 것에 순응하지 않으실 수 없었다. 하나님께서 우리로 하여금 자신의 준거 틀을 사용하라고 요구하기보다는 오히려 하나님께서 우리의 준거 틀을 선택하셨다는 것은 우리에 대한 하나님의 사랑과 수용과 존중을 나타내는 것이며, 수령자 지향의 표적이다. 그렇게 하심으로, 하나님께서는 항상 자신의 준거 틀을 건너 우리의 준거 틀로 교량을 놓으신다.

여기에 초점을 맞춘 원칙은 성경 전체에서 예증되며, 적어도 두 곳에 명백하게 나타난다. 빌립보서 2장 6절부터 7절까지의 말씀을 보면, 예수께서는 "근본 하나님의 본체이지만 하나님과 동등함을 취할 것으로 여기지 아니하시고 오히려 자기를 비어 종의 형체를 가져 사람들과 같이 되었던" 분으로 설명된다. 사도 바울은 고린도전서 9장 19절부터 22절까지의 말씀에서 똑같은 원칙을 확인한다. 예수와 마찬가지로 사도 바울은 자신이 전도하고자 하는 사람들에게 정확하게 이해되기 위해 그들 중의 한 사람이 되었다. 바울 사도는 "아무쪼록 몇몇 사람들을 구원하고자" 유대인들에게는 유대인이 되었고, 이방인들에게는 이방인이 되었으며, 약한 자들에게는 약한 자가 되었고, 부유한 자들에게는 부유한 자가 되었다.

수령자의 준거 틀을 채택하여 하나님께서는 자신을 우리에게 맡기시고, 그래서 하나님께서는 우리에게 의존하며 상처를 받으셨다. 그 준거 틀은 하나님께서 사시는 우리의 삶, 하나님께서 드시는 우리의 음식, 하나님께서 잠드시는 우리의 집, 하나님께서 공유하시는 우리의 어려움들, 하나님께서 느끼시는 우리의 감정들이다. 하나님께서는 자신의 생각을 우리에게 전달하기 위해 우리가 그런 상징들에 부여하는 의미들에 동의하시며, 우리의 언어와 문화를 사용하신다.

그러므로 우리가 하나님의 전략에 대해 배우는 첫 번째 사항은 하나님께서 수령자 지향적이고, 수령자들을 최대한 이해하기 위해서 그들의 준거 틀로 들어가 그들 삶에 참여하심으로 그들에게 다가가기를 원하신다는 것이다. 이렇게 하나님께서는 효과적인 커뮤니케이션의 가장 기본적인 원칙, 우리가 본보기로 배워야 하는 원칙을 사용하시고 계시니, 곧 수령자 지향의 원칙이다.

그러나 유감스럽게도, 많은 기독교 커뮤니케이터들은 이 원칙을 무시하는 것 같다. 너무나 자주 교회 지도자인 우리는 수령자가 될 사람들에게 우리가 말하는 것을 이해시키기 위해 새로운 어휘를 배우라고 요구한다. 따라서 대부분의 조정은 수령자가 되려는 사람들 쪽에서 이루어진다. 우리는 그들이 우리의 언어와 우리의 관습을 배워야 하고, 우리의 음악을 높이 평가해야 하며, 우리가 정한 시간에 우리의 예배 장소에 와야 하며, 우리의 생활 방식을 따라야 하며, 우리와 같은 사람들과 교제해야 한다고 가정한다.

물론 이것은 초대 교회 유대인 그리스도인들이 이방인들에 대해 생각한 방식이었다. 이것이 유대파 이단으로 알려지게 된 접근법이다. 과거에 하나님께서 사람들을 만나셨던 그 관례들이 지금도 하나님께서 만나는 모든 사람들에게 기준이 되어야 한다는 가정은 초대 교회 유대인 그리스도인들에게 당연하였고, 우리에게도 당연하게 보인다. 유대인 그리스도인들은 기독교 신앙의 전제 조건으로 할례와 히브리 문화로의 전향을 요구했다. 이 시대에 교회에서 권력을 쥐고 있는 우리도 빈번하게 개종의 전제 조건으로 유대인의 관습들에 맞먹는 우리들의 관습들을 요구한다.

사도행전 15장에 기록되어 있는 논의에서 우리는 그리스도인이 되고자 하는 개종자들에게 히브리 문화로 전향하라고 요구하는 것에 대해 초대 교회가 반대하는 입장을 취했다는 것을 알게 된다. 그런 문화적 전향은 그 시대의 하나님의 의지에 반대하는 것으로 판단되었다. 이 시대에도 그러한 문화적 전향은 그렇게 판단되어야 한다(Kraft 1979a: 339-44). 그러나 그보다도 먼저 하나님과 함께 우리는 어떤 준거 틀이라도 복음을 커뮤니케이션하는 전달 수단으로, 또한 복음에 응답을 위한 전달 수단으로 충분하다고 여겨야 한다.

(2) 하나님의 인격성

하나님의 커뮤니케이션 전략에 있어 중대한 하나님의 두 번째 특성은 하나님의 인격성(personalness)이다. 우리와 마찬가지로 하나님께서도 비인격적으로 사랑하거나 커뮤니케이션하려고 하지 않으신다. 오히려 하나님께서는 자신을 자신의 수령자들과 동일시하신다. 한 인간으로 하나님께서는 자신의 수령자들과 상호 작용하시고 그들에게 상처받으신다. 마지막으로 하나님께서는 메시지가 되신다. 하나님께서는 자신의 메시지를 보내실 때, 인간들을 보내신다. 하나님께서는 인간으로 임하신다. 하나님께서 수령자들의 삶에 인격적으로 참여하시는 성육신은 하나님의 불변하시는 방법이다. 그리고 생활 전체를 변화시키는 커뮤니케이션에서와 마찬가지로, 인간(그리스도 안에 나타나시는 하나님이시거나 또는 하나님의 대리자로서의 다른 인간이든지 간에)은 전달되는 메시지의 중요한 구성 요소이다.

하나님께서는 아담, 노아, 아브라함, 이삭, 야곱, 요셉, 모세, 여호수아, 사무엘, 다윗, 엘리야, 이사야, 그리고 그 밖의 모든 사람들을 한 인간으로 만나셨다. 하나님께서 예수 그리스도 안에서 한 인간으로 오셨다(요

1:14). 인간으로 오시는 성육신은 하나님의 커뮤니케이션 전략 중 일부분이다. 하나님께서는 천사들에게 오신 것이 아니셨으며(히 2:16), 또한 천사로 오시지도 않으셨다. 하나님께서는 우리의 살과 피, 우리의 나약함을 함께 나누시는 분으로 오셨고, 그래서 인간들의 한계 안에서 이해될 수 있으셨다.

그러므로 인간으로 하나님께서는 다른 인간들과 상호 작용하시는 분이시다. 하나님께서는 자신을 쌍방 커뮤니케이션(two-way communication)에 개방하신다. 하나님께서는 인간의 문제들을 심각하게 받아들이신다. 즉 하나님께서는 우리 자신에게만 관심을 두시는 것이 아니라 우리의 문제들에도 관심을 기울이신다. 하나님께서는 추상적인 문제들에만 관심을 가지시는 것이 아니라 사랑하시는 인간으로 우리의 일상 생활의 구체적인 현실들에도 관심을 가지신다. 그리스도로 오실 때, 하나님께서는 사람들 위에 있는 하나님으로 오시는 것이 아니라 사람들 가운데 계시는 한 인간으로 인간들과 함께 시간을 보내신다. 심지어 하나님께서는 자신이 오시는 사회 집단이 갖고 있는 개성의 정의에도 순응하신다. 만일 하나님께서 바리새인이 되었다면, 농부들의 마음을 사로잡지 못했을 것이다. 그러나 하나님께서는 많은 바리새인들을 잃더라도 자신을 농부로 정의하심으로 자신이 오신 집단에 효과적으로 접근할 수 있으셨다.

커뮤니케이션의 수단이 그렇게 인간적이어야 하는 이유는 하나님의 목표가 관계이기 때문이다. 뉴스 방송이나 수학 수업과 같이 비관계적인 메시지는 비인간적인 방법으로 적당하게 표현될 수 있다. 단순히 지식만을 늘리기 위해 설계된 정보는 그 기대만큼 전달될 수 있다. 그러나 관계를 권하는 메시지를 표현하고자 하는 커뮤니케이터들은 그 메시지가 효과적이 될 수 있기 위해, 그들이 권하는 관계의 모범이 되어야 한다. 따라서 기독교 커뮤니케이터들은 비관계적인 정보들을 전하는 커뮤니케이터와 달리 그들이 전달하는 메시지의 극히 중요한 부분이다(6장 참조).

예수께서는 "내게로 오라"(마 11:28a)고 말씀하셨다. 바울은 "나를 본받는 자 되라"(고전 11:1, 또한 4:16; 빌 3:17도 보라)고 말했다. 이런 진술들은 단순한 오만이 아니라, 관계의 메시지를 전달하기 위해 필요한 내용에 대한 명확한 인식이다.

이와 같은 관계의 메시지는 현대 교회 커뮤니케이션에서 볼 수 있는 내용과 얼마나 다른지 모른다. 우리는 관계의 목회자가 정보의 선전자로 변질된 것을 너무나 자주 보게 된다. 초대 기독교 교회들의 특성인 참여 중심적인 예배가 상당한 양의 정보를 전달하는 효과적인 수단으로서의 강연(이것을 우리는 설교라 부른다)으로 대체되었다. 만일 우리가 하나님의 전략을 본받는 법을 배운다면 얼마나 놀라운 다른 일들이 일어날 것인가?

(3) 충격적 전달

수령자 지향적이고 인격적인 하나님께서는 자신의 메시지가 고도의 충격으로(with a high degree of impact) 전달되도록 하기 위해 애쓰신다. 이를 위해 하나님께서는 (a) 수령자들과의 신뢰성(credibility)을 발전시키시고, (b) 자신의 메시지를 말씀하실 뿐만 아니라 증명하시며, (c) 특정 사람들과 사건들을 다루시고, (d) 수령자들이 발견할 수 있도록 인도하시며, (e) 자신의 메시지들을 가지고 올바른 일을 하겠다고 응답하는 사람들을 신뢰하신다.

예수께서는 하나님으로 당연히 요구하실 수 있는 존경을 포기하시고 오직 인간으로서의 존경만을 받으실 수 있는 자리에 처하시기로 결정하셨다. 효과적으로 커뮤니케이션할 수 있기 위해서 먼저 신뢰성이 수립되어야 한다. 예수께서는 인간들 중에서 한 인간으로 자신의 신뢰성을 수립했다. 이 신뢰성은 하나님께서 인간으로 오시기 전에는 수립되기 어려웠던 하나님의 커뮤니케이션 활동 중의 한 측면이다. 우리는 아브라함과 다윗 그리고 다른 많은 믿음의 영웅들이, 하나님께서 그들을 이해하고 그들과 신뢰성을 수립한 것처럼 하나님과 관계를 갖고 있는 것을 본다. 그러나 하나님에 대한 보다 일반적인 인상은 가난이 무엇인지를 아는 것처럼 말하는 부자들을 바라보는 일반적인 사람들의 태도였을 것이다.

예를 들어, 케네디 가(家) 사람들이 가난에 대해서 이야기할 때, 우리는 그들이 전혀 경험하지 못했던 상태에 대해서 얼마나 알지 의문을 가질 수 있다. 이와 마찬가지로 하나님께서는 우리의 삶이 어떠한지 이해하지 못하시고, 우리가 느끼는 감정을 느끼지 못하시며, 우리의 상황에 대해 아시는 것처럼 말씀하실 수 있는 능력도 없고 심지어 자격도 없다는 것이 일반적인 생각이다.

그러나 예수께서 오셔서 우리가 경험하는 그대로 삶을 경험하시고, 심지어 수난에 있어 우리를 능가하셨을 때, 예수께서는 우리의 준거 틀로 말씀하실 수 있는 권리를 얻으셨다. 예수께서는 케네디 가의 사람들이 인간적인 비극, 가족의 비극에 대해 말할 때 신뢰성을 얻을 수 있는 위치와 유사하게 신뢰를 받는 위치에 이르셨다. 케네디 가의 사람들이 가난이라는 주제에 대해 말할 때에는 그 신뢰성에 의문을 제기할 수 있지만, 그들이 가족의 비극에 대해 말할 때에는 아무도 그 신뢰성에 대해 이의를 제기할 수 없다. 이제 하나님께서 인간의 상황들에 대해 말씀하실 때 우리는 더 이상 하나님의 신뢰성에 대해 이의를 제기할 수 없다. 왜냐하면 하나님께서 인간이셨기 때문이다. 하나님께서 우리의 자리에 앉으셨고, 우리의 눈물을 흘리게 하는 상황들과 똑같은 상황들에서 눈물을 흘리셨다(히 4:15). 이렇게 하나님께서는 우리 위에서 독단적으로 말씀하시지 않고 우리와 함께 하심으로 우리의 주목을 받는 권리를 얻으셨다.

커뮤니케이터가 훌륭한 인물이고 전달할 만한 가치가 있는 메시지를 소유하고 있다고 가정할 때, 그 신뢰성을 가로막는 중대한 장벽은 정형화된 (stereotyping) 인간의 습관이다. 부유한 사람들에게도 가난의 문제에 대해 상당한 통찰력이 있을 수 있다. 그러나 부유한 사람들에 대한 우리의 정형화된 인식으로 인해 우리는 가난이라는 영역에 대한 그들의 견해가 믿을 수 없는 것이라고 추단해 버리는 것이다. 하나님에게 있어서도 이와 마찬가지이다. 만일 하나님께서 예견된 상황이 옳지 않다는 것을 증명하기 위해 철저하게 예상치 못한 일(정형화된 생각에 지배 받는 시각으로 볼 때)을 행하지 않으신다면, 그 정형화된 생각은 계속해서 강력한 장벽이 될 것이다.

한번은 한 여학생이 나에게 "어머, 교수님은 교수님처럼 행동하지 않네요"라고 나에게 말한 적이 있었다. 나는 교수들에 대한 그 학생의 시각으로 예상할 수 없는 행동을 했다. 나는 그 학생을 한 인간으로(정형화된 학생으로가 아니라) 대우해 주었고, 교수는 이럴 것이라고 생각했던 그 학생의 예상보다 더 많이 그 학생의 생활에 관심을 가져주었다. 그래서 그 학생은 나의 관심에 대한 충격을 위와 같은 표현을 가지고 반응한 것이다. 이 과정에서 그 학생은 정형화에 길들여진 사람들에게는 보통 나타내지 않는 신뢰성을 나에게는 나타내었다.

빌립보서 2:8의 "사람의 모양으로 나타나셨으매 낮추시고 죽기까지 복종하셨으니"에서 우리는 예수께서 인간이 된 후에 자신을 더 낮추셨다는 내용을 읽는다. 예수께서는 하나님처럼 행동하는 전형적인 종교 전문가(비록 인간의 형체를 갖고 있음에도 불구하고)가 되실 수도 있었다. 예수께서는 우리의 존경을 요구하고, 우리의 인간적 어려움들을 피하고, 우리와 토론하기보다는 우리에게 강연을 하고, 우리의 문제들을 심각하게 다루기보다는 자신이 좋아하는 화제들만을 다루고, 항상 사람들을 돕기보다는 정치적이거나 개인적인 목적을 위해서 하나님의 능력을 사용할 수 있는 권리를 가지고 있었다. 그러나 예수께서는 그가 판에 박힌 대로 행동할 것이라고 예상했던 사람들에게 전혀 예상 밖의 방식으로 행동하심으로 정형화된 생각을 깨뜨리셨다. 예수께서는 심지어 인간-인간과 동등한 '인자(인간의 아들)'-로 칭함을 받으시는 것을 더 좋아하셨다(LaSor 1961년:42; Kraft 1979: 304를 보라). 인간으로 예수께서는 매우 신뢰할 수 있고, 매우 믿음직스럽고, 우리의 존경과 찬양과 헌신을 받으실 만한 분이 되셨다.

예수를 따라야 한다고 주장하는 우리 중의 많은 사람들이 이 점에 있어서는 예수를 본받지 않는다는 것은 불행한 일이다. 우리는 성직자, 선생, 박사, 목사, 어버이, 그리스도인이라는 칭호들과, 그 칭호들에 수반되는 지위와 위치를 너무나 좋아한다. 그러나 그런 지위들과 칭호들은 종종 커뮤니케이션의 측면에서 우리가 섬기라는 소명을 받은 사람들로부터 우리를 고립시킨다. 그러면 우리는 그런 정형화와 어떤 관계를 가져야 할까? 우리가 얻은 각각의 칭호, 각각의 위치, 각각의 명예는 우리와 그런 칭호나 위치, 명예를 얻지 못한 사람들 사이에 커뮤니케이션의 장벽이 된다. 커뮤니케이션을 향한 하나님의 접근법을 본받고자 한다면, 우리는 하나님께서 우리를 파송하신 사람들에게 신뢰감을 얻기 위해 그런 칭호나 위치, 명예로부터 돌이켜야 한다.

그러므로 성부의 믿음직스러운 증인이신 예수께서는 성부께서 다루시는 주제들에 대해서 단지 말로만 하는 것이 아니라 증명을 하기로 결심하셨다. 예수께서는 빌립에게 "나를 본 자는 아버지를 보았거늘"(요 14:9)라고 말씀하셨다. 예수 자신이 바로 아버지 하나님께서 누구이며, 하나님께서 무엇을 어떻게 행하시는지에 대한 증명이었다. 예수께서는 커뮤니케이션 전문가들이 설명하는 요점-어떤 것을 이해시키는 최선의 방법은 그것을 증명하는 것이다-을 알고 계셨다.

농학자들은 어떤 새로운 기술을 가르치거나 농부들에게 새로운 품종의 씨앗이나 가축을 사용하라고 설득할 때, '실험 농장' 또는 작은 경작지를 표본으로 만든다. 농학자들이 확신을 주려고 하는 사람들은 대체로 고지식한 사람들로서, 만일 새로운 것을 받아들였다가 실패하면 큰 손실을 볼 것이라고 생각한다. 그러므로 농부들을 설득하기 위해서는 말로만 해서는 안 되고 증명도 해야 한다. 만일 농부들이 새로운 씨앗이 더 많은 수확을 맺거나, 새로운 품종의 가축이 더 크게 자라거나 더 많은 우유를 생산해 내는 것을 실제로 볼 수 있다면, 그들은 그 새로운 품종들을 채택할 것이다.

하나님께서 사랑이시라는 사실을 증명하기 위해 예수께서는 사랑을 증명하셨다. 예수께서는 학대받는 사람들에게 관심을 나타내심으로 하나님께서 그들에게 관심을 가지고 계심을 증명하셨다. 또한 예수께서는 용서를 증명하셨고, 또한 사랑을 얻기 위해 하나님의 능력을 사용하는 법도 보여주셨다. 또한 예수께서는 사탄, 바리새인들 그리고 그 밖의 다른 적들과 어떻게 관계를 가져야 하는지도 보여주셨다. 그리고 끈기, 인내, 유혹을 이기는 힘, 온유, 거룩, 기도하는 법, 섬기는 법, 그리고 그리스도인으로 우리가 경건한 삶을 살기 위해 배울 필요가 있는 다른 모든 특성들도 증명해 보여주셨다. 또한 예수께서는 하나님의 메시지들을 삶과 말로 커뮤니케이션 하는 방법도 증명해 보여주셨다.

　신뢰성 있게 행동하고 자신이 가르시는 바를 증명하시면서, 예수께서는 특정한 사람들에게 관심을 가지시고, 그들의 욕구들과 관련된 메시지를 가지고 그들에게 접근하셨다. 예수께서는 단순하게 일반적인 청중들에게 일반적인 메시지를 이야기하시지 않았다. 특정화하는 것이 하나님의 방법이다. 하나님께서 아담을 찾으시거나, 이스라엘을 부르시거나, 십계명을 주시거나, 사무엘이나 이사야 또는 예수께서 열두 제자들을 부르시거나, 갈릴리 한 마을에서의 생활과 작은 지중해 국가에서의 사역의 특성에 있어서나, 또는 바울이 특정한 회중들에게 편지를 보내거나, 모두 특정한 메시지를 가지고 특정한 사람들과 관계를 가지는 것이 하나님의 특성이다.

　성경의 특성도 역시 하나님의 이 특성을 묘사한다. 성경은 특정한 사회·문화적 정황들에서 이루어진 특정한 인격적 만남을 기록하는 사례사(事例史, case-histories)의 모음집이다. 만일 성경이 단지 인간의 작품에 불과한 것이라면, 당연히 일반 원칙들을 수록한 교과서 형태였을 것이다. 그러나 우리가 보는 바와 같이 성경은 특정한 커뮤니케이션에 있어 하나님의 열심을 명확하게 나타내고 있다.

　복음서들의 기록에서 보는 바와 같이 하나님의 특정화(specificity)와 상관성(relevance)은 사람들과 예수의 대화에서 규칙적으로 제시된다. 사람들의 절실한 욕구로 시작하는 것이 전형적인 예수의 방식이다. 예수께서는 이러한 사람들의 절실한 욕구를 출발점으로 하여 더 중요한 욕구를 다루시는 데로 나아가신다. 예를 들어, 중풍병자에게(마 9:2-8), 사마리아 여자에게(요 4), 엠마로로 가는 길에서 만난 제자들에게(눅 24:13-27), 소경 바디매오에게(막 10:46-52), 부자 청년에게(막 10:17-22) 예수께서 얼마나 구체적이신지 주의해 보라. 매우 흥미 있는 사실은, 예수께서 성경(자신의 관심사)으로 시작하시는 것이 아니라 자신이 대화하는 사람들의 욕구들(그들의 관심사)로 시작하신다는 사실이다. 예수께서 성경으로 시작하셨던 경우는 사탄과 유대인 지도자들이 그에게 성경을 인용하여 도전했을 때

뿐이다. 그런데 심지어 그 때에도 예수께서는 단지 그들이 시작한 곳에서 시작하셨다. 나는 만일 우리가 이 점에 있어 예수를 본받는다면 우리의 기독교의 증거와 설교가 어떻게 바뀔지 매우 궁금하다.

하나님의 전략 중 이 국면은 우리에게 의문을 제기한다: 우리는 우리의 커뮤니케이션 상호 작용들에서 우리는 얼마나 구체적인가? 우리 미국의 교육 과정은 총괄적인 일반론들을 전개하여 전달하는 것의 중요성에 초점을 맞추는 경향이 있다. 우리는 만일 사람들이 일반론을 배운다면 여러 가지 특정한 사례들에 그 원칙들을 적용할 수 있을 것이라고 가정하는 것 같다. 그러나 나는 이것이 잘못된 가정이라고 생각한다. 만일 사람들이 특정하게 적용되는 원칙들에서 자신들의 일반론을 추론할 수 있다면 그들은 더 잘 이해하고 더 효과적으로 배울 것이다.

그러나 현대의 많은 커뮤니케이터들은 특정화의 교훈을 배웠다. 그들은 자신들이 입증하려고 하는 논지들을 일반화하거나 일반적으로 설명하는 것보다는 자기 자신이나 다른 사람의 실제 생활에서 나온 예화들이 그 논지들을 더 효과적으로 전달한다는 사실을 배웠다. 예수의 비유들은 사람들이 실제로 삶에서 경험한 것이라기보다는 삶과 정확하게 일치하는 예화들이었지만, 바로 위와 같은 특성을 가지고 있었다. 그러나 예수께서는 자신의 예화들이 자신의 삶과 관심과 경험에만 관련된 것이 아니라 그들의 생활, 그들의 관심사들, 그들의 경험과 관련된 것이라는 사실을 보증하는 데 주의를 기울이셨다.

하나님께서 반드시 수령자들이 모든 것을 이해하기 쉽게 하시지 않는 것은 사실이다. 오히려 하나님께서는 자신의 메시지들을 소화가 잘 되도록 요리하여 분명한 형태로 접시에 담아 차려 놓으심으로 우리의 지능을 모욕하기보다는 우리로 하여금 발견하도록 인도하시고 부추기신다. 하나님께서는 행동과 말씀을 하신 다음, 우리로 하여금 그 행동과 말씀이 무엇을 의미하는지 알아내기 위해 애쓰게 하신다. 우리가 그 의미를 발견했을 때, 비로소 그 의미는 완전하게 하나님께서 모든 것을 행하심으로 쉽게 만들어 주셨을 때보다 더 큰 충격을 준다.

예수께서는 자신이 누구인지 제자들에게 단순하게 설명해주시기보다는 제자들을 인도하사 그들로 하여금 자신이 누구인지를 깨닫게 하셨다(막 8:27-30). 하나님의 방법도 사람들을 인도하는 것이다. 하나님의 방법은 답을 쉽게 주심으로 무가치한 답으로 만들어 버리시는 것이 아니라 붙잡고 씨름을 해야 하는 문제들을 제기하시는 것이다. 그리고 분명히 하나님께서는 우리 모두가 똑같은 대답들에 도달하기보다는 창조적인 능력들을 활용하여 의미 있게 도달하는 것에 더 많은 관심을 갖고 계시다. 현대 교육 기술들은 교사들로 하여금 학생들이 깨달음을 얻기 위해 애쓰고 고심하는 것을 도와주도록 하기보다는 교사들의 결론을 전개하여 전달하는 것을 조장하는 것 같다. 그러나 그와는 달리 하나님께서는 학습자들로서의 우리와 우리의 능력을 존중하시는 것 같다.

우리는 많은 성경 구절들로 하나님의 이러한 접근법을 예증할 수 있다. "내가 무엇이라고 그들에게 말하리이까?" 하고 모세가 물었을 때, 하나님께서는 "나는 스스로 있는 자니라"라고 대답하셨다(출 3:13-15). 이 불가사의한 대답은 이스라엘 백성이 스스로 해답을 발견하도록 이끄는 것이 아니었을까? 또한 하나님께서는 욥에게도 그의 고난에 대해 이해하기 쉽고, 직접적인 해답을 주지 않으셨다. 그리고 감옥에 갇힌 불쌍한 세례 요한도 자신이 올바른 이유로 자신의 생명을 바치는 것인지 그렇지 않은 것이지를 깨닫기 위해 스스로 증거를 엄밀히 조사하도록 맡겨졌다(마 11:2-6). 예수께서 은유들(비유들)을 말씀하신 이유는 애매하게 하기 위함이 아니라 도전을 주시기 위함이었다. 즉 난해하게 하려고 하신 것이 아니라 자신의 말씀을 듣는 사람들을 존중하셨고 그들이 깊이 터득하기를 원하셨기 때문이었다. 해변에서 예수께서 베드로에게 하신 말씀의 의미(요 21:15-19), 그리고 후에 지붕 위에서 본 환상의 의미(행 10:9-17)를 깨닫는 일은 베드로에게 맡겨졌다. 그리고 그 이후 시대의 교회와 그리스도인들은 셀 수 없이 많은 문제들에 대한 대답을(성령의 도움으로, 요 16:13) 발견해야 했다. 하나님께서는 우리의 응석을 받아주지 않으신다.

우리는 우리의 커뮤니케이션 노력에서 발견 지향적(discovery-oriented)인가? 아니면 우리는 우리가 가르칠 내용을 이해하기 쉽게 만들어, 우리가 적당하다고 생각하는 것은 무슨 방침이든지 모든 사람이 받아들이기를 기대하는가? 아마 하나님의 방법이 우리의 방법보다 더 나을 것이다.

그러나 하나님께서는 자신의 커뮤니케이션의 전략에서 더욱 전진하여 수령자들이 자신의 메시지를 다지고 바른 일을 행하기를 기대하신다. 다음 장들에서 배우게 될 것이지만, 커뮤니케이션으로 전달되는 내용에 대한 궁극적인 결정은 수령자들에게 달려 있다. 수령자들은 커뮤니케이터가 의도한 것으로 그들이 생각하는 것을 창작한다. 물론 하나님께서는 이것을 아신다. 또한 하나님께서는 수령자들의 한계도 아신다. 그럼에도 불구하고 하나님께서는 자신이 전달한 것을 우리가 이해할 뿐 아니라 우리가 하나님을 위해 책임을 질 것이라고 믿으실 정도로 우리를 신뢰하신다.

우리는 야고보와 요한이 특권들을 요구하고, 유다가 떠나가고, 베드로는 예수를 거부하고, 도마는 예수의 부활을 의심하는 것을 본다. 그러나 심지어 그 후에도 우리는 예수께서 자신의 제자들을 인정하시고 그들을 신뢰하시는 것을 본다. 여전히 예수께서는 자신의 모든 사역을 열한 제자들에게 인계하신다. 예수의 사역은 예수 자신의 것일 뿐 아니라 그들의 것이기도 했다. 예수께서는 그들을 친구라고 칭하셨다. 즉 그들을 단순히 명령을 받는 종들이 아니라 사역을 계획하고 준비하는 일에 참여하는 사람들로 칭하셨다(요 15:15). 예수께서는 그들을 도움 없이 내버려두지 않으셨으니, 곧 그들에게 성령을 주셨다. 그리고 그들을 파송하사 자신이 행했던 일보다 더 큰 일들을 행하게 하셨다(요 14:12b).

그리고 아마도 하나님의 커뮤니케이션의 가장 감동적인 부분은 바로 이 인정과 신뢰를 통해 전달될 것이다. 인간적으로 말해서, 나는 우리가 베드로의 삶에서 보는 엄청난 변화가 예수께서 해변에서 그에게 전달하신 신뢰를 통해 이루어졌다고 믿는다(요 21장). 그리고 베드로의 변화는 하나님과 인간들 사이에 계속 이어져 온 변화시키는 신뢰 관계들 중 하나에 불과할 뿐이다. 하나님께서 노아, 아브라함, 다윗, 각 선지자들에게 가지셨던 신뢰를 주목해 보라. 하나님께서는 그들 모두에게 과업을 맡기셨고, 그들이 (자신의 도움으로) 그 과업을 행할 것으로 신임하셨다. 그리고 그들 각 사람은 하나님의 일이며 자신의 일에 책임을 지고 창조족으로 응답함으로 성장했다.

우리는 우리의 커뮤니케이션 활동을 얼마나 신뢰하고 있는가? 우리보다 훨씬 더 많은 권리를 갖고 계시는 하나님께서는 자신의 수령자들을 지배하려는 유혹을 억제하고 계시는 것처럼 보인다. 여기에는 분명히 실망들도 존재하겠지만, 이로 인해 믿음의 거인들이 생겨나는 것이다.

하나님을 대신하여 말하려고 할 때, 우리가 다루는 화제들에서 우리는 구체적이며, 삶과 관련을 가지며, 증명 지향적(demonstration-oriented)인가? 그렇지 않으면 우리는 일반적이고, 역사적이고, 학구적이고, 심지어 비인격적이기까지 하며, 하나님의 방법들로 하나님의 메시지를 사람들에게 커뮤니케이션하기 위해 우리들의 재능들을 사용하기보다는 그 재능들을 과시하고 있지 않은가?

우리의 청자들은 우리가 그들과 어떤 관계를 가질 것이며, 또 우리가 어떤 식으로 말할 것인지에 대해 정형화된 예상을 하고 있다. 그런 정형화된 생각들은 우리와 같은 사람들이 행동해 온 방식에 바탕을 두고 있을 것이다. 우리는 정형화된 생각을 따라 거의 신뢰성 없이 기능할 수도 있고, 또는 예수를 본받아 수령자 지향적이고 인격적으로 정형화된 생각은 절대로 줄 수 없는 신뢰성과 존경을 얻기 위해 노력할 수도 있다.

3. 우리는 어떻게 커뮤니케이션해야 하는가?

성경은 우리에게 본받을 만한 커뮤니케이션의 모델을 제시한다. 성경에서 우리는 거대한 커뮤니케이션 간격의 한쪽에 머물기를 거절하시는 하나님을 본다. 하나님께서는 자신과 자신의 목적에 대한 헌신을 우리에게 이끌어낼 수 있는 우리와의 관계를 추구하신다. 이 일을 이루시기 위해 하나님께서는 커뮤니케이션 간격의 우리 쪽에서 하나님을 이해할 수 있는 확실한 전략을 계발하신다. 이 전략에서 하나님께서는 수령자 지향적이시다. 그리고 하나님께서는 신뢰와 의존과 심지어 상처를 받으실 수 있는 방법으로 우리의 준거 틀로 들어오셔서, 우리가 오해할 수 없는 방식으로 우리를 향한 자신의 사랑과 수용과 존중을 나타내신다. 하나님께서는 육신을 입으시고, 스스로 자신이 보내는 메시지가 되심으로 인간적으로 우리와 동화하신다. 더 나아가 하나님께서는 자신의 메시지들이 충격으로 임한다는 사실을 보증하신다. 하나님께서는 높은 신뢰성을 나타내시고, 자신의 말씀을 증명하시고, 자신의 수령자들 및 그들과 관련된 문제들을 구체적으로 다루시고, 수령자들이 발견할 수 있도록 인도하시며, 그들이 자신의 목적을 지속적으로 수행할 것이라고 신뢰하신다.

    이것은 모두 우리를 위한 본보기가 된다. 하나님께서는 우리에게 우리가 어떻게 커뮤니케이션해야 하는지를 보여주셨다. 그러므로 우리는 하나님의 방법으로 하나님을 위해 커뮤니케이션하기 위해 노력해야 한다.

Communication Theory for Christian Witness

제3장 커뮤니케이션에 관련된 열 가지 통념

그 설교는 정말이지 끔찍했다! 설교(sermon)의 주제는 설교(preaching)에 관한 것이었다. 설교자는 설교가 하나님께서 자신의 메시지를 인류에게 전달하기 위해 지정하신 수단이라고 주장했다. 예수께서는 복음을 전하기 위해 오셨다고 설교자는 단언했다. 바울은 "설교(preaching, 한글대역, '전도')의 미련한 것"(고전 1:21)에 헌신하기 위해 다른 모든 커뮤니케이션 방법들을 버렸다. 그리고 여러 시대를 거쳐오는 동안, 하나님께서는 자신의 왕국이 설교를 통해 세계 곳곳으로 퍼져 가는 것을 보셨다.

설교자는 자신이 무엇을 의미하는지 설교(preaching)로 정의해야 한다고 전혀 생각하지 않았다. 또한 그는 성경에 의거하여 설교하고 있다고 주장했지만, 자신의 논점들을 성경으로 예증하는 것에 특별한 관심이 없어 보였다. 복음을 전하기 위해 하나님께서 정하신 방법이 설교라고 그가 청중들에게 그처럼 강력하게 이야기하고 있는 이유조차도 나에게는 분명하지가 않았다. 그는 우리 모두가 설교자가 되기를 기대했을까? 아니면 그는 설교의 품격이 떨어지면 자신이 직업을 잃을 것을 우려하는 것이었을까?

이 경험은 내가 지금까지 들어본 중에 두 번째로 가장 나빴던 설교라고 생각하는 설교를 곰곰히 생각하게 만들었다. 그 설교는 하나님의 말씀에 대한 것이었다. 만일 우리가 이 또 한 명의 다른 설교자를 믿는다면, 하나님의 말씀에는 일종의 마술이 존재하는 것이다. 하나님의 말씀은 그 자체에 생명을 가지고 있다. 우리는 단순하게 이 말씀을 말하기만 하면, 그 말씀을 스스로 기적적으로 사람들을 하나님에게로 인도한다는 것이다. 우리는 이 말씀에 대해 어떤 일도 해서는 안 된다. 즉 하나님의 말씀을 커뮤니케이션하려고 하거나 관련을 시키려고 하는 것과 일을 해서는 안 된다는 것이다. 말씀에는 이미 하나님께서 원하시는 모든 것을 담고 있기 때문에, 말씀에 어떤 것을 더하려고 하는 것은 쓸데없는 참견일 뿐이다.

나는 그 설교자가 옳기를 바란다. 나는 우리가 입을 열어, 성경을 인용하고, 사람들이 그리스도에게 떼를 지어 몰려오는 것을 지켜보기만 하면 우리가 해야할 일을 다한 것이기를 바란다. 그러나 내가 지금까지 보아왔던 바는 그것이 아니었다. 그 대신에 우리는 진실하고, 헌신적이고, 고상한 동기를 갖고 있으며, 신실하게 기도하는 복음의 사역자들이 종종 귀한 열매를 거의 맺지 못하고 있는 것을 본다. 또는 때때로 그들은 열매를 맺기도 하지만 그 열매가 어떻게 생기는지에 대해서는 전혀 아는 바가 없다. 반면에 적지 않은 불한당들이 매우 수상쩍은 목적을 위해 사람들의 마음을 얻는데 상당한 성공을 거두고 있다.

이제 기독교 커뮤니케이터들이 자주 신뢰하는 몇 가지 근거 없는 통념들에 대해 우리가 보다 나은 시각을 가질 수 있는지 살펴보기로 하자. 이 책의 나머지 부분에서 우리는 이런 통념들을 거짓으로 밝히는 커뮤니케이션 측면의 이해에 대해 상세하게 다룰 것이다.

통념 1 귀로 복음을 듣는 것은 복음에 '이르는 것'과 동일하다.

로마서 10:14의 "저희가 믿지 아니하는 이를 어찌 부르리요 듣지도 못한 이를 어찌 믿으리요 전파하는 자가 없이 어찌 들으리요"에서 한편으로는 선포와 관련하여, 다른 한편으로는 믿음과 관련하여 '들음'을 이야기한다. 그러나 많은 그리스도인들은 믿음의 응답으로 이어지는 들음에 포함되어 있는 의미를 너무 단순하게 생각하고 있는 것처럼 보인다. 종종 그들은 귀로 듣는 것을 의미하는 들음과 이해를 의미하는 들음을 동등하다고 생각하는 것 같다. 그러므로 종종 이런 그리스도인들은 비신자들의 마음을 자동적으로 마술처럼 휘어잡을 것이라는 믿음으로 그들에게 교회 어휘로는 부적절한 정보를 건네준다. '노방' 전도와 같은 기술들과 라디오나 문서(심지어 문맹인들 중에서)와 같은 매스 미디어의 피상적인 사용이 이런 그리스도인들이 선호하는 방법들이다. 왜냐하면 그들은 만일 복음이 들리는 곳에 있는 모든 세상 사람들을 만날 수만 있다면 온 세상이 곧 복음화될 것이라는 가정으로 활동하기 때문이다.

하지만 단순하게 귀로 들음과 지적인 이해(훨씬 깊은 수준의 들음)는 다른 종류의 활동이다. 그리고 듣는 사람들이 이미 메시지에 대해서 긍정적이 아니라면, 깊은 수준의 이해를 위해서 그들을 설득할 필요가 있다. 즉 피상적인 매개 수단을 통한 메시지에는 쉽게 수반되지 않는 종류의 커뮤니케이션이 요구되는 것이다. 긍정적으로 듣지 않는 사람들은 이미 수긍하지 않는 사람들이다. 또는 적어도 그들은 정보를 나누어야 하는 사람들보다 정보에 더 큰 열심을 보이는 낯선 사람들이 마구잡이 식으로 제시하는 메시지에 마음 문을 열지 않는 것이다. 왜냐하면 이런 식으로 정보를 전달하는 사람들은 대개 흥미가 없거나 분통을 터뜨리기 때문이다.

이 사실들이 말하는 바는 매스 미디어와 같은 다른 매체들은 보다 제한되게, 그리고 전문적으로 사용되어야 하고, 복음의 메시지는 개인 대 개인의 장기적인 커뮤니케이션을 필요로 한다는 것이다. 대중적인 커뮤니케이션(예를 들어, 강연, 설교)과 매스 미디어(예를 들어, 라디오, 텔레비전, 문서)는 수령자들이 전달되는 메시지에 큰 필요성을 느낄 때 효과적이다. 한 연구 조사에 의하면 그런 필요성이 느껴지지 않을 때, 메시지를 듣는 사람들은 거의 대부분 이미 그 메시지에 긍정적인 사람들뿐이라는 사실이 증명되었다(Engel 1979년:22). 그러므로 매개 수단(media)에는 마술이 존재하지 않는다. 왜냐하면 깨달음이란 접촉보다 훨씬 더 깊이 존재하기 때문이다. 하나님의 기본적인 방법은 성육신이다.

통념 2 성경 말씀은 너무 능력이 크기 때문에 사람들을 그리스도에게 인도하기 위해 필요한 일은 성경을 듣고 읽는 일에 그들을 접하게 하기만 하면 된다.

우리는 여기에 표현되는 중요성을 간단하게 무시할 수 없다. 성경은 영감된 하나님의 말씀이다. 그리고 성경이 특별 계시인 만큼 우리는 성경을 신중하게 다루기 원한다. 그러나 우리는 성경에 대한 우리의 경의가 미신이나 우상 숭배로 바뀌는 것을 감히 용납할 수 없다. 성경이 영감되었다는 사실은 성경이 마술적이라는 의미로나, 또는 우리가 성경 단어들을 자체적으로 영적인 능력을 전달하는 주문으로 사용할 수 있다는 의미로 해석되어서는 안 된다. 이런 해석은 그리스도인의 경외가 아니라, 이교도의 미신적 태도이다. 우리는 성경의 단어들이나 개념들이 성령의 영감을 받은 메시지들이 흐르는 경로일 뿐이라는 사실을 잊지 말아야 한다. 그러한 경로들 자체가 숭배되거나 마술적인 능력을 소유한 것으로 여겨져서는 안 된다.

나의 그리스도인으로서의 초기 경험을 곰곰이 생각해 볼 때, 나는 나 자신 안에서 이러한 마술적인 태도를 주목하게 된다. 성공하지 못한 전도의 시도를 반성하면서 나는 실패의 이유가 내가 성경 말씀을 완벽하게 인용하지 못한 것이었다고 결론을 내린 경우들이 있었다. 즉, 흠정역 성경의 모든 단어가 나의 입 밖으로 술술 나오지 않았기 때문이라는 결론이었다. 보통 나의 실수는 사소한 것이었고, 결코 성경 구절의 의미에는 어떤 중대한 변화도 주지 않았다. 그러나 어쨌든 나는 성경 단어들이 자체적으로 변화시키는 능력을 지녔기 때문에, 내가 그 단어들을 완전히 정확하게 인용하지 못함으로 인하여 단어들이 지닌 마력을 깨뜨렸고 전도의 실패로 이어졌다는 심정을 갖게 되었다.

이러한 태도는 극단적일지 모른다. 그러나 특별한 성경 번역본의 정확한 단어들에 대한 경외심이 내가 묘사한 태도와 상당히 유사한 많은 그리스도인들이 있다. 그 중에는 전문적인 지식을 갖고 있는 그리스도인들도 있고 평신도들도 있는데, 전형적으로 그런 사람들은 성경의 설명과 해석과 커뮤니케이션의 필요성에 대해 다소 의심을 품거나 심지어 회의적이기까지 하다. 종종 그들은 문자적인 번역이 덜 해석적이므로 더 정확하다는 가정 아래 문자적인 성경 번역에 전념한다. 그리고 주석 설교가 주제 설교보다 더 성경적이라는 가정 하에(예수께서 항상 주제적이셨다는 사실에도 불구하고) 주석 설교를 더 선호하는 경향이 있다. 전도를 할 때, 그런 사람들은 자신들의 말은 적게 하고, 하나님의 말씀은 더 많이 사용할수록 긍정적인 응답을 얻기가 훨씬 쉬워진다는 가정 아래, 가능한 한 많이 성경을 인용하려고 애를 쓴다. 그들은 다른 도움 없이 하나님의 말씀만으로 많은 사람들을 그리스도에게 인도하기에 충분하다는 가정 아래, 사람들에게 성경을 해석해 주는 개인적인 전도는 하지 않고 지구 끝까지 성경이 출판되기를 열망한다.

그들의 동기 부여는 매우 칭찬할만하다. 그러나 때로 하나님께서는 자신의 말씀만으로 역사하시기도 하지만, 하나님의 기본적인 전달 수단은 언제나 말과 행동으로 하나님의 말씀을 해석하는 사람들이다. 단어 자체에는 마술이 존재하지 않으며, 심지어 성경의 단어에도 마술은 존재하지 않는다. 다른 시대의 다른 사람들에 대한 이 말씀들은 수령자들에게 바르게 이해되려면 성령의 인도를 받는 커뮤니케이터에 의해 다루어질 필요가 있는 경우가 매우 종종 있다. 하나님께서 자신의 말씀만을 통해 커뮤니케이션을 행하실 것이라는 가정으로, 그리스도인들이 커뮤니케이션 과정에서 자신의 의무를 회피하는 것은 온당치 못하다고 나는 확신한다.

번역에 있어서도 마찬가지로, 해석을 피하려고 하는 번역가는 서투르게 해석할 수밖에 없다. 왜냐하면 다른 모든 커뮤니케이터들처럼 번역가도 항상 근원에서 수령자로 이어지는 커뮤니케이션의 교량을 건설할 책임이 있기 때문이다. 그리고 이를 위해 번역가들은 근원의 본문으로부터 번역해야 할 뿐만 아니라 수령자의 준거 틀로 번역해야 한다. 커뮤니케이션으로서의 번역에 대한 더 자세한 내용은 9장을 보라.

이런 통념을 믿는 많은 사람들은 성경이 자동적으로 관련된다고 주장한다. 그들은 성경을 관련시킬 필요가 없다고 말한다. 그런 진술은 성경의 잠재성을 언급할 때에는 정확할지 모르지만, 종종 잠재적으로 관련된 것이 수령자들에 의해 관련이 없는 것으로 인식되어 오해되고 자주 거부되기도 한다는 중대한 사실을 무시한 진술이다. 내가 취하는 입장은 비록 성경이 잠재적으로 관련성이 있다 하더라도, 하나님께서는 말씀이 수령자의 쪽에서 관련된 것으로 인식될 수 있는 방식으로 전달되게 하는데 자기 백성이 헌신하시기를 바라신다는 것이다.

통념 ③ 설교는 하나님께서 정하신 복음을 전달하는 수단이다.

'설교하다'(preach)라는 단어는 듣는 사람들은 말없이 앉아 있는 반면에 혼자 이야기하는 한 사람(설교자)을 떠올리게 한다. '설교하다'라고 번역되는 신약성경의 단어들의 본래 의도가 무엇이든지(아래를 보라), 대다수 사람들에게 떠오르는 기본적인 의미는 이런 심상이다. 설교에 대한 우리 관습의 근원은 특히 종교개혁 이후부터 유럽의 대학 강의(약간 개조된)를 교회가 자신의 커뮤니케이션 활동의 중심으로 받아들인 것이다. 비록 그리스 사회에서 독백 형식의 웅변이 널리 사용되고 높이 평가됨으로 초기부터 교회에서 사용되긴 했지만, 분명한 사실은 종교개혁 동안에 개신교도들이 예배의 중심적인 특징으로 독백 형식의 강의(설교)를 미사에 대치했다는 것이다.

따라서 개신교 예배에 있어 독백 형식의 설교의 현재 위치와 본질은 비교적 그 기원이 최근이다(Grieve 1962년). 그러나 표준 영어 성경 번역들은 preach, proclaim(설교하다, 선포하다)이라는 단어들과 이 단어들의 파생어를 너무 빈번히 사용함으로(약 200회), 우리로 하여금 실제로 하나님께서 이 방법을 유일하게 정하신 커뮤니케이션 방법으로 택하셨다고 오해하게 만들었다. 우리는 설교하라는 명을 받지 않았는가? 세례 요한, 예수, 그리고 제자들은 주로 설교를 통해서 커뮤니케이션하지 않았는가? 성경은 그들이 설교를 통해 커뮤니케이션했다고 말하지 않는다. 왜냐하면 성경의 커뮤니케이션관은 대부분의 영어를 언어로 사용하는 사람들이 '설교하다' 라는 단어에 부여하는 개념보다 훨씬 더 넓었기 때문이다.

첫째로, 초대 그리스도인들이 특정한 헬라어 단어들을 사용한 방법과 관련하여, 다음으로는 성경 번역가들과 해석가들 중에서 발전된 전통과 관련하여 오해가 생겨났다.

1. 초대 교회는 복음을 커뮤니케이션하려는 자신들의 시도를 나타내는 표시로 헬라어 단어 케루쏘(kerusso)와 그 파생어들을 즐겨 사용하였고 그것이 관습이 되었다. 초대 교회가 사용했던 많은 단어들과 마찬가지로, 이 단어도 원래 그들이 이 단어에 적용한 모든 종류의 활동을 포함하지 않았다. 케루쏘는 원래 포고자들(heralds or town criers)이 요즘 우리가 라디오나 텔레비전에 의존하는 여러 종류의 중요한 공고들을 집집마다, 도시마다 돌아다니면서 알리는 것을 주로 나타내는 말이었다(Kittel 1967년: 683-718을 보라). 초대 그리스도인들은 이 단어를 택하여 훨씬 넓은 범위의 커뮤니케이션 활동을 언급하는데 확대하여 사용했다. 이 단어는 혼자 이야기하는 강연도 포함했지만, 복음의 커뮤니케이션에 초점을 맞추는 경우에 있어서는 주로 대화로 이루어지는 상호 작용을 나타내는 데 사용되었다. 이 사실에 대한 흥미 있는 확인이 요한이 일관되게 이 단어 대신 증거하다(witness; marturo)라는 단어를 사용하는 것인데 아마 그는 이 단어의 한계를 깨달은 것으로 보인다.

단어들은 그 단어가 표시하여 사용되는 관념들에서 의미들이 비롯되기 때문에, 우리는 케루쏘가 사용되는 정황들을 연구함으로 이 단어의 성경적 의미를 찾아야 한다(Barr 1961을 보라). 그러므로 우리는 예수, 세례 요한, 바울, 그리고 그 외의 여러 사람들이 주로 대화를 통해 복음을 전했다는 사실을 발견할 때, 그들의 활동을 표시하는 용어가 영어의 설교하다(preach)라는 단어에 의해서 암시되는 의미보다 더 넓은 의미를 갖고 있다는 것을 인정해야 한다. 케루쏘가 사용될 때, 어떤 중요한 일의 선포나 공고에 초점을 두긴 하지만, 그 방법은(독백이거나 대화이거나) 영어의 설교하다라는 단어의 초점과 같은 초점이 아니다. 오히려 케루쏘의 초점은 그 근원이 메시지를 전달하는 사람으로서의 화자와는 다르다는 사실에 맞추어지고 있다.

2. 따라서 케루쏘와 몇 가지 다른 헬라어 용어들의 영어 번역인 preach(설교하다)와 proclaim(선포하다)은 번역자들과 성경 해석자들이 원어들에 포함된 의미의 범위를 적절하게 표현하는 용어를 영어에서 발견하는데 실패했음을 암시한다. 적어도 현대 영어에서 이 용어는 communicate(커뮤니케이션하다, 전달하다, 의사 소통을 하다)와 매우 가깝다. 그러므로 나는 케루쏘와 같은 헬라어 용어들이 복음의 폭넓은 제시를 의도하고 있다는 사실이 명백한 대부분의 구절들을 커뮤니케이션하다 (communicate)로 번역하는 것이 더 정확하다고 주장한다.

예를 들어, 마가복음 16:15b는 "온 천하에 다니며 만민에게 복음을 커뮤니케이션하라", 13:10은 "복음이 먼저 만국에 커뮤니케이션되어야 할 것이니라", 마태복음 26:13b는 "온 천하에 어디서든지 이 복음이 커뮤니케이션되는 곳에는 이 여자의 행한 일도 말하여 저를 기념하리라 하시니라", 갈라디아서 2:2b는 "내가 이방 가운데서 커뮤니케이션하는 복음", 1:23b는 "우리를 핍박하던 자가 전에 잔해하던 그 믿음을 지금 커뮤니케이션한다"라고 해석해야 한다. 실제로 우리는 용어 색인 사전에서 preach나 proclaim이라는 단어들을 볼 때, 거의 항상 그 단어들을 communicate로 대치함으로 더 낫게 번역할 수 있다.

아마 preach나 proclaim이라는 번역은 요점을 나름대로 설명하고 있을지 모른다. 그러나 심지어 박식한 사람들(위에서 인용했던)조차도 오해를 하여, 그 결과 하나님께서 독백 형태로 복음을 전달하는 '미련한 것'(고전 1:21b)을 추천하신다고 다른 사람들을 믿도록 오도할 때, 무엇인가 크게 어긋난다. 물론 바울은 미련한 것을, preaching으로 번역된 문화 형태의 미련한 것을 언급하는 것이 많은 사람들이 미련한 것으로 여긴 메시지의 내용을 언급하는 것이다(TEV와 NIV의 고전 1:21b 번역들을 보라).

이것은 우리의 설교 전통을 지지하는 해로운 통념이다. 한편 이 통념은 이 방법이 초대 교회가 행했던 방식이라는 역사적인 오류에 근거를 두고 있고, 다른 한편으로 이 통념은 독백 형식의 설교가 하나님께서 자신의 메시지를 전달하시려고 의도하신 정하신 방법이라는 인상을 주는 부적절한 번역으로 말미암은 것이다. 이 방법에는(어떤 다른 방법에도) 마술이 존재하지 않는다. 예수께서는 즉각적인 피드백을 격려하는 인격적이고, 상호 작용적인 커뮤니케이션을 선호하셨고, 또한 필요할 때에는 더 큰 관련성을 확실하게 하기 위해 메시지를 수정하시기도 하셨다.

통념 4 설교는 삶을 변화시키는 데 효과적인 수단이다.

많은 그리스도인, 즉 목회자들과 그들의 집회 구성원들은 주일 아침 설교의 목적이 듣는 사람들의 삶에 큰 변화를 일으키는 것이라고 생각한다. 목회자들은 주일 아침 설교 시간 동안에 전달할 수 있는 좋은 내용을 창작하는데 많은 시간을 투자해야 한다고 생각하도록 훈련을 받는다. 목사들의 부단한 기도는 자신들의 노력을 통해 그들이 담당하는 신자들의 삶이 두드러지게 더 낫게 변화되는 것이다. 종종 신자들도 자신들이 새로운 잠재적으로 삶을 변화시키는 통찰력을 얻을 것이라는 기대를 가지고 온다. 그러나 그런 기대들은 좀처럼 실현되지 않는다. 왜냐하면 다른 요인들이 작용하기 때문이다.

모든 삶에 있어 그러한 것과 마찬가지로 커뮤니케이션에서도 사건들은 두 가지 수준으로 분석될 수 있다: 즉 이상적 또는 의도된 기능의 수준과 실질적 기능의 수준이다. 종종 목회자들과 신자들은 설교를 통해서 삶이 변화될 것으로 생각한다. 그러나 흔히 설교가 전달되는 환경이나 독백 형식의 한계들과 같은 요인들이 상호 작용하여 설교가 참여자들이 의도한 것처럼 작용하는 것을 방해한다. 오히려 의도와 반대로 설교는 예배 의식의 일부로 제시되기 때문에, 이런 정황에서 설교는 이 '통합 의식'(ritual of consolidation)의 단지 하나의 (중요한) 부분으로 작용하는 경향이 있다. 독백 형식의 표현들이 의미 있는 삶의 변화를 자극하기에 매우 적합하지 못하다는 사실은 의도된 기능과는 달리 현실적인 기능으로 약화된다. 즉 의도하는 기능 대신에, 같은 생각을 가지고 있는 사람들이 경험하는 동일한 경험의 통합과 나눔이라는 매우 귀중한 기능은 예배 의식의 다른 모든 부분에서뿐만 아니라 설교 부분에서도 주요한 기능이 된다.

나는 통합과 나눔의 기능이 나쁜 것이라고 생각하지 않는다. 그러나 만일 이런 활동에 참여하는 사람들의 기대가 실제로 이루어지는 것과 크게 다르다면, 심각한 결과들이 나올 수 있다. 예를 들어, 주로 자신이 맡은 신자들과의 광범위하고 집중적인 인격적 관계를 추구하는 일은 하지 않고 대신에 훌륭한 설교를 준비하여 전달하는 일만 지향하는 목회자를 생각해 보자. 그 목회자는 자신이 배운 방법에 일치하여 훌륭한 설교를 강조하는 것이 그의 청중들을 성숙한 그리스도인으로 인도하도록(또는 추진하도록) 하나님께서 정하신 방법이라고 기대하지만, 그의 청중들에게서 거의 변화가 일어나지 않을 때 실망할지 모른다. 그리고 이런 실망은 많은 목회자들로 하여금 자신들의 소명을 의심하게 만든다. 그러나 의심해야 하는 것은 그들의 소명이 아니라 의도된 목표를 이루기 위해 사용하는 수단의 적절성이다. 내가 다음 페이지들에서 증명하려고 하는 바는 독백 형식의 설교가 비록 특정한 목적에는 유용할지 모르지만 삶을 변화시키는 메시지를 충분하게 전달하기에는 너무 약하다.

독백 형식의 설교에 의해 자주 일어나는 일로 설교를 듣는 구경꾼을 동원하는 경기가 되는 것이다. 그런데, 여기에서 이루어지는 실제적인 기능들은 목표했던 기능들과 완전히 다르다. 정해진 목표들은 설득과 교육을 언급하지만, 진행되는 바는 설교자가 주일에 경쟁적으로 상연하기 위해 그 주간에 준비하고 연습하는 음악 연주 또는 운동 경기와 보다 더 유사하다. 여기에서 실제로 이루어지는 기능은 설교에 대한 찬사와 (다른 교회로 가지 않고) 계속 참석하는 것에 대한 찬사들을 통해 회중의 호감을 얻고 추가적인 참석자들(대개 다른 교회로 가버린 사람들)을 끌어들이는 것이다.
  이와 같은 회중들은 거의 음악 연주나 운동 경기의 관객들과 유사하다. 차이는 대부분의 관객들이 '정기적인 관객들'이라는 것이다. 왜냐하면 이들은 적어도 이 삶의 작은 부분에서 관중들은 정기적으로 서로 또는 목사와 관련돼 있는 삶을 살고 있기 때문이다. 이 점은 목사와 회중이 예배를 통해 경험하는 일치감을 강화한다. 그러나 다른 사람들은 자신들이 어떤 사람의 경기를 지켜보는 관객에 불과하다고 느낄 수 있다(이 느낌은 유감스럽게도 종종 예배의 다른 측면들에도 기여한다). 특별히 이런 사람들 때문에 교회 밖에서의 인격적 접촉이 중요하다. 그러나 어떤 집단도 그들이 들은 설교의 결과로 크게 변화되지는 않는다.
  주일 아침 설교는 참가자들에 의해 이미 대부분 동의된 것들을 강화하는 기능을 한다. 현명한 목회자는 이미 시작된 헌신에 대해 상기시키고, 강화하고, 환기시키는데 설교를 사용할 수 있다. 단순한 주목이 아니라 상호 작용을 계발하는 보다 참여적인 언어적인 활동이나 비언어적인 활동을 위해 웅변을 잘한다는 칭찬을 얻으려고 하는 어떠한 암시도 회피되어야 한다. 이러한 상호 작용은 공동체 의식과 집단의 정체성을 강화하고, 그로 인해 회중이 집단적으로 그리고 개인적으로 성장하는데 기여한다. 이럴 때에 비록 대개 매우 더디지만 목회자와 신자들은 함께 활동하며 성장한다.
  설교로 인해 사람들이 양육 받지 못하고 또한 도전을 받지 못한 채 방치되어서는 안 된다. 혼자 설교를 하고 그 결과로 철저한 변화가 크게 일어날 것으로 기대하는 목회자들은 크게 실망하게 될 것이다. 심리학자나 변화를 일으키는 사람들(예를 들어, 예수)은 피드백을 억누르고, 또한 수령자들에게 특정한 응답과 조절을 하게 하는 커뮤니케이터의 능력을 극소화하는 강의들로 삶을 변화시키려는 시도를 하지 않을 것이다. 교회의 지도자들도 마찬가지이다. 교회의 지도자들도 마찬가지이다. 삶의 많은 다른 영역들에서와 마찬가지로 우리의 전통들은 우리의 효과적인 능력을 심하게 방해할 수 있다.
  예배의 다른 부분들과 마찬가지로 설교도 목회자와 신자들이 그리스도인의 성숙을 향한 공동 노력에 참여하게 하는 중요한 부분으로 기능해야 한다. 그러나 사람들이 질책을 받아야 하거나, 또는 그들이 행동에 있어 근본적으로 변화해야 한다는 촉구를 받아야 할 때, 때로는 설교보다는 커뮤니케이션 방법들이 사용될 필요가 있다. 대인 관계적 상호 작용과 소집단의 상호 작용은 이 목적을 위해 삶을 변화시키려는 목적에 있어 훨씬 더 효과적이다. 실제로, 설교가 전달될 때(예를 들어, 주일 아침이나 때때로 전도 집회에서) 바로 이 상호 작용에서 사람들은 극적인 응답을 할 준비를 한다. 이 사실에 대한 정보를 받지 않은 사람들은 사실상 중요한 일이 설교 이전에 인격적인 상호 작용에서 일어났음에도 불구하고, 설교의 능력에 의해 응답이 유도되었다고 오해한다.

다음에 이어지는 부분에서 나는 그리스도인들이(예수께서 그렇게 하셨던 것처럼) 각각의 주어진 상황에 적절하게 선택된 다양한 커뮤니케이션 형태들을 사용해야 한다는 사실을 논증하고자 한다. 만일 어떤 사람이 매우 짧은 시간에 매우 많은 청중에게 그들의 자각을 일으키기 위해 또는 어떤 영역에 대한 지식을 증가시키기 위해 일단의 인식적인 정보를 소개하고자 한다면 독백 형식의 접근법이 절대적으로 적합하다. 그러나 독백 형식의 접근법은 사람들의 의견들을 변화시키거나 그들의 삶에 중대한 변화가 일어나게 하도록 하는 데에는 매우 부적합하다. 이 후자의 목적을 염두에 두시고 예수께서는 '삶의 관계'(life involvement)라고 내가 칭하는 바를 사용하셨다(예를 들어, 제자 훈련; 4장과 Kraft 1979b를 보라).

통념 5 복음을 커뮤니케이션하는 한 가지 최선의 방법이 있다.

많은 사람들이 복음을 커뮤니케이션하는 유일한 최선의 방법이 있다고 믿고 있다. 실제로, 많은 사람들이 그 최선의 방법이 무엇인지 발견하기 위해 이 책을 읽고 있을지 모른다. 미국인들로서 우리는 특별히 이 점에 열중하는 경향이 있는 것 같다. 제임스 케네디(D. James Kennedy)가 플로리다주의 로더데일(Lauderdale)에서 성공적인 계획을 개발한 지 얼마

안 되어 다른 수많은 목사들이 그 계획을 모방하려고 애를 쓰고 있다. 많은 단체들이 라디오를 성공적으로 이용하는 것 같다. 그리고 다른 단체들은 자신들의 라디오 프로그램을 시작함으로 그들을 모방하기 시작한다. 일정한 특색을 갖고 있는 설교자들이 많은 사람들의 주의를 끌면, 다른 설교자들은 그들의 설교 스타일을 모방하기 시작한다. 빌리 그래함(Billy Graham)이 특정한 복음전도 스타일을 개발한 지 얼마 안 되어 이 나라의 복음전도자들은 똑같은 스타일을 받아들인다. 그러나 많은 사람들은 자신들이 모방한 커뮤니케이션 스타일이 최초의 상황에서 창시자에게 성공적이었던 것 만큼 자신들의 상황에서도 성공적이지 않다는 것을 발견한다.

내가 생각하기에 문제는 사람들과 상황들이 매우 다르기 때문에 한 가지 스타일이 모든 상황의 모든 사람들에게 맞지 않는다는 것이다. 전문 커뮤니케이터들은 적당한 장소의 적당한 시기에 적당한 집단에게 사용될 수 있는 다양한 방식과 기술들을 배워야 한다. 많은 커뮤니케이터들이 오로지 하나의 도구만을 사용하는 텔레비전 수리공과 같다. 어떤 수리공이 여러분의 집에 와서 텔레비전 수상기를 점검하고 나서 자신은 나사 드라이버만을 사용할 줄 아는데 수리를 위해서는 렌치를 사용해야 하기 때문에 그냥 돌아가 버렸다고 상상해 보라. 우리 중 많은 사람이 커뮤니케이션 접근법에 있어 이와 같다. 우리는 상황이 어떠하든지, 또 청중이 누구이든지, 단 한 가지 방법밖에 사용할 수 없는 것이다.

많은 기독교 커뮤니케이터들은 "그의 유일한 도구는 망치이기 때문에, 그는 모든 문제를 못으로 본다"라는 말을 듣는 사람과 같다. 많은 기독교 커뮤니케이터이들이 효과적으로 설교는 할 수 있지만, 상호 관계에 있어서는 매우 능숙하지 못하다. 어떤 이들은 자신들이 대화의 주제들을 지배할 수 있는 경우에는 커뮤니케이션을 매우 잘 한다. 그러나 만일 수령자들이 커뮤니이터의 생각이 아니라 수령자들 자신의 생각에 관련된 질문들을 하기 시작하면 이들은 당황한다. 이런 사람들은 기독교의 증거에 있어 교리 문답식 접근법을 취할 수밖에 없다. 즉 이런 커뮤니케이터들은 특정한 질문들에만 답할 수 있기 때문에, 수령자들에게 먼저 자신들이 대답해줄 수 있는 질문들을 하도록 가르쳐야 한다. 이들은 자신들의 판매 선전 문구를 암송하다가 도중에서 가로막히면 처음으로 돌아가 다시 시작할 수밖에 없는 점원들과 같다.

그러나 하나님의 메시지들을 커뮤니케이션하는 사람들은 도구들로 가득 찬 도구 상자를 가지고 있을 뿐만 아니라 그 도구들을 사용하는 방법도 아는 수리공들과 같아야 한다. 그들은 모든 상황을 연구하여 적절한 도구나 기술을 사용할 수 있어야 한다. 그럴 때에 그들은 지난번에 만났던 것과 다른 접근법을 요구하는 상황과 마주했을 때에도 유연하게 적응할 수 있을 것이다.

예수께서는 이런 종류의 커뮤니케이션 접근법에 매우 훌륭한 모범을 보이신다. 요한복음을 한 장 한 장 살펴볼 때, 우리는 예수께서 항상 수령자들에게 적절한 주제와 방법으로 시작하시는 것을 발견한다. 예수의 불변 원칙은 상황이 요구들과 자신의 말씀을 듣는 사람들이 느끼는 욕구들에 적응하시는 것으로 보인다. 예수께서는 한 가지 방법이나 특정한 장소와 시간에 얽매이지 않으신다. 이 법칙의 명칭은 적응성이다.

통념 6 효과적인 커뮤니케이션의 비결은 메시지를 정확하게 공식화하는 것이다.

많은 커뮤니케이터 지망자들이 첫째로 유의하는 것은 그들이 메시지를 작성하는 데 사용하는 단어나 어구들의 전문적인 정밀성, 정확성, 진실성이다. 그러나 특별히 일반적인 청중에게 정확하고 전문적인 언어를 사용하는 것은 대개 오해의 가능성을 감소시키기보다는 증가시킨다. 무조건 정확성을 중시하는 것은 효과적인 커뮤니케이션으로 이루어지는 많은 내용이 커뮤니케이터의 영향 밖에 있다는 사실을 고려하지 않은 것이다.

커뮤니케이션되는 바에 대해 궁극적인 결정권을 가지고 있는 사람은 바로 수령자이다. 따라서 효과적인 커뮤니케이션의 비결은 메시지가 수령자에게 끼치는 충격이다. 메시지를 전문적으로 정확하게 제시하는 것은 효과적인 커뮤니케이션과 상관이 없다. 이 사실은 매우 훌륭하게 작성된 메시지들이 매우 많은 오해를 불러일으키는 이유를 설명해준다. 그럼에도 불구하고 많은 커뮤니케이터 지망자들은 인격적 요인들, 즉 수령자가 메시지를 해석하는 방법에 영향을 끼치는 요인들에 너무나 관심을 두지 않는 것 같다.

정확한 언어는 신학자 또는 다른 학문 연구자들과 같이 특별한 내집단(in-group)의 언어이다. 이 집단에 속하지 않은 사람들은 그런 언어가 사용될 때 오해하거나 그릇된 해석을 하기 쉽다. 아직 자신들의 신학교 언어를 자신들이 돌보고자 하는 사람들의 언어로 전환하지 못한 무수히 많은 목회자들의 설교에 신학교 교육을 받지 않은 청중들의 전형적인 반응이 바로 그러하다. 그러나 성경은 하나님께서 현실적인(down-to-earth) 언어를 사용하신다는 사실을 보여준다. 성경의 히브리어 원어와 헬라어 원어에는 전문적인 언어가 거의 없다.

아마 이 원칙을 깨닫지 못함으로 비전문적인 성경 단어들을 전문 영어로 표현하려는 경향을 가졌던 학구적인 번역가들로 인해 성경 본문은 큰 손상을 입었다. 비록 그들이 번역한 성경의 단어들은 전문적인 단어들이 아님에도 불구하고 conversion(회심), redemption(구속), sin(죄), repentance(회개), 심지어 church(교회)와 같은 단어들이 영어에서 전문적인 단어들이 되었다. 굿 뉴스 바이블(Good News Bible), 필립스의 신약성경(Philips' New Testament), 그리고 리빙 바이블(Living Bible)을 번역한 커뮤니케이션에 대한 의식이 있는 번역가들이 교회의 전통을 거슬러, 성경 사본들의 비전문적인 언어를 대등하게 비전문적인 영어로 번역하려고 노력한 것은 바로 이 오류를 바로잡기 위함이었다.

하나님의 방법은 평범하고, 커뮤니케이션에 매우 적합한 언어를 사용하여 영적 진리를 전달하는 것이다. 이 사실은 성경이 지닌 본질의 일부분이다. 예를 들어, 보통 convert(귀의하다)로 번역되는 단어는 돌다(turn)라는 뜻을 나타내는 평범한 헬라어이다. 마찬가지로, repent(회개하다)로 번역되는 단어도 사람의 마음이나 태도를 바꾸는 것을 말하는 평범한 헬라어이다. 적절한 설명과 예화와 함께 사용되는 이와 같은 평범한 단어들은 전문적인 단어들을 사용할 때보다 비전문적인 청중이 해서 정확하게 해석할 수 있는 훨씬 더 나은 기회를 제공한다. 효과적인 커뮤니케이터는 이 사실을 유념하고 듣는 사람들에 의해 가장 정확하게 해석되는 어휘로 메시지를 표현하기 위해 노력한다.

진정으로 유능한 커뮤니케이터들은 자신들이 사용하는 어휘의 정확성보다 자신들의 메시지에 사람들이 응답하는 방법의 '정확성'에 더 많이 관심을 둔다. 따라서 그들은 전문적인 정확성에 목표를 두는 사람들과 매우 다른 강조점을 가지고 세심하게 준비한다. 그들은 메시지 구성에 있어 비인격적인 요인들이나 구조적인 요인들이나 언어적인 요인들보다는 인격적인 요인들에 더 관심을 둔다. 그들은 항상 자신들의 메시지가 수령자들에게 주는 인상을 의식하고 또한 거기에 방향을 맞춘다.

통념 7 말은 그 자체의 의미를 포함하고 있다.

우리가 통념 6에서 논의한 태도의 저변에는 말에 본질적으로 자체의 의미가 포함되어 있다는 가정이 종종 깔려 있다. 이 가정은 말들을 화물 열차에 붙어 있는 유개화차(有蓋貨車, boxcar)와 흡사하다고 간주한다. 즉 안에 물품들을 담고 있는 유개화차와 같이 말들은 의미들을 담고 있으며, 역시 다른 특정한 의미들을 전달하는 다른 말들과 양쪽으로 연결될 수 있다는 것이다. 이렇게 화물 열차처럼 화차들을 함께 연결시킴으로 하나의 문장이 만들어지게 되고, 그 문장의 의미들은 서로 연결된 단어들의 내용을 검토함으로 해독된다는 생각이다.

이렇게 언어를 이해하는 접근법이 갖고 있는 문제는 어떤 말이 다른 집단의 사람들에게 다른 의미를 가질 수도 있다는 것이다. 그리고 이런 의미들은 집단의 구성원들이 단어들의 적절한 사용에 대해 서로 얼마나 동의하느냐에 따라 달라진다. 예를 들어, 몇 년 전에 미국인 청년들 중에 나타난 동의는 어떤 사람이 어떤 사람이나 어떤 사물에 대한 긍정적인 태도를 나타내기 원할 때 cool이란 단어를 사용한다는 것이었다. 구세대 미국인들은 여기에 동의하지 않았다. 구세대들은 그런 정황에서 다른 단어들(even, sometimes, hot)을 사용하기로 동의했다. cool이라는 단어를 사용하는 젊은이들의 말을 들을 때, 나이든 사람들은 -만일 젊은 사람들이 무엇을 말하고 있는지 이해하기를 원한다면 -그런 정황에서 젊은이들이 선호하는 단어와 자신이 선호하는 단어를 동등시함으로 번역하는 법을 배워야 했다.

또 다른 예는 소위 사문자 또는 외설어(four-letter words)라고 불리는 말들에 부여되는 의미들의 차이들일 것이다. 특정한 집단들에서 이런 말들이 정상적이고 자연스럽게 사용되고 해석된다. 또 어떤 집단들에서는 사람들이 무엇인가를 가능한 한 강력하게 말하고 싶을 때 정식으로 사용되기도 한다. 또 다른(복음주의 기독교 집단들을 포함한) 집단들에서 이런 말들을 사용함으로 전달되는 의미는 항상 극히 천박하고 완전히 불온하게 들릴 것이다. 이럴 때에 이 말을 사용한 사람이 얼마나 흥분된 상태인지는 전혀 고려되지 않는다. 언어학적으로 이런 외설어들과 우리가 보통 사용하는 다른 말들 간에는 아무런 차이도 없다. 그러나 인간의 차원에서 -즉 사회적으로 -거의 모든 집단들에게 중요한 의미의 차이들이 있다. 그러나 만일 단어들이 유개 화차처럼 자체의 의미들을 전달한다면, 집단들의 말에 차이는 있을 수 없을 것이다.

이런 예증들은(이 밖에도 많은 예증들이 있다) 말들의 의미는 그 말 자체의 고유적인 의미라기보다는 사람들에 의해 단어(그리고 커뮤니케이션에서 사용되는 기호들)에 첨부된다는 사실을 지적한다. 따라서 사람들이 계속 동일한 방식으로 말들을 사용할 때 의미들은 계속 동일하게 남는다. 그러나 사람들이 다른 방식들로 그 말들을 사용하기로 결정할 때 그 의미들은 변경된다. 말의 의미들은 말 자체에 고유적인 의미의 문제가 아니라 사회적 동의의 문제이다.

우리가 어떤 기존 단어의 어원과 그 이후의 역사를 연구할 때 이 사실은 분명해진다. 말의 의미들이 크게 변동하지 않는다는 사실은 이러한 사회적 동의의 힘을 암시한다. 실제로 강력한 문화적 조건화에 의해 지지를 받는 이런 사회적 동의의 힘으로 인해 어떤 공동체 내에서 어떤 단어가 포괄하는 다양성의 범위는 종종 상당히 정확하게 묘사될 수 있다. 따라서 사회적 동의가 단어의 의미를 변화시키는 것과 마찬가지로, 변함 없는 단어의 의미를 유지시키는 것도 역시 사회적 동의이다.

이 사실을 깨달을 때 우리는 앞에서 다루었던 어휘의 정확성과 관련된 문제들 중 일부를 이해할 수 있다. 왜냐하면 한 단어의 정확성은 그 단어를 사용하는 공동체가 동의한 의미를 지배하는 통제력의 엄격성과 직접적으로 관계가 있기 때문이다. 한정된 전문 기능을 공유하는 사람들로 이루어지는 작은 공동체들은 자신들의 전문 분야에서 사용하는 어휘에 대해서 엄격한 통제를 유지할 수 있다.

보다 넓게 사용되는 용어들, 특별히, 다양한 여러 집단들에 의해 사용되는 용어들은 정확성이 떨어지는 경향이 있다. 왜냐하면 단어의 정확성은 대개 그 단어가 얼마나 넓게 사용되는가에 비례하기 때문이다. 그러므로 설교자들이 신학자 공동체 내에서 전문 신학 어휘를 사용하는 것이 매우 적합하다고 생각할 수 있는 반면에, 그들이 자신들의 공동체 밖에서 그런 어휘를 사용하는 것은 현명한 것이 아니다. 전문 신학 어휘를 사용하는 것이 어울리는 신학 기관들에서 연구한 사람들은 그 공동체를 떠났을 때 자신들이 이해되고자 한다면, 다른 문화에서 커뮤니케이션하는 법을 배워야 한다.

왜냐하면 말은 자체의 의미를 담고 있는 상자와 같다기보다는 사회적으로 인정된 의미들을 할당함으로 반응을 자극하기 위해 사람들을 찌르는 화살과 같기 때문이다. 따라서 만일 커뮤니케이터와 수령자가 다른 집단에 속해 있다면, 청중들에 의해 할당된 의미들은 커뮤니케이터가 속한 공동체의 의미들이 아니라 수령자가 속한 공동체의 의미들이다. 이 주제에 대해서는 7장을 보라.

통념 8 사람들이 정말 필요로 하는 것은 더 많은 정보이다.

종종 우리는 사람들이 그리스도인이 되기 위해 진정 필요로 하는 것이 더 많은 정보라고 추정한다. 우리가 하나님과 그리스도에 대해서 아는 것을 그들이 알기만 한다면, 그들도 분명 그리스도인이 될 것이라고 말한다. 그러므로 우리가 할 일은 그들에게 더 많은 사실들을 알려주는 것이다.

이 통념이 갖고 있는 문제는 그리스도인이 되기에 충분한 정보를 가지고 있는 사람들이 많이 있지만 여전히 거부한다는 사실이다. 심지어는 사탄과 마귀들도 회개하고 하나님께로 돌이키기에 충분한 정보를 가지고 있지만 그들은 그렇게 하기를 거부하고 있다(약 2:19). 분명히 그들의 근본적인 문제는 지식이나 정보의 부족이 아니다. 마찬가지로 사람들이 복음을 거절하는 중요한 이유도 정보의 부족이 아니다.

실제로 어떤 사람들은 사탄에 의해 마음이 혼미하게 된 자들로 분류된다(고후 4:4). 우리는 사탄의 활동들 중 하나가 사람들로 하여금 하나님의 진리들을 이해하지 못하게 하는 것이라는 말씀을 듣는다. 사탄의 이 활동은 특별히 악한 활동이 많이 나타나는 상황들에서 명백하다. 그런 경우에, 첫 단계는 권위 있는 기도이다. 그리고 그 다음에 이어 적절한 양의 정보와 (또는) 자극이 제공된다. 정보만으로는 아무도 구원하지 못한다. 충분한 정보를 갖고 있는 많은 수의 사람들이 믿지 않는다. 그들의 문제는 자극(stimulus)의 문제이거나 의지(will)의 문제일 것이다. 많은 사람들이 스스로 거절하고자 하기 때문에 거절하는 것이다. 그들의 자기 의지(self-will)와 하나님에게 응답하는 것에 대한 거절은 그들에게 수용을 반대하는 동기를 부여한다.

그러나 많은 사람들은 단순히 자신들이 그리스도에게 헌신하기 위하여 현재의 의무를 포기하는 것을 깊이 생각해 보도록 동기를 부여할 만한 자극을 경험하지 못하기 때문에 복음을 받아들이지 않는다. 아마 그들은 복음으로 인해 삶이 눈에 띄게 달라진 사람들과의 관계를 전혀 경험하지 못했을 것이다. 그러나 그들은 사실들을 알고 있으므로 만일 그들이 원한다면 믿음으로 하나님에게 얼굴을 돌릴 수 있다. 세계 곳곳에 존재하는 수많은 그와 같은 사람들에게 있어 결정적인 문제는 지식의 부족이 아니라 동기 부여(motivation)이다.

이 특별한 통념의 한 가지 왜곡은 특정한 교리적 사실들을 알고 받아들이는 사람들만이 구원받을 수 있다는 믿음이다. 이 입장은 일종의 지식에 의한 구원을 지지하는 것이다. 이 입장을 지지하는 사람들은 구원받을 사람이 믿어야 하는 필수적 교리들의 꽤 상당한 목록을 요구할 것이다. 또 어떤 사람들은 보다 짧은 목록을 요구하지만 여전히 교리에 대한 지식을 매우 높은 위치에 놓을 것이다. 그러나 실제로, 내가 생각하기에 성경은 구원의 믿음이 적어도 처음에는 지식을 거의 요구하지 않는다고 말씀하고 있다.

아마 구원에 필요한 모든 것은 히브리서 11:6b에 지적되고 있을 것이다: "하나님께 나아가는 자는 반드시 그가 계신 것과 또한 그가 자기를 찾는 사람들에게 상 주시는 이심을 믿어야 할지니라". 아마 십자가에 달린 행악자(눅 23:39-43)는 매우 적은 지식을 가지고 있었지만 자신이 알고 있는 바에 대해 적절한 믿음의 응답을 했기 때문에 곧바로 예수님과 연합한 사람의 가장 명확한 예일 것이다.

나의 논점은 비록 적절한 때에 적절한 유형과 적당한 양의 정보는 요구되는 결정을 내리는 데 필요한 자극을 제공할 수 있지만, 기독교 증인들로서 우리가 해야 할 진정한 직무는 많은 정보를 전달하는 것이 아니라는 것이다. 오히려 우리는 사람들이 아마 충분히 알고 있는 하나님에게 응답하도록 그들을 격려해야 한다.

통념 9 우리가 충분히 진실하고, 신령하고, 많은 기도를 한다면 성령께서 우리의 모든 실수들을 완전히 만회해 주실 것이다.

진심으로 나는 이 통념이 사실이기를 바란다. 그러나 우리는 매우 신령하다고 하는 사람들이 믿을 수 없는 실수들을 저질러 사람들을 복음과 멀어지게 하기도 하고, 분명히 사람들을 그릇되게 인도하는 많은 사람들이 다수의 추종자들을 끌어들이고 있는 것을 발견한다. 아마 많은 사람들이 이 통념을 믿는 이유는 하나님께서 행하실 수 있는 것과 하나님께서 행하기로 선택하시는 것의 차이를 구별하지 못하기 때문일 것이다. 하나님께서는 전능하시다. 이 말은 하나님께서 행하고 싶어하시는 것은 무엇이든지 행하실 수 있다는 의미이다. 그러나 성경 곳곳에서 우리는(우리의 관점으로 볼 때) 하나님께서 개입하는 것이 여러 가지 면에 있어 매우 좋을 것 같을 때에 하나님께서 고의적으로 자신의 능력을 사용하는 것을 자제하시는 것을 본다.

예를 들어, 왜 하나님께서는 팔레스타인 땅에 개입하여 자신의 백성을 위해 그 땅을 깨끗하게 정리하지 않으셨을까? 이스라엘 백성들은 이스라엘 백성이 아닌 사람들이 그 땅에 남아 있었던 결과로 말할 수 없는 고통, 유혹, 실패를 경험했다. 하나님께서는 왜 사탄과 악마를 허용하실까? 왜 하나님께서는 고난을 용납하실까? 하나님께서는 예수를 죽지 않게 하실 수 있는 능력을 가지고 계심에도 불구하고, 왜 그 능력을 사용하지 않으셨을까? 우리는 이런 질문들에 대한 해답을 알지 못하지만, 하나님께서 외적인 요소들에 의해서 제한을 받는다고 믿는 것을 거부한다. 분명한 사실은 우리가 지금 이해할 수 없는 이유로 하나님께서는 개입을 하여 자신의 능력을 행사하지 않기로 결정하시고 자신을 제한하신다는 것이다.

그러나 이와 같은 통념은, 만일 우리가 충분히 신령하다면, 하나님께서 우리가 관련된 커뮤니케이션 상황들에 개입할 것이라고 가정한다. 만일 하나님께서 개입하지 않는다면, 영성 부족이 문제라고 우리는 결론 내린다. 그러나 나는 그 이유가 반드시 영성 부족이 아니라고 주장한다.

앞장에서 나는 심지어 하나님께서도 자신이 창조 때에 정하신 효과적인 커뮤니케이션 법칙들을 얼마나 한결같이 지키시는지 증명하려고 노력했다. 나는 하나님께서 우리도 그 법칙들을 지키기 기대하신다고 확신한다. 그러나 간혹 하나님께서는 여러 가지 상황들이 보다 나아질 수 있는 방식으로 개입하여 감독하기도 하신다. 아마 하나님께서는 우리가 알게 모르게 자주 이런 일을 행하실 것이다. 그러나 나는 이것이 하나님의 전형적인 관례이거나 우리가 하나님의 이런 활동을 기대할 수 있다고 믿지 않는다. 나는 하나님께서 보통 우리가 적절한 기술들을 배워 하나님 자신과 협력하여 그 기술들을 사용함으로 우리가 우리의 직무를 더 잘 수행하기를 기대하신다고 생각한다.

> **통념 ⑩** 그리스도인으로 우리는 "간증의 기회를 놓치고" 우리의 전도를 망치지 않기 위해, '악한' 사람들과의 접촉을 엄격히 제한하고 '악한' 장소에 가는 것을 자제해야 한다.

많은 교회들에서 신자들에게 그들의 증거가 손상되지 않기 위해 특정 사람들과 장소를 피하라고 매우 주의하여 가르친다. 물론 그런 경고들은 특히 미성숙한 그리스도인들에게 어느 정도 사실이다. 그러나 그런 경고들은 우리 그리스도인의 열심이 너무 약하기 때문에 우리의 증거를 손상시키는 주변 사람들에 의해 영향을 받을 것이라는 두려움에 근거하고 있다. 따라서 우리는 '순결'을 유지하려면 악에 물들지 않기 위해 주로 '같은 생각'을 가지고 있는 사람들과 교제해야 한다는 것이다.

그러나 이러한 관습은 우리 주님을 본받는 것이 아니라 바리새인들을 모방하는 것이다. 왜냐하면 특정한 장소에 가지 않고 특정한 사람들과 교제를 하지 않기 위해 철저히 주의를 기울였던 자들이 바로 바리새인들이었기 때문이다. 그러나 예수께서는 "건강한 자에게는 의원이 쓸데없고 병든 자에게라야 쓸 데 있느니라"(마 9:11-13)라고 말씀하셨다. 그리고 예수께서는 부정한 사람들과 교제한다는 이유로 비난을 받으셨다. 그런데 우리는 예수 자신의 모범보다 바리새인들의 모범을 권할 수 있을까?

나는 한 헌신적인 그리스도인 여성이 자신은 더 이상 수요 저녁 기도회에 갈 시간이 없다고 말하면서 이와 동일한 주장을 하는 것을 듣고 많은 사람들이 크게 충격을 받았던 일을 기억한다. 수요일 저녁은 지역의 학부모와 교사 협회가 만나는 시간이었다. 이어 그녀는 자신이 수요 기도 모임에 대해서는 전혀 반대하지 않는다고 말했다. 사실상 그녀는 영적으로 풍성한 그 모임의 교제를 매우 즐거워했다. 그러나 수요 저녁 기도회로 인해 그녀는 비그리스도인들과 교제를 가질 수 없었다. 그리고 그녀는 하나님께서 자신이 단순히 영적 양식을 흡수하는 사람이 되는 것보다 증거자가 되기를 원하신다고 느꼈던 것이다.

복음의 수령자 지향적 커뮤니케이션은 모험적인 일이다. 왜냐하면 이 커뮤니케이션은 우리가 수령자들에게 영향을 주기 위해 그들이 있는 곳으로 가서(그들의 죄에 참여하지는 않아야 하지만) 그들과 동화될 것을 요구하기 때문이다. 여기에서 우리는 바리새인들이 아니라 예수를 본받아야 한다. 우리는 바울처럼 "아무쪼록 몇몇 사람들을 구원코자" 유대인들에게는 유대인이 되고, 이방인들에게는 이방인이 되고, 부유한 사람들에게는 부유한 자가 되고, 가난한 사람들에게는 가난한 자가 되어야 한다(고전 9:20-22). 그리고 만일 우리가 약하고 버림을 받은 사람들과 동화함으로 예수를 본받는 것에 대해 강한 형제들이 우리를 비난한다면, 그것은 그들이 해결해야 할 영적 문제이다.

기독교의 커뮤니케이션에 대한 고찰을 시작하면서, 나는 내가 알고 있는 기독교 공동체 내에 널리 퍼져 있는 통념들 몇 가지를 제시했다. 이런 통념들을 제시하는 이유는 우리 중에 다음과 같은 질문을 하는 자기 반성 정신을 자극하기 위함이다. 이런 그릇된 생각들 중 어떤 것이 나의 사역의 특성을 나타내는가? 만일 그렇다면, 나는 그런 그릇된 생각들을 어떻게 극복할 것인가? 계속해 연구하고 읽어 보라.

Communication Theory for Christian Witness

제4장 인간과 메시지

1. 3가지 커뮤니케이션 상황

상황 1 교회의 예배

목사는 자신의 주간 설교를 전달하기 위해 강단에 선다. 그는 형식적으로 옷을 입고, 자신의 설교를 듣는 사람들에게서 떨어져 있고, 또한 그들보다 높은 곳에 설치된 강단 뒤에 점잖게 선다. 회중도 형식적으로 옷을 입고, 목사를 향하여 줄을 맞추어 조용하게, 그리고 공손하게 앉는다. 그들은 목사가 설교를 끝낼 때까지 주의 깊고 조용하게 경청한다.

목사의 방법은 독백이다-그는 완전히 혼자 말한다. 환경도 형식적이다. 건물은 이 용도에 맞게 설계된다. 시간도 정해져 있다. 목사는 자신이 할 일만 하면 된다. 예상하지 않았던 일은 거의 행해지거나 이야기되지 않는다.

여기에서 어떤 커뮤니케이션이 일어나고 있는가? 듣는 사람들은 수동적으로 보이는데 정말로 수동적일까? 그들은 그 경험에서 무엇을 얻어 집으로 돌아갈까? 이 교회의 예배에 참석함으로 그들의 삶의 어떤 부분이 더 나아지거나 바뀌어질까?

상황 2 예배 후

　예배가 일단 끝나면, 목사는 성소를 떠나고 극적인 변화가 일어난다. 사람들은 자리에서 일어나 여기저기를 돌아다니기 시작한다. 방금 직전에 사람들은 조용히 앉아서 앞만 바라보고 있었고 목사 혼자 이야기하고 있었지만, 이제 그들은 성소로부터 벗어나면서, 일어나 움직이고 서로 이야기하고 악수하고 심지어 포옹까지 한다.
　여러 가지 다른 대화들이 동시에 이루어진다. 어떤 대화들은 매우 형식적이고, 또 어떤 대화들은 덜 형식적이지만 여전히 심각한 편이고, 또 어떤 대화들은 상당히 느긋하다. 어떤 개인이나 무리도 조용히 있어야 한다는 규칙은 전혀 없는 것처럼 보인다. 무리 지어 있는 사람들은 분명히 주고받는 식의 대화를 하고 있다. 언어적 대화가 매우 두드러지지만, 비언어적 커뮤니케이션도 눈에 띈다.
　어떤 사람들은 한 집단만을 상대하지 않고 이 집단 저 집단을 왔다갔다 하며 친밀하게 상대한다. 반면에 어떤 사람들은 상대방이 말하는 것에 대해 큰 관심과 열의를 전달하면서 서로의 눈을 응시한다. 어떤 사람들은 서로의 눈길을 피하고 있는 것처럼 보인다. 피하고 싶어하는 어떤 사람에게 붙들려 있는 사람들도 몇몇 있는 것으로 보인다.
　정문 앞에서 목사는 자신의 방식을 바꾼다. 이제 그는 상대방의 대답을 기대하는 질문을 한다. 그는 자신이 말을 걸고 있는 사람들과 가까이 서 있다. 목사는 이야기할 뿐만 아니라 듣기도 한다. 그리고 이야기의 주제들은 목사가 설교했던 주제들과는 매우 다르다. 이것이 바로 비형식적인 커뮤니케이션 상황이고, 여기에서 용인되는 행동의 규칙들은 보다 형식적인 설교 상황의 규칙들과 상당히 다르다. 태도들이 다르고 화제들도 다르다. 수용하여 정확하게 해석하고 적절하게 피드백으로 조절할 수 있는 기회들이 훨씬 많다.

이 상황에서는 어떤 커뮤니케이션이 일어나고 있을까? 성소에서의 상황과는 분명히 다른 일이 일어나고 있다. 이 말은 한 가지 상황이 다른 상황보다 더 낫다는 것을 의미할까? 그렇다면 어떤 면에 있어서 그리고 어떤 목적들에 있어서 더 나을까?

상황 3 집에서

이어 곧 대부분의 사람들은 가족들과 함께 주일 식사를 한다. 그들은 교회에서 집으로 돌아와, 평상복으로 갈아입고, 식사를 준비하고, 식탁 앞에 모여, 기도를 하고, 앉아 식사를 하며 담소를 한다. 이 상황은 앞의 두 상황보다 더 조용하다. 많은 메시지들이 눈짓, 몸짓, 그리고 짧은 언어 교환에 의해 전해진다. 그러나 부모 자식들간에 오고가는 언어들은 (목사의 설교와 같이) 설득을 의도하고 있다.

여기에는 밀접한 삶의 관계(life involvement)가 존재한다. 즉 서로의 습관들을 알고 본능적으로 응답하는 데에서 나오는 미세한 조율(fine tuning)이 존재하는 것이다. 예를 들어 식사 기도, "엄마, 음식이 맛이 있어요" 또는 앉아서 식사를 해야 한다는 규칙들이다. 또한 아직 적절한 습관들을 갖추지 못한 가족 구성원들에 대해서는 공공연한 교훈을 하기도 한다 "조니, 밥을 먹기 전에 손을 씻어" 또는 "콩을 먹을 때는 숟가락을 쓰지 말고 포크를 사용해라". 그리고 때때로 목사의 설교를 포함한 다양한 화제들을 가지고 토론들이 벌어지기도 한다. 여기에는 다양성이 보다 많고 형식은 보다 적으며, 교훈이나 보고를 하는 경우를 제외하고 참여자들간에 딱딱한 정보 교환은 별로 이루어지지 않는다.

이 상황의 커뮤니케이션 역학은 어떤 것일까? 이 상황의 커뮤니케이션 역학은 여러 가지 점에 있어 앞의 두 상황들과 분명히 다르다. 그럼에도 불구하고 동일한 사람들이 짧은 시간 안에 한 상황에서 다른 상황으로 이동하여 각각의 상황 안에서 훌륭하게 기능할 수 있는 것이다.

나는 이 장과 다음 장에서 이와 같은 커뮤니케이션의 상황들의 내면을 볼 수 있게 해주는 통찰을 제공하고자 한다. 각각의 상황은 특정한 목적들을 위해서는 유효하지만 다른 목표들에 기여하는 데에는 제대로 조화되지 않는다. 기독교 커뮤니케이터들은 각 상황의 가치를 커뮤니케이션의 도구들로 최대화하기 위하여 각 상황에 알맞은 기술들을 이용하는 기술들은 배울 필요가 있다.

커뮤니케이션의 시각으로 이상의 상황들을 볼 때 우리는 다음과 같은 질문을 제기하게 된다. 실제로 수령자들에게 전달되는 것은 무엇일까? 각각의 경우에서 참가자들은 명백히 그리스도인들이었다. 각각의 경우에 메시지들이 보내지고 받아들여졌다. 그러나 참가자들의 의도, 언어의 양과 유형, 그리고 많은 다른 요인들이 달랐던 것처럼 상황의 구조들도 달랐다. 그러면 그런 요인들은 전달되는 메시지들에 어떤 영향을 미칠까?

다음에 이어지는 내용에서 나는 메시지의 의도가 동일하였음에도 불구하고, 다른 상황들에서 전달될 때 그 내용에 분명한 차이들이 존재한다는 사실은 주장하고자 한다. 게다가 기독교 메시지의 특성들은 우리가 다른 방법들에 의지하지 말고 기존의 커뮤니케이션 수단과 방법들을 크게 사용함으로 메시지 자체가 심각하게 왜곡되지 않도록 할 것을 요구한다.

2. 기독교 메시지의 본질에 나타나는 커뮤니케이션에 대한 함축

우리가 전달하라는 소명을 받은 메시지가 언어적 메시지 이상이라는 사실은 커뮤니케이션의 관점에서 볼 때 극히 의미심장하다. 내가 2장에서 지적했던 바와 같이, 하나님의 커뮤니케이션은 단순하게 정보를 전달하는 것이라기보다는 인격적인 커뮤니케이션이다. 하나님께서는 자신의 메시지에 완전하게 포함되어 계신다. 우리가 상상도 할 수 없는 방법으로 메시지를 전달하시는 하나님께서 바로 그 메시지의 중요한 구성 요소이다. 하나님께서는 사랑을 인격화하심으로 우리에게 사랑의 메시지를 전달하신다. 하나님께서는 진리가 되심으로 우리에게 진리의 메시지를 전달하신다(요

14:6). 하나님께서는 인간이 되심으로, 우리와 하나 되어 영원히 자신 자신을 우리에게 맡기심으로, 인간들에 대한 자신의 관계와 헌신을 입증하신다.

하나님의 목표는 자신에 대한 응답자들과의 인격적인 관계이다. 하나님께서 우리를 자극시켜 하게 하고자 하시는 바는 단지 자신에 대한 지식이 아니라 자신과의 관계이다. 하나님께서 우리를 받아들이고 우리에게 헌신하심을 이해하고 응답할 때, 우리는 하나님의 커뮤니케이션을 바르게 해석할 수 있다. 이에 대한 적절한 응답, 즉 우리의 응답의 시작이자 목표로 주장되는 바는 하나님과의 생명력 있게 성장하는 개인적인 관계(person-to-person relationship)이다.

그리스도인의 삶은 단지 하나님에게서 나오는 말들에 대한 응답이 아니라, 바로 그 메시지 자체이신 하나님에 대한 인격적인 응답이다. 그리고 그 응답은 생명 자체와 마찬가지로 경험적으로 볼 때 미약하게 시작된다. 그러나 그렇게 작게 시작된 응답은 성장하고, 확장되고, 확대된다. 우리는 이 응답을 처음에는 작지만 가꾸어지면서 계속 성장하고 있는 사랑에 비유할 수도 있다. 상당히 오랫동안 사랑의 길을 걸어온 사람들은 처음 시작했을 때를 되돌아보며, 우리에게 처음에 있었던 그 작은 일이 과연 사랑이라고 불릴 수 있을지 의문을 가질 수도 있을 것이다.

그러나 여러 관계들과 인간의 개성은 이와 유사하다. 여러 관계들과 인간의 개성은 질적으로 매우 중요한 출발을 한다. 끝에서와 마찬가지로 시작에 있어서도 동일한 특성을 어느 정도 가지고 있다. 어린 아이나 성인이나 모두 생명이라고 불리는 특성을 소유하고 있다. 젊은 부부들이나 오래 살아온 부부들이나 모두 사랑이라 불리는 특성을 경험한다. 결정적인 차이는 그들이 살아있는가 아니면 죽었는가, 그들이 사랑을 경험하는가 아니면 사랑을 전혀 경험하지 못했는가에 존재한다.

하나님 자신께서 메시지이시다. 그리고 우리는 한 인격에게 응답한다. 우리가 "살며 기동하며 있다"(행 17:28)는 것은 하나님에 대한 어떤 말들과 관계하고 있는 것이 아니라 하나님이라는 인격과 관계하고 있는 것이다. 매우 낮은 수준에서 이루어지는 인간의 커뮤니케이션과 마찬가지로,

가장 중대한 차원들도 생명을 맺고 생명을 유지시키는 생명의 결과들이다. 궁극적인 기독교 메시지는 인격이다. 따라서 그 메시지를 단순한 언어로 축소시키는 것은 무엇이든지 메시지의 가치를 가지고 있지 않다.

하나님과의 관계를 묘사하기 위해 예수께서 가장 일반적으로 사용하신 비유는 아버지와 아들의 비유이다. 이것은 한 인격(성부)께서 또 하나의 인격(성자)에게 자신을 전달하는 생명의 관계를 묘사하는 비유이다. 예수께서 자신을 전도자(preacher; 전도서의 저자처럼)나 선생, 랍비, 또는 선지자라고 칭하지 않으셨다는 사실은 의미심장하? 예수의 사역을 가장 잘 대표하는 표현이 "예수께서 우리에게 말씀하셨다"는 것이 아니라 예수께서 "우리 가운데 거하셨다"(요 1:14b)라는 사실은 매우 의미심장하다. 실제로, 예수께서 하신 대부분의 말씀은 전혀 새로운 것이 아니었다. 그러나 예수께서 우리 가운데 살아 계셨다는 사실은 세상을 뒤집히게(또는 질서 정연하게) 했다.

따라서 기독교 메시지의 본질이 기본적으로 함축하는 바는 기독교 메시지가 단순히 말의 메시지가 아니라 삶의 메시지라는 것이다. 나는 이 사실이 하나님의 메시지를 다른 사람들에게 전달하고자 하는 우리에게 있어서 고도의 중요성을 갖고 있다고 믿는다. 왜냐하면 만일 기독교 메시지가 삶이라면, 오직 삶만이 그 메시지를 전달하는 적절한 수단이기 때문이다. 만일 기독교 메시지가 단순히 정보를 전달하는 말이라면, 말이 적절한 수단일 것이다. 여기에서 다음과 같은 질문을 해 볼 필요가 있다. 만일 기독교 메시지가 단지 정보를 전달하는 말로 축소된다면, 삶의 메시지에는 어떤 일이 일어날까? 하는 질문을 할 만하다. 메시지 자체가 바뀌지 않을까?

만일 메시지가 철저하게 인격적이 되고, 인격들에 의해 하나님의 인격으로부터 다른 인격들에게 전달된다면, 그 메시지의 근원과 경로들 뿐만이 아니라 메시지에 대한 응답의 중요한 특성들도 인격적이 될 것이다. 이것이 사실상 우리가 성경에서 보는 내용이다. 성경에서 증명되는 이 인격적인 특성들 중에는 다음과 같은 특성들이 있다.

위에서 주지된 바와 같이, 기독교 커뮤니케이션의 근본적인 목표들은 단지 지식에만 관련되는 것이 아니라 행동에도 관련되어 있다. 에덴 동산의 아담을 보거나, 노아가 자기 가족을 구하는 방법을 보거나, 여호수아의 예(수 24:15)를 보거나, 다윗이 하나님께서 원하시는 사람으로 칭함을 받는 방식의 '마음에 맞는 사람'(삼상 13:14b)을 보거나, 그리스도의 제자들의 예를 보거나, 바울의 명령들을 보거나, 또는 반대되는 여러 가지 예들(사울 왕이나 바리새인들에 대한 예들)을 보거나, 기독교 메시지의 관심이 방대한 양의 지식을 획득하는 것이 아니라 하나님과의 믿음의 관계에 기초된 행동이라는 사실은 명백하다(특히 롬 1-2; 히 11장을 보라).

그러므로 우리가 사용하는 수단들과 우리가 그 수단들을 사용하는 정황들이 이 메시지를 빼앗아버리고, 하나님께서 '성도에게 단번에 주신 믿음'(유 3)을 어떤 유형의 행동이 아니라 정보 덩어리로 해석하게 만들 때, 우리는 복음의 본질적인 권리를 팥죽 한 그릇과 바꿔버리는 것이다.

왜냐하면 기독교의 메시지는 인격적인 행동과 관련되어 있고, 인격적이고 삶을 변화시키는 메시지를 적절하게 전달하는 수단들과 정황들을 사용하는 것이 우리의 의무이기 때문이다. 메시지는 메시지를 전달하는 데 사용되는 수단들과 완전히 분리되어 있으므로, 우리는 그런 전달 수단들에 부단한 주의를 기울여야 한다. 만일 응답자들에 의해서 정확하게 이해되고자 한다면, 기독교 메시지를 전달하려고 하는 우리는 그 메시지를 가장 적절하게 전달할 수 있는 수단들과 정황들을 사용해야 하며, 메시지를 추가하거나 빠뜨리는 수단들과 정황들은 배제해야 한다. 그렇게 하지 않을 때 우리는 메시지를 왜곡하게 된다.

이 인격적인 메시지의 또 한 가지 특성은 이 메시지가 사람들이 정적인 위치를 얻으라고 주장하는 것이 아니라 특정한 방향을 향하여 동적으로 움직이도록 설계되었다는 것이다(Hiebert 1978년, Kraft 1979a: 240-45를 보라). 즉, 수령자들이 움직이고 있는 방향은 그들이 도달될 수 있는 어떤 위치보다 성경적으로 더 중요한 것으로 보인다.

예를 들어, 예수와 함께 십자가에 달린 도둑은 그가 올바른 위치에 도달했기 때문이 아니라 올바른 방향으로(즉 예수를 향하여) 나아가고 있었기 때문에 구원을 받았다. 반면에, 바리새인들은 '의로운' 위치에 도달했다는 사실에도 불구하고 정죄를 받았다. 그 이유는 그들이 그 마음에 있어 하나님과 그리스도로부터 떠난 방향으로 가고 있었기 때문이다. 그들의 행동은, 그들의 지식과는 대립되는 것으로, 사람들을 하나님을 닮는 방향으로 동기를 부여하고 행동하도록 인도하는 구원의 믿음과 정반대되는 열심을 드러냈다. 우리의 메시지는 성장을 권고하고, 우리의 헌신은 성장을 요구한다.

이런 점에 있어 우리는 우리의 삶을 다른 사람들의 삶에 접촉함으로 우리 스스로가 되어야 할 바를 권고하는 것이다. 우리가 그리스도 안에 거함으로 시작하여 지속하는 삶은 우리가 실천하고 본을 보이고 권고하는 믿음에 의한 행동이다. 대체로 말로만 이루어지는 메시지는 사람들이 필사적이지 않을 때에는 그들을 행동하게 할 능력이 없다.

내가 말하고 있는 바에 의해 암시되는 기독교 메시지의 또 다른 특성은 이 메시지의 인식적 내용이 이 메시지의 외적 작용인 행동에 비해 미미하다는 것이다. 나는 성경의 기본적인 메시지가 다음과 같은 사무엘 슈메이커(Samuel Shoemaker)의 말에 포함되어 있다고 믿는다. 즉 우리는 우리가 하나님을 이해하는 만큼 하나님을 나타낼 수 있다는 말이다. 이 메시지는 성경 곳곳의 정황들과 개인적인 경험들에 되풀이하여 예증된다. 그러므로 사람들이 갖고 있는 모든 지식은 절대로 그 자체가 목적으로 기능하는 것이 아니라 이 목적의 수단으로 적절하게 기능한다.

초점은 단순하게 하나님에 대한 인식적 믿음에 맞추어지는 것이 아니라 하나님에 대한 신실(faithfulness)에 맞추어진다. 자주 '믿음'(faith)으로 번역되는 단어 이면에 존재하는 히브리어와 아람어의 개념은 믿음이나 신앙이 아니라 '신실'이다. 예를 들어, 히브리서 11장 전체에 초점을 맞추고 있는 바는 지적인 믿음이 아니라 자동적으로 순종하는 믿음이다. 만일 우리의 성경 번역들이 이 사실을 나타내었다면 우리에게 상당히 도움이 되었을 텐데 유감스러운 일이 아닐 수 없다. 아벨이 가인보다 더 나은 제사를 드린 것은 그의 신실함에 의한 것이었고(4절), 노아가 방주를 지은 것도 그의 신실함에 의한 것이었고(7절), 아브라함이 순종했던 것도 그의 신실함에 의한 것이었다(8절). 그리고 신실함이 없으면 하나님을 기쁘게 해드릴 수 없다(6절). 인격적 헌신과 신실에 대한 인격적 요구가 우리에게 전달하도록 소명된 메시지이다.

하나님 자신에 대한 인격적인 믿음의 응답과 하나님 자신과의 관계 가운데에서의 성장을 이루시기 위해 인격들과, 그리고 인격들을 통해 대화하시는 분이 바로 하나님 자신이시라는 이 인격적 메시지는 인격 지향적인 특성들을 가지고 있다. 이 사실에 끊임없이 초점을 맞추어야 하는 이유는 우리가 하나님을 충실하게 전달하려고 할 때, 인격적인 메시지를 전달하면서 비인격적인 수단들을 사용하려는 유혹에 빠지지 않기 위함이다.

하나님과 마찬가지로, 기독교 메시지를 전달하는 사람은 메시지의 수단일 뿐만 아니라 메시지의 중요한 구성 요소가 된다. 우리는 우리가 전달하고자 하는 내용에 철저하게 포함된다. 수령자들과 관련된 우리의 신용과 신뢰성, 그리고 그 밖의 인격적 특성들은 우리가 전달하는 메시지들에 있어 절대적으로 중요하다. 이 사실은 기독교 방법의 핵심을 동화시킬 뿐만 아니라 기독교 메시지의 핵심도 동화시킨다. 커뮤니케이터가 효과적인 커뮤니케이션을 위해 수령자의 준거 틀 안에서 수령자와 일체감을 가질 때 동화가 일어난다. 가장 큰 노력을 요구하는 동화-성육신-를 실천하신 예수께서는 자신이 가르치시고자 하시는 집단의 일원이 되셨고, 또한 그들을 위한 하나님의 근본적인 메시지가 되셨다. 예수를 따르는 사람들도 이와 같이 되어야 한다.

기독교 커뮤니케이터들은 예수와 마찬가지로 메시지를 커뮤니케이션할 뿐만 아니라 자신들까지도 커뮤니케이션해야 한다. 기독교 커뮤니케이터들로서의 우리에게 정면으로 초점이 맞추어진다. 우리는 항상 사람들의 눈앞에 있다. 기독교의 메시지는 말의 메시지가 아니라 삶의 메시지이기 때문에 우리가 우리 자신이 아닌 다른 것을 사람들에게 효과적으로 전달한다는 것은 불가능한 일이다. 그러나 우리는 우리 자신을 도달한 사람들이 아니라 목적지로 가는 도중에 있는 사람들로 제시한다. '가는 도중에' 있다는 것은 그리스도를 닮는 것에 보다 많이 접근해 가고 있는 것이다. 그러므로 우리는 사람들에게 우리를 제시하기도 하지만, 또한 우리보다 더 높은 곳을 제시한다. 그렇지만 기독교 메시지는 여전히 삶에 관련된 개별적 삶이다.

이 시각이 수용될 때, 우리는 매우 이단적인 기독교의 정보화와 지성화가 퍼져 있는 것을 보게 된다. 내가 앉아 있는 곳에서 볼 때, 성경이 마치 사람들을 자극하여 매우 훌륭한 그리스도인의 행동을 하게 하라는 요구에 철저하게 공헌하는 기독교 커뮤니케이션들을 충족시키는 많은 정보를 제공하는 것 같다. 그리고 그런 종류의 자극은 대개 말의 메시지들에 수반되는 개인적 대화를 통해 가장 효과적으로 이루어진다.

그러나 커뮤니케이터의 인격이 어떤 가치를 가지고자, 그 인격은 수령자들에게 보여져야 한다. 그리고 이러한 시각화는 형식적이고 설교 지향적인 상황 외에서의 인격 접촉을 요구한다. 하나님의 메시지는 목사들(pastors)을 요구한다. 즉 자신들의 양떼와 인격들로 상호 작용하는 목사들을 필요로 한다. 하나님의 목적은 다수의 설교자들에 의해 심하게 손상되었다. 그들은 설교의 기능은 상당히 잘 수행하지만 신자들에게 진정으로 자신들을 바치는 일은 거의 하지 못한다(이들은 물론 신자들을 위해 자신들을 바치는 일은 더 못한다).

"태초에 말씀이 계시니라 이 말씀이 하나님과 함께 계셨으니 이 말씀은 곧 하나님이시니라…"(요 1:1). 하나님께서는 한 마디 또는 그 이상의 언어적 또는 문자적 말로 오신 것이 아니라 한 인격으로 오셨다. 예수께서는 첫째로, 그리고 그 다음에도 자신의 양떼들에게 자신을 주신 목사, 즉 목자이셨고 지금도 그러하시다. 그리고 바울이 자신이 썼고 또한 하나님께서 쓰신 궁극적인 편지로 지적했던 것은 수령자들에게 자신을 바친 사람들이었다(고후 3:2-3). 따라서 우리는 메시지로, 그리고 그 메시지를 전하는 수단으로 기독교 신앙을 커뮤니케이션하는 사람들의 결정적인 중요성을 지적하는 것이다.

3. 사람, 목적, 동기, 그리고 수단

커뮤니케이션에 관련된 사람의(의식적 또는 무의식적) 동기와 목적(들)은 커뮤니케이션 상호 작용에 극히 중요한 영향을 끼친다. 인격을 기독교 메시지의 주요한 구성요소로 볼 때, 동기와 목적이 기독교 커뮤니케이션에 드러나야 한다는 사실은 명백해진다. 자신을 '진리'(요 14:6)라고 칭하셨던 분을 적절하게 대표하려고 할 때, 우리에게 금지되는 특정한 목적들과 동기들이 있다.

예를 들어, 우리는 우리의 메시지들에 '맞지' 않는 커뮤니케이션의 방법들을 사용하지 말아야 한다. 나중에 배우겠지만, 커뮤니케이션의 수단들은 메시지의 일부로 해석된다. 따라서 그런 수단들이 의도된 것과 다른 것을 의미하는 것으로 이해된다면, 우리의 메시지는 손상을 받게 된다. 수령자들은 그들이 우리가 말하는 의미라고 생각하는 바에 따라, 또는 적어도 우리가 말하는 의미에 대한 자신들의 해석에 근거하여 우리의 동기들이나 목적들을 판단할 것이다. 그러므로 만일 우리가 비인격적이고, 무관심하고, 쌀쌀하게, 비난적으로 그들과 커뮤니케이션을 한다고 '해석한다면', 아마 그들은 우리가 그런 것들을 전달하려고 하고 있다고 가정할 것이다.

나는 하나님께서 우리가 우리의 목적들과 동기들에 있어 솔직하고 투명하기를 원하신다고 믿는다. 만일 그렇다면, 우리는 우리가 무엇을 어떻게 커뮤니케이션 하는가에 대해 우리의 목적들과 동기들을 신중하게 생각할 필요가 있다.

우리의 동기와 목적들은 의식적일 수도 있고 또는 무의식적일 수도 있다. 우리의 동기들과 목적들은 대개 복합적이다. 그러므로 우리는 우선 마음 속에 있는 동기들과 목적들을 의식하기 위해 노력할 필요가 있고, 그 다음에는 그 동기들과 목적들을 우리가 전달하고자 하는 전체적인 메시지와 일치시킬 필요가 있다. 이 일은 완전한 메시지가 수령자들에 의해 정확하게 이해되는 방법으로 행해져야 한다.

어떤 목적을 위해서 커뮤니케이터에 의해 의식적으로 의도된 메시지가 진실로 다른 사람들에게 도움이 되기 위해서 계획된 것으로 수령자들에 의해(종종 바르게) 이해되는 것은 매우 일반적인 일이다. 예를 들어, 수령자들은 성급하게 전달되는 많은 권고를 다른 사람이 아니라 바로 권고를 말하는 사람의 문제들과 더 많이 관계가 있는 것으로 바르게 해석한다. 실제로 설교자 자신의 생활에 존재하는 무엇인가에 대한 분노가 다른 사람에게 향해지는 경우가 종종 있는 것이다. 이렇게 예수의 온유하심이 설교자의 무의식적 동기라는 제단에서 종종 희생된다.

무의식적 동기들은 수많은 다른 방식으로 의도된 메시지를 혼란시킬 수 있다. 수줍음, 자제의 필요성, 비인간적인 성격, 또는 다른 방어 기재들(defense mechanisms)과 같은 것들이 드러나는 것에 대한 두려움을 가리고 있을지 모른다. 물론 이 무의식적 동기들에서 일어나는 이러한 행동들은 기독교의 인격적 메시지의 커뮤니케이션을 크게 방해한다.

우리는 종종 단지 대화 자체를 위한 커뮤니케이션 대화를 추구한다. 우리 인간들은 대화의 존재들로서 대화를 할 수 있는 사람들을 정확하게 찾아낸다. 그러나 많은 사람들은 "단지 자신이 말하는 소리를 듣기 위해 말하는" 습관을 가짐으로 (종종 무의식적으로) 커뮤니케이션 상황에서 자신들의 목적을 이루기 위해서 사람들을 사용한다.

우리가 포함될 수 있는 여러 가지 다른 동기들이 있다. 예를 들어, 정보를 주거나 얻는 것, 사람들을 흥분시키는 것, 우리의 말을 듣는 사람들을 설득하는 것, 즐기는 것, 연기를 하는 것, 협상을 하는 것, 또는 경쟁하는 것 등이다. 사실상 아마 사람들과 관계가 있는 모든 동기들이 커뮤니케이션의 목적이 될 수 있을 것이다. 이런 동기들 중에 어떤 것도 그 자체에 문제가 있는 것은 없다. 그러나 어떤 동기를 의식적으로 의도하고 또 다른 동기를 무의식적으로 의도한다거나, 또는 어떤 동기를 의도하면서 다른 동기를 의도한 것으로 알고 있다거나 하는 것은 다른 사람들과 우리 자신을 모두 심각하게 호도할 수 있다.

예를 들어, 나는 친구들이 자신을 위해서 어떤 일을 해주길 원하지 않을 때에는 절대로 '친구들'과 접촉하지 않는 사람을 적어도 한 명 알고 있다.

그가 자신의 행동 방식이 이렇다는 것을 알고 있는지 모르고 있는지 나는 모른다. 그러나 우리는 그가 자신의 '친구들'에 대해 생각할 때, 그 사람의 주요 동기는 어떤 목적을 위해 그들을 이용하는 것이라고 의심할 근거가 충분하다. 그리고 이러한 의심은 우리가 그 사람에게 갖고 있는 진정한 관심을 전하기 위한 어떤 시도도 하지 못하게 한다.

나는 내가 전에 몇 명의 나이지리아 친구들과 이와 유사한 방식으로 만났다고 생각한다. 친구들이 함께 보내야 한다고 기대하는 시간의 양에 있어 그들의 우정을 위한 요구는 우리의 요구보다 훨씬 컸다. 어느 날 우리의 관계에 대해 토론하던 중, 그들 중의 한 명이 "너희 백인들은 정답지가 않아. 너희들은 전혀 우리와 함께 시간을 보내지 않아"라는 식으로 말했다. 그 말에 대한 답으로, 나는 내가 며칠 전에 그들과 몇 시간을 함께 보냈다는 사실을 지적했다. 내가 생각하기에 그 시간의 양은 적어도 내가 좋은 친구의 자격이 있음을 나타내기에 충분했다. 하지만 그 친구의 답변은 그런 적은 시간은 나의 주장을 입증하는 것이 아니라 그의 주장을 입증한다는 것이었다.

어떤 목적에 기여하려고 하는 메시지와 수단들이 종종 사실상 다른 목적에 사라지는 일이 종종 있다. 흔히 일어나는 일로 메시지를 전하려고 의도된 설교, 강의, 음악회, 연극 등이 단지 공연이 되어 버리는 경우이다.

공연(performance)이라는 말은 사용되는 수단들을 통해 흘러나올 수 있는 모든 다른 메시지들을 희생시켜 공연자의 능력들을 드러내는 것에 의식적으로 또는 무의식적으로 보여주는 데에 주로 목적을 두는 일종의 발표를 나타낸다고 나는 본다. 물론 이런 수단들의 사용은 수령자들에 의해서 해석되어 무엇인가를 전달하기는 한다. 그러나 공연은 기대되는 내용을 전달하기보다는 "나를 보라/나의 말에 귀를 기울이라. 내가 공연자로 얼마나 능력이 있는지 주목하라"는 메시지를 더 많이 전달한다. 단순하게 메시지의 근원이 실행되는 것을 의도하지 않을 때, 원래의 메시지는 공연자의 전문 기술에 대한 다른 메시지로 바뀌어 버린다.

훌륭한 커뮤니케이터는 분명히 공연을 한다. 그러나 그 공연은 다른 메시지를 빼앗지 않고 강화한다. 게다가 공연이 의도되고 기대되는 것일 때, 그 공연은 정당한 활동이다. 우리는 좋은 음악, 연극 또는 운동의 공연을 보기 위해 기꺼이 돈을 지불한다. 그러나 유감스럽게도 교회를 다니는 많은 교인들은 의식적으로 또는 무의식적으로 목사의 공연을 기대한다. 그리고 목사가 의식적으로 의도하든지 또는 의도하지 않든지 종종 신자들은 그의 공연을 본다. 교회라는 상황에서(고의든지 고의가 아니든지) 일어나는 일이 커뮤니케이션이라기보다 공연(이 단어의 의미에 있어)일 때, 전달되는 메시지는 근본적으로 영향을 받는다.

커뮤니케이터의 목적들과 동기들을 빼앗는 종교 의식화된 행동의 위치를 인식할 필요가 있다. 피상적인 단어들이나 어구들에만 초점을 맞출 때, 종교 의식은 커뮤니케이터가 기대했던 것과 전혀 다른 것을 전한다. 5장과 9장에서 지적될 것이지만, 양식화되고 의례적인 커뮤니케이션은 삶의 매우 중요하고 유효한 부분이다. 그러나 의례들(인사나 예배와 같은)에 참여할 때 우리는 전달되는 메시지의 내용이 갖고 있는 의례적인 특성이 그 메시지에 끼치는 영향을 의식하지 못한다.

예를 들어, 설교는 자유롭게 유동하는(free-floating) 커뮤니케이션 사건(events)이 아니다. 오히려 설교는 사람들이 높이 평가하는 관계와 믿음을 사람들에게 확신시켜 주는 중요한 기능에 기여하는 통합 의식(예배)의 일부분이다. 대화의 의례적인 특성과 대화가 일어나는 정황을 통상적으로 돋보이게 하는 것이 있는데, 바로 인사식 대화의 의례적 특성과 정황이 특별한 인사말을 돋보이게 하는 것과 같다. 즉 대화의 의례적 특성과 정황은 수령자들에게 대화의 진정한 의미가 말의 내면에 존재한다는 신호를 보내는 것이다. 따라서 목사들은 설교를 통해 설득하려는 자신들의 시도에서 너무 많은 것을 기대해서는 안 된다. 오히려 다른 접근법들이 설득자의 목적들에 더 훌륭하게 기여한다. 우리는 다음 장들에서 그런 접근법들을 살펴볼 것이다.

앞에서 언급한 것처럼, 대화에는 하나 이상의 목적이나 동기가 포함될 것이다. 예를 들어, 커뮤니케이터가 되려는 사람들은 자신들이 제시하는 정보라는 수단에 의해 설득을 하려고 할지 모른다. 그러나 동시에 그들은 누군가를 감동시키려고 노력하고 있을지도 모른다. 그럴 때에 그들은 동일한 대화 중간에 여흥(종종 익살스러운 이야기 형태로)을 삽입하여 의도적으로 속도(pace)를 변화시키려고 할지 모른다. 그러나 그들의 동기가 매우 순수하고 또한 자신들의 동기를 충분히 의식하고 있을지라도, 때때로 그들은 청중들을 위한 공연을 하고자 하는 무의식적인 욕구에 희생자가 될 수 있다. 하나님께서는 흔히 우리를 통해서 일하신다. 그러나 이와 같이 요인들에 대한 우리의 의식이 증대하면, 우리는 우리 스스로 하나님을 섬기려는 시도가 더 효과적이라고 생각하게 될 것이다.

다중적 목적의 가능성 외에 커뮤니케이터들에게 나타나는 또 한 가지 특징으로 커뮤니케이터 자신의 목적과 수령자들의 목적의 차이가 있다. 예를 들어, 수령자들의 목적은 단순하게 정보를 모으거나 공연을 지켜보는 것인데 반해, 커뮤니케이터는 설득을 하려고 할지 모른다. 방송 기자가 빌리 그래함의 집회에 참석하는 경우가 그러할 것이다. 이와 마찬가지로 주일 설교가 설득으로 이해되기보다는 의례로 더 많이 이해될 때, 그 주된 이유는 설교를 하는 목사들의 의도 때문이라기보다는 수령자들의 의도(무의식적인) 때문이기가 더 쉽다. 실제로 목사들이 매우 실망하게 된다. 왜냐하면 목사들은(그들을 가르친 교수들과 같은 사람들로 인해) 그들이 상황에 대한 큰 통제력을 갖고 있다고 믿게 되는데 실제로는 그렇지 않기 때문이다.

4. 기독교 신앙의 충격적인 커뮤니케이션

커뮤니케이션에 있어 결정적인 요인은 메시지가 수령자들에게 가하는 충격의 종류와 성질이다. 나는 커뮤니케이션이 수령자들에게 주는 인상(impression)을 나타내는데 충격(impact)이라는 용어를 사용한다. 충격은 인간적인 것이다. 따라서 커뮤니케이터들에 따라 본질적으로 같은 메시지를 여러 가지 충격으로 전달할 수 있다. 게다가 커뮤니케이터들은 메시지를 다양화함으로 자신들이 말과 행동의 충격을 다양화할 수 있다. 환경 또는 수령자들의 마음 상태와 같은 다른 요인들도 충격에 영향을 끼친다.

커뮤니케이션에 존재하는 다른 모든 요인들과 마찬가지로 충격도 수령자의 해석을 필요로 한다. 그러므로 수용자들과 관련하여 보다 더 큰 충격을 지향하는 또는 회피하는 경향이 있는 메시지들을 기초로 하는 몇 가지 원리들이 있다.

(1) 수락의 원칙(principle of acceptability)

첫 번째 원리는 수락의 원칙이라고 부를 수 있는 것이다. 여기에서 다음과 같은 질문이 제기된다. 수령자들이 현재 갖고 있는 시각을 가정할 때, 이 메시지를 그들이 받아들일 수 있을까? 만일 받아들일 수 없다면, 수령자들이 쉽게 메시지를 받아들일 수 있게 하기 위해 메시지의 부호, 내용, 표현법, 또는 환경(5장을 보라)에 무엇이 이루어져야 할까?

6장에서 지적될 것이지만, 사람들에게는 인내의 한계가 있다. 어떤 사람들은 이 한계가 매우 넓어 거의 모든 커뮤니케이터의 거의 모든 주제에 대한 거의 모든 메시지를 기꺼이 받아들인다. 그러나 대부분의 사람들의 인내의 한계는 주제에 따라, 커뮤니케이터에 따라, 환경에 따라 달라질 것이다. 이 때문에 커뮤니케이터는 주제, 환경, 그리고 특별한 청중들에 대한 자신의 신뢰성을 판단할 필요가 있다. 그러므로 대부분의 커뮤니케이터들에게 있어 익숙하지 않은 환경에서 미지의 청중에게 민감한 주제에 대해 효과적으로 설교를 한다는 것은 매우 어려운 일이다.

만일 수령자가 메시지에 대해서 무관심하게 된다면 어떠한 가치 있는 것도 전달될 수 없다. 목적이 무엇이든지, 적어도 커뮤니케이터들은 수령자들이 받아들일 수 있고 그들이 계속하여 귀를 기울일 제재(material)로 시작할 책임이 있다. 여기에 있어 종종 효과적인 한 가지 전술은 청중에 대해 칭찬하는 말로 시작하는 것이다.

아마 더 효과적인 또 한 가지 전술은 커뮤니케이터들이 맨 먼저 듣는 사람들의 마음에 신뢰성을 수립할 수 있는 제재를 제시하는데 주된 주의를 기울이는 것이다(11장을 보라). 왜냐하면 커뮤니케이터들에 대한 신뢰성이 높을 때, 수용자들은 커뮤니케이터가 넓은 범위의 주제들을 다루는 것을 허용할 것이기 때문이다. 그러나 커뮤니케이터가 주어진 허가의 한도를 넘어갈 때, 그 신뢰성은 무효화될 수 있다. 예를 들어, 보수적인 청중은 메시지가 완전히 허용 받기 전까지는 외부인이 가급적 자신들이 존중하는 어법으로 약간 개인적인 정보를 제시하기를 요구한다. 이를 가리켜 메이어(Mayers, 1974년)는 경청을 얻기에 앞서 확인해야 하는 '신뢰에 대한 우선적 질문'(the prior question of trust)이라고 적절하게 칭했다. 따라서 첫 번째 메시지는 초점의 대상인 특별한 수령자 집단으로 하여금 귀를 기울이라는 요구를 할 자격을 얻는 것을 목표로 한 자신에 대한 메시지가 되어야 한다.

나는 매우 보수적인 교회에서 일련의 연구를 하면서 이 원칙을 터득했다. 그들은 만일 내가 '그리스도의 피'와 같이 고귀한 용어들을 사용하면서 시작하지 않는다면 내 말에 귀를 기울이지 않을 것이라고 강하게 암시했다. 그들이 실제로 요구하는 것은 그들이 나를 신뢰할 만하다고 여기기에 앞서 내가 나의 보수적인 성향들을 공식적으로 진술하라는 것이었다. 그래서 나는 나의 회심, 헌신, 그리고 그리스도 안에서의 성장을 간증하는 시간을 가졌고, 그러자 쾌히 나의 말에 귀를 기울였다.

(2) 관련성의 원칙(principle of relevance)

충격적인 커뮤니케이션을 이룸에 있어 두 번째로 결정적인 원리는 관련성의 원칙이다. 수령자들은 지속적으로 자신에게 질문을 던진다. 나는 이 메시지를 필요로 하는가? 메시지가 내가 싸우고 있는 삶의 어떤 영역이나 생각에 도움이 되는가? 그러므로 커뮤니케이터들은 자신이 커뮤니케이션하는 내용이 수령자들에게 관련성이 있는지에 대해 자문해 보아야 한다. 유감스럽게도 너무나 많은 커뮤니케이터들이 "사람들이 가려워하지 않는 곳을 긁고" 있다. 그들의 메시지는 커뮤니케이터들 자신에게는 매우 흥미가 있지만, 수령자들이 보기에 그들이 필요하다고 느끼는 바의 대부분 또는 전부와 무관한 메시지이다. 적지 않은 설교들이 이 범주에 속한다는 사실은 불행한 일이 아닐 수 없다.

많은 설교자들은 이렇게 주장할 것이다: "그러나 나는 단지 수령자들이 느끼는 욕구들을 다루는 것이 아니라 그들의 실제적인 욕구들을 다루고 있다". 정당한 주장이다. 그러나 이 주장은 사람들이 총체적으로 볼 때에 더 중요할지도 모르는 보다 깊은 요구들을 가지고 있든지 또는 그렇지 않든지 간에 인지된 욕구들(perceived needs)과 인지된 관련성(perceived relevance)을 기초로 하여 활동한다는 사실을 무시하는 것이다. 그러므로 유능한 커뮤니케이터는 인지된 수준의 욕구를 다루면서 참을성 있게 수령자들이 전에 인식하지 못한 보다 깊은 욕구들을 깨닫도록 인도할 책임이 있다. 그리하여 일단 그들이 보다 욕구들을 깨닫게 될 때, 커뮤니케이터는 메시지가 관련이 있는 것으로 인지될 것이라는 확신을 가지고 그보다 더 큰 욕구들을 다룰 수 있다.

이런 방법으로 커뮤니케이터들은 항상 관련성을 가질 수 있다. 비록 초기 단계에는 비교적 사소한 욕구들을 다룰지 모르지만, 그러나 사소한 요구들에 대한 관심은 커뮤니케이터가 수령자의 인내의 한계를 넘어 보다 더 깊은 욕구들을 적절하게 다룰 수 있는 때를 위해 신뢰성을 구축할 수 있게 해 주는 출발점이다. 관련성을 갖는 것은 피상적이거나 단순화하지 않고 현명하게 사람들로 하여금 우리를 믿게 하는 것이다.

일부 집단에서 종종 하는 말로 성경은 관련성이 있기 때문에 관련성을 갖게 할 필요가 없다는 주장이 있다. 이 말은 진리이다. 그러나 이 진리는 수령자의 성경에 대한 깨달음과 필연적으로 관련된 것이 아니라 성경의 잠재 능력과 관련된 것이다. 왜냐하면 성경을 그런 식으로 수령자들에게 제시하여 그들이 성경의 관련성을 깨닫지 못할 때 그 커뮤니케이션은 성경이 관련성이 없다는 판단을 받게 되기 때문이다. 관련성이 인식될 때 관련성은 존재한다. 메시지를 표현하는 데 사용되는 언어가 수령자들의 언어가 아닐 수도 있다. 그 언어는 신학 수업과 같이 다른 시간, 다른 장소에서 사용되는 언어일지 모른다. 그런 언어는 다른 시간이나 다른 장소에서는 적절하지만 다른 언어였다면 관련성이 있는 것으로 인지되었을 수 있는 메시지를 무효화하고 무관한 생각을 일으킬 수 있다.

너무 많은 설교들(서방과 타문화권 모두에서)이 마치 그들 앞에 있는 사람들이 매우 가난한 회중이 아니라 설교자의 설교학 교수가 청중들인 것처럼 행해져 왔다. 이런 설교들은 회중에 대한 내용의 잠재적 가치와 상관없이 정확하게 무관한 것으로 인식된다.

(3) 특이성의 원리(principle of specificity)

충격적인 메시지를 제시하는 세 번째 원리는 특이성의 원리이다. 수령자들은 자신들이 듣는 메시지들과 자신들의 살고 있는 삶의 관계에 대해 많은 관심을 갖는다. 그러므로 하나님께서는 모두를 사랑하십니다와 같은 일반적인 메시지는 대부분의 수령자들에게 단지 일반적인 흥미를 줄 뿐이다. 특히 이 동일한 메시지를 하나님께서는 당신 존 스미스를 사랑하십니다 라는 식으로 보다 구체적으로 표현할 때와 비교해 보면 그러하다. 만일 이 메시지가 모든 인간들의 욕구들, 또는 인간들 중 어떤 하위 범주의 욕구들에 일반적으로 적용하기보다는 응답자들의 욕구에 맞추어 구체적으로 표현된다면, 그들이 이 메시지에 필요성을 느끼게 될 가능성은 훨씬 더 커질 것이다. 이것이 개인 상담이나 목사의 가정 심방이 설교와 같은 공개적인 커뮤니케이션보다 훨씬 커다란 충격을 주는 한 가지 이유이다.

그러나 설교에 있어서도 종종 일반적인 경우보다 더 구체적이 될 수 있는 가능성이 있다. 우리는 다른 사람들과 우리를 동일시할 수 있는 심리 기재(a psychological mechanism)을 갖고 있다. 즉 우리는 이야기를 들으면서 그 이야기를 말하는 사람 또는 그 이야기 속에 나오는 사람과 자신을 동일시할 수 있다는 것이다. 예수께서는 자신의 메시지에 진실에 가까운 내용들(비유들)을 제시하심으로 이 특성을 효과적으로 사용하셨다. 유능한 커뮤니케이터들은 이 특성을 인식하고 대개 자신들에게 허용된 시간 동안 전달하는 정보의 양은 줄이고, 예화적 자료, 특별히 인간의 경험으로부터 나오는 예화들의 양은 늘인다. 이러한 경험은 커뮤니케이터 자신들의 경험이거나 다른 사람들의 경험일 수도 있고, 또는 예수처럼 전형적인 인간의 경험과 관련하여 만들어진 진실에 가까운 내용일 수도 있다. 이렇게 메시지를 처리할 때 우리는 커뮤니케이션이라고 칭하는 매우 인간적인 일을 훨씬 더 충격적이 되게 할 수 있다.

(4) 예기치 못함(unexpectedness)

네 번째로 충격을 만들어 내는 원리는 예기치 못함, 또는 예측 불허(unpredictability)이다. 다른 모든 상황에 들어갈 때와 마찬가지로 사람들은 커뮤니케이션의 상황에 들어갈 때에도 어떤 예상을 한다. 관련된 사람들, 장소, 시간 등과 같은 환경적 요인들, 그리고 이 모든 요인들과 관련된 사람들의 이전 경험들은 그들에게 어떤 예상을 하게 하는 것이다. 그들의 예상이 맞아떨어짐으로 그들의 평범한 생각들이 확인될 때, 그 커뮤니케이션의 효과는 감소된다. 예를 들어, 교회에서 사람들은 특정한 부호, 특정한 내용, 그리고 특별한 대우를 예상하고 온다. 그러므로 그들의 예상들이 맞을 때, 그들의 느낌은 편안할지 모르지만, 이어지는 커뮤니케이션의 충격은 상당히 약해지는 경향이 있다. 이것이 교회 예배의 커뮤니케이션이 변화의 자극보다는 의식으로 더 잘 기능하는 이유이다.

그러나 만일 교회 예배와 같은 낯익은 환경에서 보기 드문 어떤 일이 일어난다면, 그 예배는 주목을 받을 것이고 충격을 줄 것이다. 전통적인 교회의 용어에 익숙한 많은 사람들은 설교자들이 현실적인 용어와 자세를 갖고 있고 자신들의 성공에 대해 개의치 않는 태도를 취하고, 비전통적인 방식으로 논제를 다룰 때 주목을 하고 감명을 받는다. 왜냐하면 그들은 그런 일들을 예상하지 못했고 교회라는 배경에서 일어나는 커뮤니케이션의 전형을 벗어나는 것이기 때문이다. 그러므로 그런 설교자들의 메시지들은 충격을 줄 수 있다.

물론 모든 충격적인 커뮤니케이션이 도움이 되는 것은 아니다. 부정한 이야기는 상당한 충격을 줄 수 있지만 유익하지 않다. 그러나 1인칭으로 표현되는 성경의 인물, 극적으로 표현되는 성경 해석, 대화나 토론 형식의 주일 메시지, 성경의 주제들에 대한 보다 인간적인 처리, 그리고 그 밖의 유사한 기법들은 예상치 못함으로 인해 주일 아침에 일어나는 일에 대한 감동을 상당히 증가시킬 수 있다. 하나님과 하나님의 종들의 관심은 하나님께서 설교를 추천하셨다는 가정 아래, 고풍의 웅변술을 보존하는 것이 아니라 커뮤니케이션을 하는 것이다.

(5) 통찰과 답변의 기회

충격을 배가시키는 다섯 번째 기술은 수령자가 통찰과 답변을 스스로 발견할 수 있는 기회를 증가시키는 것이다. '다른 사람의 것'으로 칭해지는 메시지와 '우리 자신의 발견'이라고 칭할 수 있는 메시지에는 근본적인 차이가 있다. 후자는 적어도 부분적으로 우리 자신의 노력을 통해서 이룬 통찰로 이루어진다. 반면에 다른 누군가에 의해 이해하기 쉽게 만들어, 상당히 결정적인 형태로 우리에게 제시된 메시지들로 이루어진다.

가장 효과적으로 커뮤니케이션하는 사람들은 자신들의 노력의 결과를 이해하기 쉽게 만들어 명확하게 제시하기보다는 사람들로 하여금 직접 발견하도록 이끌어주는데 노련한 사람들이다. 물론 예수께서는 답변을 하기보다는 질문을 하시는 분이셨다. 그러므로 예수께서는 사람들로 하여금 스스로 깨닫게 하실 수 있으셨다.

발견 학습은 메시지를 창조하고 '공연하는' 커뮤니케이터의 재주에 커뮤니케이션의 초점을 맞추지 않고 수령자의 창조성에 커뮤니케이션에 초점을 맞춘다. 수령자들이 발견하도록 하는데 초점을 맞추는 커뮤니케이터는 진실로 재주가 좋을 필요가 있다. 그러나 이 재주는 종류가 다르다. 즉 이 재주는 수령자 지향의 재주이다.

이러한 커뮤니케이터는 수령자들을 흥미 있게 하기보다는 자극을 주고자 할 것이다. 이것이 설득력 있는 커뮤니케이션의 진정한 목표이다. 교회의 커뮤니케이션은 종종 질문보다는 답변에 초점을 맞추어 왔기 때문에, 기독교 정통 교리는 창조적이고, 발견 지향적이며, 하나님과의 깊은 인격적 대화에 대한 관심보다는 관심의 방향이 교리와 신조에 관한 정보에 집중되어 왔다. 그런 인격적인 대화야말로 '나의 것'으로 칭해질 수 있는 것이다. 반면에 교리와 신조에 관한 정보는 항상 '다른 사람의 것'으로 칭해진다.

5. 우리를 위한 이 메시지는 어떤 것인가?

우리는 항상 무엇인가를 커뮤니케이션한다. 그러나 우리의 경험에 의하면 상대편에게 건네어지는 바는 우리의 의도보다 더하거나 덜하거나 또는 다르다. 그러나 커뮤니케이션의 결과를 보다 잘 통제하고 싶어하는 우리의 탐구에 어떤 도움의 방법이 존재한다. 이 장은 메시지의 몇 가지 특성들, 그리고 메시지와 사람들과의 관계를 인식시키고자 하는 의도로 설계되었지만, 이 장의 목표는 (만일 필요하다면) 우리의 커뮤니케이션에 대한 노력들을 개선하는 데 이 정보를 사용하는 것이다.

제5장 메시지와 기술

1. 인간들은 다양한 메시지 유형들을 처리하는데 매우 융통성이 있다

우리는 수시로 아래와 같은 표현들을 답변으로(예를 들어, 아래 1-3의 "안녕하세요?"에 대한 답변으로) 또는 서술로 사용한다. 이 표현들은 다양한 메시지 유형들을 구성하고, 다양한 커뮤니케이션 상황들을 우리에게 알려준다. 그러나 이 표현들이 나타내는 다양한 메시지 유형들과 상황들에 대한 우리의 경험으로 인해 우리는 거의 이 표현들을 그릇되게 해석하지 않는다.

"안녕하세요?"
　1. "잘 있습니다."
　2. "끔찍한 주간이었어요! 병원에 가는 길이었는데, 내 차가 고장났어요. 그래서 늦었어요. 게다가 의사는 수술해야겠다고 말했답니다…"
　3. "알게 뭐야?"
"나를 그런 식으로 보지 마세요."

"아덴 사람들아 너희를 보니 범사에 종교성이 많도다"(행 17:22).
"나는 마음에서 우러나오는 노래를 부를 수가 없군요."
"설교자는 그가 누구라고 생각할까요?"
"그녀는 매사에 너무 크게 말해서 나는 그녀가 말하는 것을 들을 수가 없어요."
"나는 설교자들에게서 종종 이 메시지를 듣지요. 그런데 당신이 말하니까 좀 다르게 들리는군요."
"그녀는 무슨 권리로 내가 무엇을 할지 자신이 말해주어야 한다고 생각했을까요?"
베드로는 "주여 내가 주와 함께 옥에도, 죽는 데도 가기를 준비하였나이다"(눅 22:33) 라고 대답했다.
"할렐루야!"

2. 메시지의 특성들

일반적으로 기독교 커뮤니케이션의 인격적인 성질에 대해서 논의했고 메시지들에 영향을 미치는 몇 가지 인격적인 외적 요소들을 소개했기 때문에, 메시지들의 몇 가지 일반적인 특성들을 살펴보는 것이 중요하다. 이런 식으로 우리는 커뮤니케이션의 본질과 기독교 신앙의 본질 간의 관계에 대한 보다 상세한 토론을 위한 사전 준비를 하고자 한다.

모든 진지한 커뮤니케이터들이 메시지와 메시지 전달에 대해 알아야 할 필요가 있는 네 가지 매우 중요한 일반적인 사실들이 있다.

(1) 우리가 커뮤니케이션 활동을 피할 수 없다는 것이다.

그러므로 목격되는 모든 행동이 목격하는 사람들에 의해서 해석되고, 커뮤니케이션으로 받아들여진다. 바츨라위크 등(Watzlawick et al., 1967년:48)이 말한 바와 같이 "누구든지 커뮤니케이션을 안 할 수 없다."

사람들간에 상호 작용이 있을 때는 언제나 커뮤니케이션이 불가피하다. 메시지를 보내고 있는 사람들이 커뮤니케이션을 하고 있다는 사실을 의식하든지 못하든지 해석하는 누군가가 있을 때에는 언제나 메시지들이 받아들여지고 있는 것이다. 아마 인간들이 사는 것이 커뮤니케이션을 하는 것이라고 말해도 과언이 아닐 것이다. 우리는 의도하고 있든지 의도하고 있지 않든지 메시지들을 보내는 일에서 떨어져 있을 수 없는 것으로 보인다. 6장과 7장에서 우리는 이에 대한 이유들을 보다 자세히 논할 것이다.

(2) 커뮤니케이션을 할 때 우리는 항상 수많은 메시지들을 보낸다.
다시 말해서 수령자들은 해석할 때 다수의 메시지들을 적당하게 골라낸다고 할 수 도 있다. 우리가 우리의 말로 전달하려고 하는 것과 다른 것을 우리의 삶의 메시지가 전달하는 경우처럼, 이 추가적인 메시지들 중 일부는 우리가 보내려고 하고 있는 주요 메시지를 왜곡하거나 심지어 부정할 수도 있다. 그러나 바람직한 경우에, 이 다른 메시지들(전문적으로 파라메시지〔paramessages〕라고 칭하는)은 주요 메시지의 정확한 해석을 후원하고, 부연하거나 또는 돕는 기능을 할 것이다.

4장의 처음 부분에서 예로 든 각각의 상황들에서 커뮤니케이션을 시도했던 모든 사람은(설교자를 포함하여) 동일한 주요 메시지를 보내려고 했다. 그러나 이 메시지는 음성, 몸짓, 시선 접촉, 참여자들간의 공간, 태도, 복장, 그리고 참여자들이 자신의 물리적 환경들(강단, 원고, 성경, 시설 등과 같은)을 사용하는 방법을 통해서 보내지는 다양한 파라메시지들로 둘러싸여 있다. 심지어 수령자들이 가지고 있는 커뮤니케이터에 대한, 자기 자신들에 대한, 다른 참여자들에 대한, 환경에 대한, 그리고, 그리고 전반적인 삶에 대한 지식과 경험까지도 커뮤니케이션의 상호 작용에 파라메시지들을 추가하는 기능을 한다.

이런 추가 요인들은 수령자들에 의해서 해석되는 추가 자료를 만들어낸다. 그리고 이 '추가' 메시지들은 수령자들의 마음에 주요 메시지를 확인시키기도 하고 또는 약화시키기도 한다. 예를 들어, 만일 커뮤니케이터가 "건물에 불이 났다"라고 소리를 질렀지만 급히 피하지 않는다면, 이 행동은 그의 말과 모순된 것으로 해석될 것이다. 그러나 만일 소리를 지른 후에 그 사람이 뛰어 도망친다면, 말의 메시지와 행동의 메시지가 서로를 확인하는 것으로 보일 것이다.

(3) 일단 보내어진 메시지들은 다시 거두어들일 수 없다.

만일 수령자가 우리의 말을 들었다면, 우리가 보낸 메시지가 수령자의 의식에 스며들기 전에 그 메시지의 수정본을 보낼 기회가 우리에게 없다. 종종 우리는 메시지 전달에 있어서 실수를 하며, 또한 종종 추가 메시지들을 보냄으로 그 실수를 정정하려고 한다. 그러나 일단 메시지가 수령자에 의해 받아들여져 해석되었을 때 우리는 원래의 메시지를 절대로 거두어들일 수 없다. 말하자면 그 메시지는 영원한 기록이 되는 것이다.

때로 우리는 자신이 잘못 보냈다고 메시지를 보상하려고 사과를 한다. 이 시도는 종종 두 번째의 메시지가 된다. 즉 이 사과는 처음 메시지보다 더 큰 충격을 전달하며 처음 메시지가 정확했을 때보다 전체적으로 훨씬 더 나은 커뮤니케이션이 된다. 그러나 많은 경우에 있어, 우리가 보내려고 하는 수정의 메시지들이 무엇이든지 간에 상관없이, 응답자는 본래의 메시지에 대한 자신의 해석을 따르는 쪽을 택하며, 그리하여 커뮤니케이션 상황은 실패작이 된다.

(4) 메시지는 복잡한 사항이라는 사실을 유념할 필요가 있다.

주요 메시지이거나 파라메시지이거나, 메시지는 여러 부분으로 이루어질 것이다. 각각의 메시지는 다음과 같이 설명될 수 있다: (1) 메시지를 전달하는 부호나 수단, (2) 전달되는 내용이나 정보, (3) 메시지를 구성하여 표현할 때 커뮤니케이터가 사용하는 표현법이나 유형(style), (4) 참여자들간의 관계, 그리고 메시지를 주고받는 활동에 미치는 그 관계의 영향. 이 각 요소들은 수령자들에 의해 해석되고, 커뮤니케이션의 전체적인 결과에 기여한다. 따라서 주요 메시지가 명확하게 이해되기 위해 중요한 점은 이런 메시지 요소들 간의 조화가 커뮤니케이터의 의도와 어울려야 할 뿐만 아니라 수령자들의 인지된 욕구들과도 어울려야 한다는 것이다.

앞에서 지적한 바와 같이, 기독교 메시지의 독특한 내용은 단순히 말이나 정보만의 메시지들이 아니라 삶의 메시지라는 것이다. 이런 사실은 내용을 전달하는데 사용되는 부호들에 제한을 가할 뿐만 아니라, 내용과 부호가 다루어지는 방법에도 제한을 가한다. 예를 들어, 기독교 복음을 전달하고자 할 때, 우리는 우리가 권하는 바를 증명할 수 있는 수단만을 사용할 의무가 있다. 메시지를 전하는 수단은 메시지의 일부가 되기 때문에, 예수께서는 강제를 나타내는 부호(예를 들어, 젊은 부자, 마 19:16-22)나 투쟁을 나타내는 부호(마 26:52)를 사용하기를 거부했다.

우리가 이용할 수 있는 부호와 표현 방법들은 많다. 그 부호들 중에는 언어, 음악, 드라마, 의식(ritual), 그리고 그 밖에도 다른 많은 것들이 있다. 이런 부호들은 다음 장들에서(특히 9장에서) 다루어질 것이다. 형식-비형식, 인격성-비인격성, 일반성-특수성, 강의-토론 등과 같은 표현법/방식의 문제도 중요할 것이다.

3. 메시지의 유형들

커뮤니케이터들(그리고 수령자들)은 많은 유형(style)의 메시지들이 있으며, 그 유형들 중 몇 가지는 비록 동일한 수단들(예를 들어, 언어, 음악 등)을 사용하지만 매우 다른 의미로 사용된다는 사실을 인식할 필요가 있다. 예를 들어, "좋아"(I'm fine)라는 어구가 인사의 상황에서 사용될 때, 그 의미는 진심으로 정보를 얻기 위한 요청에 대한 응답에서 의미하는 바와 상당히 다르다(이 장 초의 예를 보라). 또한 그 의미는 이 어구를 빈정거리는 말투로 말할 때의 의미와도 상당히 다르다.

(1) 양식/의식화

내가 다루고자 하는 첫 번째 메시지 유형은 양식화(stylized) 또는 의식적(ritual)이라고 칭해질 수 있다. "좋아"라는 응답은 인사 의식의 일부로 기능하는데, 그 응답의 진정한(즉 깊은 수준) 의미는 "나는 나에 대한 너의 호의를 인정하고 너에 대한 나의 호의의 표현을 답례한다"라는 것이다. 삶은 이렇게 양식화된 커뮤니케이션으로 가득하다. 그리고 이런 유형의 메시지를 다르게 오해하지 않을 때, 이런 커뮤니케이션은 대체로 잘 통한다. 앞에서(3장의 통념 6에 대한 논의에서) 언급했던 것처럼, 설교 및 예배 의식의 다른 부분들도 주로 양식화된 커뮤니케이션으로 기능한다. 설교의 기본적인(그리고 매우 중요한) 의미는 "우리는 하나님께 대한, 서로에게 대한, 그리고 이 조직에 대한 공동 헌신의 상징으로 이 표현을 서로 나누기 위해 같은 마음을 가진 사람들과 함께 여기에 모였습니다"라는 말로 나타낼 수 있을 것이다.

양식화된 커뮤니케이션의 중요성은 아무리 과대 평가해도 지나칠 수 없다. 양식화된 커뮤니케이션이 한 부분을 이루는 많은 상호 작용과 많은 의식들은 모든 사회의 심리적 안전감과 소속감에 두드러진 공헌을 하는데, 특별히 참여자들이 동일한 집단의 구성원일 때 그러하다. 4장 초에 인용된 상황들에 나오는 커뮤니케이션은 양식화된 유형들인데. 심지어 예배 후에 매우 자발적으로 나타난 커뮤니케이션들도 역시 양식화된 유형들이었다.

그러나 이런 대화에서 어떤 사람이 양식화된 응답을 예상하며 "안녕하세요"라고 물었을 때, 그런 양식화된 응답 대신에 응답자의 건강 상태를 자세하게 분석하는 응답을 들었다고 가정해 보자. 그럴 때에 질문자는 자신의 질문이 오해되었다는 사실을 분명히 알 것이다. 그러나 이 오해는 말 자체에 대한 오해라기보다는 메시지의 유형에 대한 오해였다. 응답자는 양식화된 응답을 얻고자 설계된 암시를 정보를 얻으려는 요청을 하는 것으로 혼동했다. 그래서 그는 양식화된 대답이 아니라 정보를 제공하는 대답을 한 것이다.

평소와 같은 통합 의식에 참여하려는 기대를 갖고 있던 교인들이 그들을 흔들어 변화시키려고 하는 설교를 들을 때 종종 이와 유사한 혼란이 일어난다. 이러한 상황에 존재하는 외적 요인들 때문에(이 요인들은 앞에서 다룬 바 있고 또한 10장에서도 다룰 것이다), 위와 같은 조화되지 못하고, 도움이 되기보다는 단지 짜증만 일으키는 경향이 있다. 이런 메시지를 전달하기 위해서는 다른 상황을 찾아야 한다.

(2) 정보 메시지

정보 메시지(informational massage)가 아마 미국 사회에서 가장 많이 초점을 두는 메시지일 것이다. 정보 메시지들의 기본적인 기능은 수령자의 지식을 증가시킬 목적으로 정보를 전달하는 것이다.

모든 커뮤니케이션은 어떤 면에서 정보의 전달과 수령을 포함한다. 따라서 모든 메시지는 어떤 종류의 정보를 전달한다. 그러나 정보 자체를 위한 정보 전달을 주된 목적으로 삼고 있는 메시지들도 있다. 이런 메시지들 중에는 뉴스 방송, 강의, 시간이나 장소나 날씨 등에 관한 질문에 답하는 진술들이 있다.

미국 사회는 정보를 축적하고 전달하는 경향이 너무 강해서, 우리는 정보를 만들어 내는 라디오, 텔레비전, 신문, 잡지, 서적, 강의/설교와 같은 수단들을 통해 정보의 폭격을 경험한다. 우리는 우리가 정보를 실질적으로나 잠재적으로 사용할 수 있는지 없는지에 상관없이 정보가 우리에게 어떤 형태로 주어지든지 관계없이 받아들일 정도로, 정보 그 자체를 위한 지식과 정보를 높이 평가하도록 훈련을 받아 왔다. 우리의 섭취량은 우리의 소화 능력을 훨씬 초과하여 일종의 소화 불량을 일으키고 있다. 따라서 학교, 교회, 집과 같은 곳에서 종종 우리의 초점은 삶의 여러 가지 관심사에 두어지고 있는 것이 아니라 가능한 한 많은 정보를 축적하여 저장하는 과제로 전환된다.

결과적으로 야기되는 문제는 한 농학 전문가에게 "당신의 농장을 더 잘 경영하는 방법을 알고 싶지 않습니까?"라는 질문을 받는 한 농부의 이야기에 비유될 수 있다. 농부는 "아닙니다, 나는 이미 내가 실천할 수 있는 것보다도 훨씬 많은 것을 알고 있습니다"라고 대답했다. 농부의 태도는 아마 약간은 극단적이었을지도 모른다. 그러나 우리는 종종 아는 것이 너무 적기 때문이 아니라 너무 많이 알기 때문에 무능한 행동을 하는 것이 아닐까 생각하게 된다.

나는 우리 기독교 커뮤니케이터들이 단순히 사람들의 마음에 정보의 양을 증가시키려고 애를 쓰는 문화적으로 승인된 습관에 너무 쉽게 빠진다고 생각한다. 우리는 교육 기관들에서 정보 자체를 높이 평가하도록 철저하게 교육 받아왔다. 그래서 우리는 마치 하나님께서도 그런 평가에 동의하는 것처럼 계속하여 정보를 캐내어 전달한다. 그러므로 대개 사람들은 그들이 생활할 수 있는 정보보다 훨씬 더 많은 것을 알고 있다. 그럼에도 불구하고 사람들은 많이 배우면 배울수록 더 많은 축복을 받을 것이라는 믿음으로 자신들이 교회의 후원을 받는다고 느낀다. 우리는 "가장 새로 되는 것을 말하고 듣는 이외에 달리는 시간을 쓰지 않는" 아덴 사람들의 목적들에 자주 동의하는 것으로 보인다(행 17:21b).

그러나 하나님께서는 단순한 정보의 축적보다는 정보가 사용되는 방법에 훨씬 더 많은 관심을 가지고 있는 것 같다. 그러므로 하나님의 메시지는 설득적 또는 도구적이라고 칭하는 유형에 더 가깝다.

(3) 설득의 메시지

설득의 메시지(persuasive message)는 응답자에게 무엇인가(예를 들어, 커뮤니케이터나 주장에 대한 호의적인 태도)를 설득하기 위한 것이다. 사람들의 태도, 사상, 그리고(또는) 행동을 바꾸도록 설득하기 위한 메시지들이 이 범주에 속한다. 대체적으로 이런 메시지들은 삶의 문제에 대한 새로운 대답을 얻으려는 수령자(들)의 인지적 욕구와 함께 확고한 대인 관계에 기초할 때 가장 매우 효과적이다.

공개적인 설득 커뮤니케이션은 종종 수령자들의 감정에 호소한다. 그러나 수령자들이 이런 메시지들에 응답하여 변화하는 여부는 대개 메시지가 전달되는 방법에 따라 좌우되기보다는 그들과 커뮤니케이터들의 관계, 그리고(또는) 커뮤니케이터에 대한 그들의 태도에 따라 더 많이 좌우된다. 만일 수령자들이 커뮤니케이터에 대해 긍정적인 태도를 가지고 있다면, 공개적이며 대중적인 전달 매체가 태도에 변화를 가져올 수 있는 적절한 수단일 것이다. 그러나 그런 수단들은 사고의 변화를 넘어 행동의 변화까지 일으키기에는 대체적으로 덜 유용하다(기독교 목적을 위한 설득 커뮤니케이션에 대한 뛰어난 논술에 대해서는 Griffin 1976년을 보라).

(4) 도구적 메시지

도구적 메시지(instrumental message)는 사람들이 어떤 일들을 하게 하거나 하지 않으려고 의도하는 것이다. 보통 도구적 메시지들은 직접 또는 간접적인 요청 등을 포함한다. 누군가에게 편지를 타이프 쳐 달라거나, 문을 닫으라거나, 그리스도를 따르라거나, 또는 죄 짓는 일을 그만두라고 요청하는 것을 도구적 메시지라고 칭한다. 우리가 하나님에게 무엇인가를 구하는 기도도 역시 도구적 메시지에 속한다. 누군가에게 창문을 닫게 하려고 할 때 "여기 덥지요?"라고 질문을 하는 것처럼, 때로 간접적인 도구적 메시지는 정보를 얻으려는 요청으로 위장한다. 물론 성경은 이미 알고 있는 정보가 요구하는 바에 따라 살도록 사람들을 자극하는 데에 주로 목적을 둔 직간접 도구적 메시지들로 가득하다.

(5) 다른 메시지들에 대한 메시지

다른 메시지들에 대한 메시지(전문적으로는 전이 커뮤니케이션 [metacommunication]이라고 칭해지는)는 또 한 가지의 중요한 커뮤니케이션 유형이다. 이런 메시지들은 보통 어조(예를 들어, 빈정거리는, 위협하는, 농담적인, 흥분적인 어조), 공간의 사용(예를 들어, 친밀성을 촉진하기 위해 가깝게 다가서는 것), 시간의 사용(예를 들어, 존경을 나타내기 위해 약속보다 일찍 도착하는 것) 등을 통한 파라메시지들로 전달된다.

전이 커뮤니케이션의 한 가지 중요한 유형은 방지(preventive)라고 불릴 수 있는 것이다. 이런 메시지들은 커뮤니케이션을 중단하거나 방지하기 위해서 계획된다. 두리번거리는 눈길, 불안한 태도, 불편한 거동, 특정

손동작, 냉정한 어조, 조바심하는 태도, 기침 등이 자주 방지 메시지들의 수단들이 된다.

(6) 초자연적 메시지

그리스도인들은 메시지가 초자연적인 것들에 의해서 권능을 부여받을 수 있다는 사실을 인식할 필요가 있다. 축복과 저주(그리고 이와 관련이 있는 맹세, 주문, 주술)는 그 대상이 되는 사람들에게 초자연적인 능력을 전달하는 메시지들이다. 이런 것들이 전달하는 능력은 인간 대리자들의 개인적인 능력의 범위를 넘어, 매우 진지하게 받아들여질 수 있다.

그리스도인으로 성경의 중요한 인물들의 모범을 따라 사람들을 축복할 수 있다. 그리고 우리는 우리가 사람들을 축복할 때 하나님께서 그 메시지에 권능을 부여하신다고 알고 있다. 성경에는 축복에 대한 수많은 예들이 나온다. 그 중에 가장 일반적인 것이 평안의 축복이다(히, 샬롬). 예수께서는 이 축복을 자주 사용하셨다. 바울도 그의 편지들의 첫머리에 평안의 축복을 자주 사용하였다. 예수께서는 전도하라고 제자들을 파송하실 때, 제자들에게 그들이 머무르는 집에 평안의 축복을 빌라고 말씀하셨다(눅 10:5). 나는 개인들과 단체들에 자주 평안의 축복을 하였고, 그 때마다 그들이 하나님의 평안이 자신들에게 임한다고 느끼는 것을 발견했다. 성경에 흔히 나오는 또 다른 축복들은 은혜, 기쁨, 긍휼, 사랑, 믿음 등이다.

저주 또한 성경에서 흔한 것이고, 매우 진지하게 받아들여진다. 저주는 축복에 반대되는 것이다. 저주는 받은 사람에게 부정적인 영적 능력을 전달하는 메시지이다. 우리는 우리를 저주한 사람들에게 축복으로 응답하라는 명령을 받는다(마 5:44; 롬 12:14).

우리는 또한 예수의 이름으로 다른 메시지들도 축복할 수 있다(예를 들어, 설교, 강의, 편지들). 이렇게 '기름부음을 받은' 메시지들은 하나님의 능력을 부여받음으로 인간의 메시지만으로 전달할 수 있는 것보다 더 많이 하나님의 의지를 전달할 수 있다. 설교들은 그런 축복을 받을 수 있고, 또 그런 축복을 받아야 한다. 또한 성찬의 요소들도 역시 그런 축복을 받을 수 있고 또 그런 축복을 받아야 한다(고전 10:16).

이런 유형의 메시지를 모조한 것이 우리가 마술이라고 부르는 일종의 의식적인 메시지이다. 마술적인 메시지는 그 자체에 능력이 부여되었다고(대개 무의식적으로) 가정하는 특별한 단어, 어구, 몸짓 등을 사용하여 초자연적인 존재들이 그것들을 사용하는 자에 대해 우호적이 되도록 강요한다.

종종 미국인들은 우리가 사용하는 커뮤니케이션의 수단들에 대한 그런 '미신적' 태도로부터 우리가 자유롭다고 생각한다. 그러나 고풍의 언어('thee'나 'thou'와 같은)와 '무익하게 반복하는' 일련의 어구들('우리의 자비하신 하늘 아버지'〔our gracious Heavenly Father〕, '그리스도의 보혈', '아멘'과 같은)에 대한 많은 그리스도인들의 애착은 어떤 다른 식으로 설명하기 어렵다. 사람들은 기도와 그 밖의 다른 예배 의식을 하나님께 복종하는 수단으로 여기기보다는 오히려 하나님을 조종하는 수단으로 여기는 마술적인 태도를 매우 종종 드러낸다.

이상이 커뮤니케이터와 수령자 모두가 사용법을 알고 배울 필요가 있는 메시지 유형들이다. 현명한 커뮤니케이터들은 자신들이 의도한 목적들에 기여하는 데 가장 적당한 메시지 유형들을 선택하기 위해 이런 지식을 확실하게 관리할 것이다. 위의 논의에서 명백하게 나타낸 바와 같이, 메시지 유형들은 언제나 단독으로 사용되지 않는다. 매우 종종 커뮤니케이션이 하나 이상의 유형을 포함하는 것을 발견할 것이다. 그리고 메시지도 그 안에 위에서 말한 기능들 중 하나 이상을 함께 가지고 있을 것이다.

우리가 커뮤니케이션하는 바의 충격에 대한 4장의 내용에 이 내용을 관련시켜 볼 때, 메시지 유형이 메시지가 전하는 충격과 많은 관계가 있다는 사실을 중요하게 지적할 수 있다. 오래 떨어져 있던 사람들 사이의 인사와 같은 정황적 특징들이나 감정 표현의 계속적인 고조와 같은 대화자의 내적 요인들이 참여자들을 고도의 충격을 받을 수 있는 조건을 만들지 않을 때, 양식화 메시지들은 거의 고도의 충격을 주지 못한다. 이와 마찬가지로 정보 메시지들도 고도의 충격을 줄 것으로 기대될 수 없다. 그러나 만일 제시되는 정보들이 놀랍거나 수령자들과 특별히 관련이 있다면, 그 정보들은 상당히 충격적일 것이다. 반면에 적절한 환경이 주어지기만 한다면 도구적, 설득적 메시지들은 종종 고도의 충격을 줄 수 있다. 여기에서 중요한 원리 한 가지는 충격이 메시지의 유형과 환경간의 조화에 좌우되기 쉽다는 것이다. 그러므로 커뮤니케이터는 충격을 전하기에 충분히 적합하지 않은 메시지의 종류나 환경에서 너무 많은 충격을 기대해서는 안 된다.

4. 청중의 규모와 유형

메시지가 제시될 때와 해석될 때에 메시지에 영향을 미치는 다양한 외적 요인들과 별도로 '주요 메시지'를 제시한다는 것은 불가능하다. 이 외적 요인들의 영향은 매우 크기 때문에 여러 가지 다른 상황에서 메시지는 '동일한' 메시지가 실제로 동일한 메시지가 될 것인지 의심을 가질 수 있다(예를 들어, 4장 초의 예를 보라). 이 요인들이 매우 중요하기 때문에, 본서의 나머지 대부분은 그 외적 요인들의 본질과 영향을 논하는데 할애될 것이다. 수령자들의 중요한 위치(6장), 사용되는 수단들(9장), 그리고 환경의 영향(10장)에 대한 모든 장들이 이 중요한 영역들을 강조할 것이다. 또한 다른 장들의 소단락들도 전달되는 메시지들의 다양성, 메시지 전달자들과 수령자들간의 인격적 관계의 중요성, 그리고 메시지의 내용, 구조, 환경, 수령자들간의 바른 조화의 필요성에 초점을 맞출 것이다.

그러나 그런 문제들에 눈을 돌리기 전에, 우리는 메시지를 받는 청중의 규모나 유형이 메시지와 기술 사이에 어떤 관계가 있는지를 다룰 필요가 있다. 왜냐하면 모든 커뮤니케이션 상황에 있어 대화의 유형들은 청중의 규모, 그리고 선택된 방법들과 직접적인 상호 관계가 있기 때문이다. 이런 사항들은 보통 메시지 내용의 일부로 고려되지는 않지만, 전달되는 메시지에 있어 매우 기본적인 것들이다.

이 상호 작용의 유형들은 개인 내부로부터 대중 전달 매체로 이어지는 연속으로 도식화될 수 있다.

개인 내부→ 대인→ 소집단→ 공개→ 매체

    축도의 한끝에는 혼자서 자신에게 말을 하는 개인 내부의(intra-personal) 커뮤니케이션이 있다. 두 사람간에 대화는 대인(interpersonal) 커뮤니케이션이다. 한 명 이상의 커뮤니케이터들이 여러 명의(대략 25-30명까지) 수령자들과 대화할 때, 우리는 소집단(small group) 커뮤니케이션이라고 말한다. 공개(public) 커뮤니케이션이라는 용어는 한 명의 커뮤니케이터가 상당히 큰 집단을 상대로 말을 상황(강의나 설교 같은)을 언급하는 데 사용된다. 라디오, 텔레비전, 인쇄물과 같은 확대 장치들이 사용될 때, 우리는 매체(media) 커뮤니케이션이라고 말한다. 종종 매스 커뮤니케이션(mass communication)이라는 용어는 공개적인 상황과 매체 상황 각각을 또는 두 가지 모두를 언급하는 데 사용된다.

    이런 각각의 명칭들은 직접적으로는 청중의 규모를 지적하고, 간접적으로는 참여자들간의 대화의 종류를 지적한다. 대화 자체의 종류나 본질은 메시지의 일부분이 된다. 예를 들어, "사랑해"(I love you)와 같은 메시지를 보자. 만일 이 메시지가 텔레비전이나 라디오를 통해 보이지 않는 청중에게 말해진다면, 이 메시지는 우리가 사랑하는 사람에게 직접 말할 때와 매우 다르게 이해될 것이다. 어떤 메시지가 어떤 한 사람에게 말해질 때, 커뮤니케이터의 삶이 그 말을 보완하는 방식으로 수령자와 인격적으로 연루되고자 하는 커뮤니케이터의 의도에 대한 의심은 거의 없다. 그러나 받아들이는 집단이 너무 크거나 전자나 인쇄 매체를 통해서 메시지를 받을 때, 수령자들은 비록 자신들이 그 말을 삶과 연루된 행동으로 보완되는 것으로 받아들이려고 애를 써도, 아마 그 메시지를 보내는 사람이 자신들을 알아보지도 못할 것이라는 사실을 알고 있다. 이 지식이 메시지를 변하게 한다.

    어떤 점에 있어 모든 커뮤니케이션은 결국 두 사람간의 대화로 요약된다. 우리가 마음 속으로 혼잣말을 할 때, 두 대화자는 우리 자신의 두 부분으로 볼 수 있다. 한 명 이상의 다른 사람들과 이야기할 때, 우리는 마치

각 사람과 개별적으로 말하는 것 같지만 모두 동시에 말하고 있는 것이다. 소집단 커뮤니케이션과 공개 커뮤니케이션에서 이 커뮤니케이터와 수령자의 관계는 그들이 서로 얼마나 잘 아는지, 그리고 장소의 규모, 좌석 배치, 커뮤니케이터와 수령자들 간의 거리라는 공간의 문제들과 같은 요인들로 복잡하게 뒤얽혀 있다.

　매체 커뮤니케이션에 있어 이 관계는(대인 상황에서와 마찬가지로) 일 대 일 상황일 수도 있지만, 매체의 개입은 인격적 접촉을 방해한다. 이 경우의 예외는 수령자가 내면적으로 그 상황을 개인화할 때이다. 이런 내면화 과정은 특별히 중요한데, 그 이유는 독자가 수령자의 역할과 커뮤니케이터로서의 작가의 역할을 모두 담당해야 하기 때문이다. 독자들은 한편으로는 책에 의해 자극을 받는 내적인 대화를 하고, 다른 한편으로는 작가가 썼다고 그들이 이해하는 내용에 대한 개인적인 반응들에 의해 자극을 받는 내적인 대화를 한다.

　각각의 커뮤니케이션 사건(event) 넓은 또는 좁은 커뮤니케이션의 격차를 넘어 수행된다. 이 커뮤니케이션의 격차는 각각의 참여자들이 살고 있는 준거 틀 간의 여러 가지 차이에 의해 규정된다. 특히 커뮤니케이션의 주제가 복잡하거나 격차가 넓을 때, 그 격차를 통과하기 위해 신중하게 협상될 필요가 있다. 수령자들이 정확하게 이해를 하려고 할 때, 이 협상은 커뮤니케이터와 수령자들에게 모두 상당한 의견 교환을 요구한다. 매체 커뮤니케이션, 공개 커뮤니케이션, 그리고 심지어 어느 정도는 소집단 커뮤니케이션의 정황에서도 수령자들의 해명을 요구할 수 있는 기회를 축소함으로 이 의견 교환이 심하게 방해 받는다. 매체의 사용 그리고(또는) 상당히 큰 수령자 집단의 참석은 잘못 이해된 메시지들이 수정되지 않을 가능성을 훨씬 증가시킨다.

　이런 식으로 청중의 규모는 커뮤니케이션의 본질에 영향을 미친다. 이 영향은 메시지에도 관여한다. 메시지를 환경과 조화시키고자 할 때, 유능한 커뮤니케이터들은 청중이라는 요인들을 심각하게 고려한다.

5. 커뮤니케이션의 기술

유능한 커뮤니케이터들은 또한 자신들이 사용하는 커뮤니케이션의 방법이나 기술의 선택에 유념한다. 사람이 다른 사람들과 커뮤니케이션으로 대화하는데 사용하는 방법들은 최소한 세 가지가 있다. 이 방법들은 위에서 논의했던 청중의 대인 관계 유형, 소집단 유형, 그리고 공개 유형과 밀접한 관계가 있다. 공개 커뮤니케이션에서 사용되는 기술은 대개 독백(monologue)이다. 소집단에게는 보통 대화(dialogue)나 토론의 접근법이 가장 만족스럽다. 매우 작은 집단들이나 개인들에게 가장 효과적인 방법은 내가 삶의 연루(life involvement)라고 부르는 것이다. 이 각각의 커뮤니케이션 방법은 정해진 규모의 청중과 상황에 또는 특정한 메시지 유형들에 효과적이다.

그러나 커뮤니케이터는 청중이 전달되는 메시지와 함께 사용되는 전달 방법을 해석한다는 사실을 고려해야 한다. 그러므로 전달 방법이 전달하는 메시지를 방해할 수도 있는데, 특별히 방법과 메시지와 상황 간에 조화가 부족할 때 그러하다. 빅토리아 여왕이 "글라드스톤(Gladstone) 씨는 항상 내가 공개 집회에 있는 것처럼 연설한다"고 불평하면서 지적했던 것이 바로 이 조화의 부족이다. 한 사람에게 어떤 메시지를 말하면서 마치 백 명의 사람들에게 하는 것처럼 말할 때, 그 메시지는 방법 선택이 부적절함으로 인해 심각하게 곡해될 위험에 놓인다.

커뮤니케이터의 목적, 메시지의 내용, 상황적 요인들, 그리고 사용되는 방법의 종류와 용도가 조화를 이룰 때, 메시지는 가장 효과적으로 전달된다. 여기서 고려되는 세 가지 방법과 관련하여 각 요인들이 각 방법들과 조화를 이루는 방법에 대해 검토를 해보는 것이 적절할 것이다.

우선, 이 세 가지 방법들이 각각 갖고 있는 특성들을 주목하자. 이미 언급한 것처럼, 독백의 접근법은 상당한 규모의 집단을 대상으로 하는 공개 커뮤니케이션에 적합하다. 대체로 그런 상황은 매우 형식적일 것이고, 수령자들은 줄을 맞추어 앉고 커뮤니케이터는 그들 정면의 높은 단 위에 놓인 강대 뒤에 설 것이다. 전체 전달 과정 동안, 또는 거의 모든 전달 과정 동안, 커뮤니케이터는 청중으로부터 오는 피드백을 얻을 기회가 거의 또는 전혀 없을 것이다. 메시지는 미리 준비되었을 것이고, 커뮤니케이션 과정 동안 거의 또는 전혀 수정이 없을 것이다. 그 메시지는 어떤 개인들이나 청중 중의 소집단들에게 호소하기보다는 청중 전체에게 호소하는 것으로 작성될 것이다.

앵글로 색슨계 백인 신교 교회에서 이 방법이 정상적으로('진지하게' [sedate]) 사용될 때, 그 메시지는 정보 제공적이며 이해하기 쉽게 만들어지는 경향이 있고, 어떤 행동의 모범(공개적으로 말하는 행동을 제외하고)이나 발견 학습은 거의 포함되지 않을 것이다. 보다 인격적인 방법들에 비교할 때, 독백의 방법은 매우 짧은 시간 안에 상당한 양의 정보를 다룰 수 있다. 그런 메시지에 대한 신뢰성은 화자의 명성과 상당히 밀접한 관련을 갖는 경향이 있다. 그런 메시지가 전달되고 있는 동안, 메시지에 대한 응답에 있어서 청중은 비교적 수동적일 것이다.

커뮤니케이터는 자신의 메시지에 대해 흥분을 나타내고 청중들에게 보다 더 큰 영향을 끼치기 위해 그 메시지의 적용에 대한 예증을 전개할지 모른다. 그와 같은 노골적인 공약은 커뮤니케이터의 언어적 능력과 결합되고 청중이 필요한 것이라고 느껴질 때 적어도 청중의 태도의 변화, 그리고 아마 행동에도 약간의 변화를 간혹 일으킬 수도 있다. 그러나 이런 상황에서 사용되는 이런 방법은 참여자들로 하여금 그 메시지를 동기를 부여하는 것으로 생각하게 하기보다는 주로 정보를 제공하는 것으로 생각하게 하며, 제시되는 내용은 행동을 위한 진정한 호소라기보다는 연기로 생각하게 한다. 청중들의 지식은 증가되지만, 대개 그들은 자신들이 들은 바를 자신들의 삶에 적용하기가 매우 어렵다고 생각한다.

특정한 교회 상황들(특히, 흑인 교회들이나 복음전도 집회들)에는 고조된 감정의 독백(high-emotion monologue)이라 불리는 전통이 존재한다. 이런 상황들에서는 위에서 설명한 보다 진지한 독백보다는 화자와 청중 사이에 더 큰 감정적 연루를 야기하는 여러 가지 기술들이 사용된다. 진지한 독백과 비교할 때, 보통 고조된 감정의 독백은 보다 적은 정보, 보다 많은 반복, 청중의 더 많은 참여, 화자의(때로는 청중들의) 보다 더 넓은 범위의 몸짓과 음성의 변화와 신체 움직임의 사용, 그리고 메시지를 제시하기 위한 더 많은 시간이라는 특징을 나타낼 것이다. 진지한 독백과 고조된 감정의 독백 간의 주요한 차이는 고조된 감정의 독백을 사용하는 사람들이 감정적인 응답을 일으키기 위해 계획된 극적인 상호 작용의 기술들을 훨씬 더 많이 사용한다는 것이다.

집단의 리더와 다른 구성원들 사이에 지속적인 의견 교환이 이루어지는 문답식 대화(dialogical interaction)는 집단이 작을 때 훨씬 더 적합하다. 대화나 토론의 형식은 보통 독백의 상황보다 훨씬 덜 형식적이다. 또한 대화나 토론의 형식은 똑같은 양의 정보를 다룰 때 훨씬 더 많은 시간을 필요로 한다. 왜냐하면 정보가 독백에 의해 전달될 때보다 더욱 자세히 논의되고 더 구체적으로 적용되기 때문이다. 독백의 상황에서 화자는 청중에게 거의 인간적으로 나타나지 않는 것이 요구되기 때문에 화자의 명성이 극히 중요할 것이다. 반면에 대화에서는 커뮤니케이터의 인간적인 특성들이 더 많은 비중을 지니고 상대적으로 명성은 비중이 적다.

토론에서 수령자들은 독백에 귀기울이고 있을 때처럼 수동적이 될 수 없다. 왜냐하면 토론에는 피드백, 커뮤니케이터에 의한 조정, 수령자의 발견 학습을 위한 상당한 기회가 있기 때문이다. 따라서 대화는 사람들의 사고에 영향을 미치는 데 있어서 독백보다 더 큰 잠재력을 갖고 있으며, 이와 같은 사고의 변화들을 통해 다른 행동에도 영향을 끼치는 높은 잠재력을 갖고 있다. 수령자들은 대화 모임을 통해 단지 정보를 얻을 뿐만 아니라 어떤 문제들을 해결하려고 노력했다는 의식을 가지고 대화 모임을 떠나게 된다. 그러나 수령자들의 전체 행동에 영향을 끼치는 수단으로 삶의 관계(life involvement)에 대신할 것이 없다. 삶의 관계에서 커뮤니케이터와 수령자들은 가능한 한 폭넓고 다양한 경험 가운데 상당한 시간을 함께 보낸다. 예수의 제자들이 날마다 예수와의 대화에서 배웠던 것처럼, 어린이들도 가족 안에서 삶의 관계를 통해 배운다. 일정한 양의 정보를 학습하는 데 이 방법은 훨씬 더 많은 시간이 걸리지만, 더 깊은 수준의 이해와 적용으로 전달된다. 삶의 관계는 고도로 비형식적이고, 앞의 두 방법들보다 커뮤니케이터의 모든 행동을 훨씬 많이 볼 수 있게 드러낸다. 게다가 수령자가 권유받는 행동을 습관화할 가능성이 엄청나게 증가된다. 왜냐하면 행동이 오랜 시간에 걸쳐 모범으로 제시되고, 논의되고, 실천되며, 종종 무의식적으로 적용되기 때문이다. 발견 학습뿐만 아니라 피드백과 조정에도 최대의 기회가 있다. 예수께서 자신을 따르는 사람들의 모든 행동에 영향을 끼치는 자신의 목적에 가장 적합한 방법으로 이 커뮤니케이션의 방법을 채택하신 이유는 지극히 자연스럽다.

독자가 이 세 가지 방법들의 세부 내용들과 몇 가지 다른 내용들을 상상하는 데 도움이 될 수 있는 도표는 다음과 같다. 이 도표는 크라프트(Kraft 1979b 44-45)에게서 복사한 것이다.

6. 커뮤니케이션 접근법의 유형학

특 징	접근법1(독백)	접근법2(대화)	접근법3(삶의 관계)
1. 전달방법	독백/강의	대화/토론	삶의 관계
2. 적합한 메시지 유형	일반적인 메시지	생각과 행동에 구체적인 메시지	전체 행동에 구체적인 메시지
3. 적합한 청중	대규모 집단	소집단	개인이나 매우 작은 집단
4. 주어진 양의 정보에 요구되는 시간	소	중	대
5. 상황의 형식	형식이 지배적인 상황	비형식이 두드러지는 상황	비형식이 지배적인 상황
6. 커뮤니케이터의 특성	명성이 중요함	인격적 특성이 중요	전체 행동이 중요함
7. 참여자의 초점	출처 지배적인 초점(메시지)	메시지가 두드러진 초점(출처-수령자)	수령자 지배적인 초점(출처-메시지)
8. 수령자의 활동	수동적-듣기만 함	상당한 정신 활동	전체 삶의 관계

9. 주요 메시지에 대한 의식	높음(출처와 수령자 모두에 있어)	중 간	낮음(아마 모순된 언어적 메시지에 있어)
10. 강화와 보유	낮 음	중 간	높 음
11. 피드백과 조정 기회	거의 없음	상당한 기회	최대의 기회
12. 수령자에 의한 발견	거의 없음 - 이해하기 쉬운 메시지	상당한 발견	발견을 위한 최대의 기회
13. 동일시의 유형	출처가 주로 메시지와 동일시된다	서로의 생각에 대한 상호적 동일시	모든 삶에 대한 인간적 수준에 있어 출처와 수령자의 상호적 동일시
14. 수령자에 대한 충격	감각 요구가 충족되지 못할 때 낮음	사고에 있어 잠재적으로 높음	전체 행동에 있어 최대
15. 접근법의 적합한 목표	지식 증가	사고에 대한 영향	전체 행동에 대한 영향

이 커뮤니케이션의 방법들에 대해 나는 두 가지 문제를 제기하고자 한다. 첫 번째 문제는 각각의 기술이 기독교 커뮤니케이션의 목표들을 위해 적절한가 하는 것이다. 두 번째 문제는 독백의 적응성, 특히 정보나 감정적 자극의 단순한 전달 이상의 목표들에 있어 독백의 적응성에 대한 것이다.

(1) 적절성(adequacy)

첫 번째 문제인 적절성에 대해서이다. 나는 앞에서 기독교 커뮤니케이션의 주요 목표들이 인격적인 목표들이라고 믿는다고 진술한 바 있다. 기독교 커뮤니케이션의 목표들은 하나님에 대한 수령자들의 헌신의 발전과 성장, 그리고 그 헌신을 더욱 지속적인 것으로 만들기 위해 수령자들의 행동에 있어서의 변화들과 관계가 있다. 성경은 더 많은 정보를 얻으려는 사람들의 욕구에 거의 또는 전혀 초점을 맞추고 있는 것 같지 않다. 실제로 성경에 정죄를 받는 사람들 중 일부는 정보를 덜 가졌다면 한결 나았을지도 모른다(요 9:41, 15:22, 눅 12:47-48). 그러나 개신교 기독교 신앙에서 가장 두드러지는 커뮤니케이션의 수단은 설교-정보 지향적인 기술-이다.
　반면에, 예수께서 선택하셨으며 행동 변화를 일으키는 데 가장 효과적으로 보이는 기술은 성직을 특징짓는 사람들과 성직을 위해 준비하는 사람들이 큰 무리 앞에서 설교하는 것에 초점을 두기 때문에 크게 무시되는 것 같다. 메시지의 인격적인 본질은 주로 우리가 설교보다는 오히려 목회에 더 관심을 갖기를 요구하지 않을까? 우리도 큰 무리 앞에서의 거의 비인간적인 공연을 하는 것보다 예수처럼 관리하기 쉬운 규모의 집단들과 인격적인 대화를 더 선호해야 하지 않을까?

(2) 적응 가능성(adaptability)

　두 번째 문제는 적응 가능성에 대한 것이다. 보통 행동의 변화를 일으키는 데 더 효과적으로 사용될 수 있는 방법에 독백이 적응될 수 있을까? 어느 정도는 적응 가능하다고 대답할 수 있다. 그러나 독백으로 행동 변화를 일으키기 위해 커뮤니케이터는 독백의 방법을 보다 더 인격적으로, 그리고 보다 덜 웅변적으로 사용하면서 지적인 내용보다는 메시지를 인격화하는 데에 더 주의를 기울여야 할 필요가 있을 것이다. 왜냐하면 독백의 진지한 접근법과 고조된 감정의 접근법은 모두 상당히 비인격적이고 평범한 의식(ritual)으로 바뀌기 쉽기 때문이다. 그와 같은 의식은 종종 집단의 내적인 단결을 강화시키는 가치를 갖고 있지만, 보통 그 집단의 구성원들이 예배를 마치고 외부 세계로 갈 때, 그들의 삶에 거의 영향을 나타내지 못한다.
　진지한 독백 방법은 인류가 근본적으로 이성적이고 지성적이라는 가정에 기초를 두고 있는 것 같다. 그러므로 이성적인 형태로 설득력 있게 제시되는 정보는 사람들을 변화시키고 성장하도록 동기를 부여하는 데 충분하다고 추정된다. 그리고 고조된 감정을 일으키고자 설계된 접근법들은 인간들이 근본적으로 감정적이므로, 따라서 인간들이 이미 대부분 인식하고 있는 바를 행동으로 옮기도록 자극 받을 필요만이 있을 뿐이라는 가정에 바탕을 두고 있는 것 같다. 이 두 가지 가정은 모두 어떤 특정한 청중의 적은 부분에는 정확할지 모른다. 그러나 커뮤니케이터들은 자신들의 임무를 보다 넓게 살펴 볼 필요가 있다.

독백의 이 두 가지 형식들 중 어떤 한 가지에 붙들려 있는 커뮤니케이터들은 위의 유형학에 명시된 고려 사항들과 관련하여 자신들의 목표들을 검토해 봄으로 도움을 얻을 수 있다. 만일 그들의 목표들이 삶의 관계라는 접근법에 의해 가장 잘 충족되는 목표들과 보다 유사하다면, 그러한 커뮤니케이터들은 자신들의 진정한 목표들을 촉진시키는 방법으로 자신들이 사용하는 독백을 수정하려고 노력해야 한다. 대개 보다 진지한 접근법을 사용하는 커뮤니케이터들은 형식을 줄이고(위의 도표 5번), 청중과 더 충실하게 교제하고(6번), 보다 더 구체적이고 보다 덜 일반적인 메시지를 제시하고(2번), 정보의 양을 줄이고 상대적으로 적용의 예화를 늘이고(4, 6, 7번), 청중을 메시지에 연루시키는 방법을 추구하고(8번), 보다 많은 청중 피드백을 권유하고 수정하며(11번), 수령자들이 커뮤니케이터와 동일화하는 능력을 늘리고(13번), 수령자들이 자신들의 삶을 위한 메시지의 중요성을 발견할 수 있는 가능성을 늘리는(12번) 것과 같은 변화들을 가짐으로 자신들의 유효성을 증가시킬 수 있을 것이다.

또한 이러한 '진지한' 커뮤니케이터들은 형식적인 상황 밖에서 수령자들과 함께 시간을 보낼 수 있는 모든 기회를 잡아야 한다. 목사들에게 있어서, 이런 기회는 교인들을 평상시뿐만 아니라 어려움이 있을 때 가정과 직장과 그 밖의 모든 곳을 심방하는 것을 의미한다(이 주제에 대해서는 Kraft 1979b: ch. 4p를 보라; 또한 Chartier 1981에서 인격화하는 설교를 특별히 훌륭하게 다루는 것을 보라).

다음으로, 고도로 감정적인 설교자들은 때로 도표에 나타난 바와 반대 방향의 조치를 취할 필요가 있다. 그들은 너무 단조로워 활기가 떨어지는 결과를 피하기 위해 더 많은 정보를 주는 내용과 보다 더 다양한 기술들을 사용할 필요가 있고, 단지 연기를 하는 것에 불과한 경향을 탈피함으로 커뮤니케이터에 의해 메시지가 방해 받지 않도록 할 필요가 있을 것이다. 또한 고도로 감정적인 설교에도 앞에서 언급한 삶의 관계의 특징들이 종종 부족하므로 그런 특징들을 보충해야 한다. 더욱이 그런 설교자들은 그들과 대조되는 진지한 설교자들과 마찬가지로 그들의 교인들의 영역에서 교인들의 화제 거리들을 놓고 가능한 한 충실하게 그들과 의미 있는 대화에 열중할 필요가 있다.

왜냐하면 고조된 감정의 독백조차도 역시 독백에 불과하기 때문이다. 그리고 비록 그러한 정보보다는 감정에 초점을 맞춤으로 적어도 설교를 비형식적이고 인격적인 모습으로 보이게 할지라도, 그 방법에 수반되는 양식화(stylization)는 커뮤니케이터와 수령자를 멀어지게 한다. 따라서 진지한 독백과 마찬가지로 고조된 감정의 독백도 그 강도를 최대화하고자 한다면, 참여자들간의 추가적인 개인 대 개인의 접촉을 요구한다.

우리의 결론은 이런 두 가지 유형의 독백 중 어느 쪽도 어느 정도 적응될 수 있고, 그 충격은 대화의 충격이나 또는 심지어 삶의 관계의 충격과 매우 유사하다는 것이다. 그러나 그런 적응들은 단지 거기까지만 가능하다. 최선의 방법은 주일 아침 집회와는 다른 정황들에서 동일한 수령자들과의 대화와 삶의 관계에 독백을 적응시키거나 결합시키는 것이다. 물론 이렇게 여러 가지 용법들을 결합시키는 이유는 이미(개인 대 개인의 접촉으로 인해) 흥미를 갖고 있고 공감하는 사람들이 대개 다른 메시지들보다는 독백의 메시지를 더 잘 받아들이기 때문이다. 그 다음에 이 흥미를 유지시키는 방법은 공개 커뮤니케이션이 허용하는 상황보다 더 인격적이고 친밀한 상황들에서 정기적으로 수령자들과 대화를 하는 것이다(이 주제에 대한 더 많은 내용은 Kraft 1979b: 43-60를 보라).

2장에서 언급했던 것처럼, 나는 하나님께서 선호하시는 수단으로 대인 관계, 삶의 관계 커뮤니케이션을 택하신 이유가 있다고 믿는다. 예수께서는 마이크, 확성기, 심지어 위성 통신을 발명하실 수 있으셨다. 그러나 나는 예수께서 하시기 원하셨던 일을 하는 유일한 방법은 예수께서 택하신 방법이라고 생각한다. 왜냐하면 예수께서는 자신의 가장 중요한 사역으로 수령자들의 행동에 완전하게 영향을 끼치고자 하셨기 때문이다. 그러나 최고의 삶의 관계는 청중의 규모를 엄격하게 제한한다. 우리와 마찬가지로 예수께서도 보다 큰 집단들에 말씀하실 때(예를 들어, 산상 설교와 마 23

장에 나오는 바리새인들에 대한 통렬한 비난의 설교)에는 독백의 방법에 의지하여 단지 정보 전달만 하셨다. 그렇지만 예수께서 선호하신 방법은 삶의 관계였고 독백은 최후의 수단이었다는 사실을 유념할 필요가 있다. 그러나 불행하게도 많은 교회의 커뮤니케이션은 예수의 우선 순위를 뒤집고 있다.

7. 메시지에 대해 우리가 더 배운 것은 무엇인가?

우리는 메시지의 특징과 유형을 개관했고, 그 특징과 유형을 청중과 기술에 연관시켰다. 그리고 이 이 모든 과정에 있어 우리는 앞장들에서 전개했던 커뮤니케이션의 인격성에 대한 기본적인 가정들을 전제로 했다.

커뮤니케이션의 필연성과 메시지의 만회 불가능에 대한 지적은 매우 진지한 출발점이었다. 만일 우리가 커뮤니케이션을 관리하는 법을 배우는데 관심이 있다면, 이런 정보를 알지 못하는 것보다는 아는 것이 더 낫다. 따라서 메시지의 여러 유형들을 아는 것은 메시지를 보내는 자이자 받는 자인 우리가 메시지가 속한 기능적 범주를 확인하는 데 도움이 된다. 의도한 유형과 실제의 유형이 종종 불일치하기 때문에, 이런 지식은 우리가 의도하는 바를 보다 자주 실제적으로 제시할 수 있는 능력을 증대시켜야 한다. 그럴 때에 우리는 효과적인 부호와 내용과 표현법에 따라 수령자들의 정황 가운데에서 바람직한 충격을 주는 메시지를 제시할 수 있을 것이다. 하나님의 메시지를 커뮤니케이션하고 또한 그 메시지가 되라는 소명을 받은 사람들의 목표는 이보다 덜할 수 없다.

Communication Theory for Christian Witness

제6장 **중요한 참여자: 수령자**

1. 수령자의 해석의 중요성

커뮤니케이션 과정에 대해 배우면 배울수록, 우리는 커뮤니케이션의 수령자가 이 과정에서 얼마나 중요한지에 대해 더 크게 인식하게 된다. 우리가 대인 관계의 대화를 통해 사람들에게 깊이 영향을 끼치든지, 또는 단순하게 강의나 설교로 정보를 전달하기만 하든지, 그 결과가 어떠할 것인지에 대한 마지막 결정권을 가진 사람은 바로 수령자이다. 따라서 우리는 커뮤니케이션을 시도할 때 수령자의 쪽에서 진행되고 있는 일에 대해 가능한 한 많이 배울 의무가 있다.

심지어 '그냥 앉아 있는' 것처럼 보일 때에도 수령자들은 활동하고 있다. 그들은 자신들에게 보내지는 모든 것에 대한 단순한 수동적인 수령자들이 아니다. 그들은 미리 정해져 있기보다는 오히려 즉석에서 결과가 결정되는 교류 과정에서 상호 작용을 하고 있다. 비록 상호 신뢰와 호의가 많은 도움을 주지만, 수령자에게 메시지를 커뮤니케이터가 의도한 방법으로 해석하도록 강요하는 것은 아무것도 없다. 그러므로 신뢰와 호의를 쌓는 것(적어도 함부로 쓰지 않는 것)은 효과적인 커뮤니케이션 대화에 있어 중요한 부분이 된다. 만일 우리가 수령자들이 누구이며 어디에 있는지를 이해하고 충분히 고려한다면, 신뢰와 호의의 축적은 보다 더 가망성이 있을 것이다. 해석하고 있는 사람이 누구인가에 따라 어떤 특정한 커뮤니케이션이 한 가지 이상의 해석이 될 수 있다는 사실을 예증하는 많은 성경 구절들이 있다.

다음의 요한복음 7장의 구절에서 다양한 해석의 가능성을 주목하라.

> 그 형제들이 명절에 올라간 후 자기도 올라가시되…(10절a)
> 예수께 대하여 무리 중에서 수군거림이 많았다 혹은 좋은 사람이라 하며 혹은 아니라 무리를 미혹하게 한다 하나(12절)
> 이미 명절의 중간이 되어 예수께서 성전에 올라가사 가르치시니 유대인들이 기이히 여겨 가로되 이 사람은 배우지 아니하였거늘 어떻게 글을 아느냐 하니(14-15절).
> 모세의 율법을 폐하지 아니하려고 사람이 안식일에도 할례를 받는 일이 있거든 내가 안식일에 사람의 전신을 건전케 한 것으로 너희가 나를 노여워하느냐(23절)
> 예루살렘 사람 중에서 혹이 말하되 보라 드러나게 말하되 저희가 아무 말도 아니하는도다 당국자들은 이 사람을 참으로 그리스도인 줄 알았는가 그러나 우리는 이 사람이 어디서 왔는지 아노라 그리스도께서 오실 때에는 어디서 오시는지 아는 자가 없으리라 하는지라(25절a, 26-27절)
> 저희가 예수를 잡고자 하나… 무리 중에 많은 사람이 예수를 믿고 말하되 그리스도께서 오실지라도 그 행하실 표적이 이 사람의 행한 것보다 더 많으랴 하니(30절a, 31절)
> 너희가 나를 찾아도 만나지 못할 터이요 나 있는 곳에 오지도 못하리라(34절)

> 이에 유대인들이 서로 묻되 이 사람이 어디로 가기에 우리가 저를 만
> 나지 못하리요 헬라인 중에 흩어져 사는 자들에게로 가서 ... 나를 찾
> 아도 만나지 못할 터이요 나 있는 곳에 오지도 못하리라 한 이 말이 무
> 슨 말이냐 하니라 (35절a, 36절)
>
> 무리 중에서 혹은 이가 참으로 그 선지자라 하며 (40절)
>
> 혹은 그리스도라 하며 (41절a)
>
> 어떤 이들은 그리스도가 어찌 갈릴리에서 나오겠느냐 ... 예수를 인하여
> 무리 중에서 쟁론이 되니 (41절b, 43절)

이렇게 가지각색의 해석의 가능성을 가정할 때, 커뮤니케이터들이 자신들의 메시지를 받는 사람들에 대해 이해하기 위해 무엇이 필요할까? 수령자들에게 영향을 끼치는 적어도 세 가지의 배경 조건들(즉, 수령자들의 욕구, 그들의 준거 집단, 그들의 헌신)과 더불어 일곱 가지 활동들을 알면 도움이 될 것이다.

2. 수령자들이 갖고 있는 욕구

자신들이 어떤 사람이고 누구인가에 대해서 완전하게 변함없이 만족하는 인간은 분명히 거의 없다. 그리고 어떠한 문화 체계나 생활 양식도 삶의 모든 의문들에 답을 주는 것 같지 않다. 문화 체계에 의해 방치되었거나 부적절하게 다루어지는 것으로 인식되는 문제들은 보통 '감각 욕구들'(felt needs)로 언급되는 것에 귀착한다. 이런 감각 욕구들은 표면적으로 느껴질 수도 있고 보다 깊은 수준에서 느껴질 수 있다. 음식, 주거, 돈, 수송 기관, 등에 대한 욕구와 표면 수준의 욕구들은 대개 사람이 쉽게 표현할 수 있는 것들이다.

그러나 관심을 가져줄 수 있는 누군가에 대한 욕구, 또는 깊은 관계를 가질 수 있는 궁극적인 목적에 대한 욕구와 같은 깊은 수준의 요구들은 매

우 예민하게 느껴질지도 모르지만, 종종 인간의 표현 능력이나 또는 심지어 인지 능력의 범위를 넘는 것들이다. 현명한 커뮤니케이터들은 응답자들이 특별히 표면 수준에서 느끼는 욕구들을 발견하여 자신들의 메시지에 적응시킴으로 응답자들이 자신들의 감각 욕구와 관련된 것으로 받아들이게 하려고 노력한다.

부자 청년(마 19:16-22), 소경 바디매오(막 10:46-52), 그리고 사마리아 여인(요 4장)과 같은 사람들과 예수의 대화에서, 각 수령자는 자신의 감각 욕구를 분명하게 표현했고, 예수께서는 그 사람을 욕구의 보다 깊은 인식으로 인도하기에 앞서 그 욕구를 처리하셨다. 마찬가지로 예수의 제자들은 예수와 스승 제자의 관계에 있었기 때문에, 자주 자신들의 감각 요구들을 질문의 형태로 예수에게 표현했다. 그러나 니고데모의 경우에 있어 예수께서는 표면 아래에 잠재되어 있는 욕구, 또는 그가 전혀 의식하지 못하고 있는 욕구에 대한 의식을 일깨우기 위해 노력하셨다. 예수께서는 비록 니고데모에게는 상당히 친절하게 대하셨지만, 다른 유대교 지도자들에게는 그들이 자신들의 욕구를 인식하도록 자극을 주시기 위해 종종 매우 과격한 방법에 의존하셨다(예를 들어, 마 23장을 보라).

커뮤니케이션의 다른 모든 영역들에서와 마찬가지로, 이 영역에서도 우리는 연루된 다른 요인들과는 상관없이 인식을 다루고 있다. 즉, 우리는 객관적인 현실과는 상관없이 수령자의 현실을 다루고 있다. 그러므로 커뮤니케이터의 생각에 수령자의 기본적인 욕구라고 믿는 것이 무엇이든지 간에, 커뮤니케이터의 전략은 수령자가 중요하다고 인식하고 기꺼이 논의하고자 하는 것을 발견하고 다루어야 한다. 커뮤니케이터는 응답자가 다루어도 좋다고 허락하는 것을 다룸으로 응답자의 개인 영역으로 들어가는 허락을 얻어야 한다. 오직 그럴 때에, 즉 표면 수준의 문제들을 다루는 능력을 증명함으로 일단 커뮤니케이터의 신뢰성이 수립되었을 때, 그는 수령자들에게 그들 자신이 깨닫지 못하고 처리하지 못하는 문제들을 가지고 있다고 과감하게 말할 수 있다. 커뮤니케이터는 수령자들의 더 가려운 곳들을 찾는 것을 허용 받기에 앞서 그들이 가렵다고 알고 있는 곳을 긁어줄 필요가 있다.

이따금 수령자들의 감각 욕구가 강하기 때문에, 또는 커뮤니케이터의 명성과 같은 요인들에 대한 수령자들의 반응 때문에, 그들은 커뮤니케이터가 매우 깊은 수준의 욕구들에 접근하는 것을 금방 허락하기도 할 것이다.

그러나 전형적인 과정은 다음과 같은 과정들을 수반한다: (1) 감각 욕구의 확인과 그것이 정말로 감각 욕구라는 양 대화자간의 동의, (2) 확인한 감각 욕구의 처리, 그리고 그 과정에서 (3) 한 가지 또는 그 이상의 보다 더 깊은 욕구들을 확인하고 감각 욕구의 수준으로 높이는 것, (4) 한 가지 또는 그 이상의 깊은 욕구들의 처리, 그리고 (5) 이 과정이 지속되면서 또 다른 한 가지 또는 그 이상의 욕구들을 발견하여 처리하는 것.

표면에 있는 욕구들이라도 감각 욕구들은 매우 인격적이다. 게다가 감각 욕구들은 수령자와 커뮤니케이터간의 교류와 화합의 문제이다. 즉, 어떤 수령자는 어떤 특정한 커뮤니케이터에게만 자신들의 관계에 있어 적당하다고 생각하는 욕구들을 직접 다루도록 허락할 것이다. 수령자들이 절망적이지 않을 경우에, 공개 커뮤니케이션이나 대중 커뮤니케이션 기술들이 대개 감각 욕구들을 드러내거나 처리하는 데 부적절한 수단인 이유가 바로 이 때문이다.

그러나 감각 욕구들은 거기에서부터 삶의 변화가 권장되고 성취될 수 있는 시금석이다. 그리고 기독교 메시지는 삶을 변화시키려고 하는 것이다. 그러므로 기독교 커뮤니케이터들이 감각 욕구의 중요성을 인식하고, 수령자들을 자극하여 효과적으로 감각 욕구들을 처리하게 하는 커뮤니케이션 기술들을 사용하는 것은 지극히 중요하다.

기독교에는 이 과정을 일으키는 주요한 길이 적어도 두 가지 있다. 첫 번째 길은 대개 교회라고 불리는 집단들로 조직된 진지하고, 관심을 가지고 있고, 애정 있고, 성령의 인도를 받는 그리스도인들을 통한 길이다. 이 교회들은 하나님께서 그들을 통해 이 과정을 경영하시는 가장 중요한 수단이다. 두 번째 길은 세계 인구 중 소수, 즉 성문 형태로 제시되는 메시지들—성경—에 응답할 수 있을 정도로 충분히 읽는 법을 배운 사람들에게 개방된 길이다. 하나님의 기록된 말씀은 이 대화에서 자주 커뮤니케이터의 역할을 수행한다.

적어도 문자 지식과 자유가 보급된 곳에서는 아마 매우 종종 이 두 종류의 수단이 결합되어 사용될 것이다. 대부분의 책들, 특히 전문적인 문체로 쓰여진 책들과 비교할 때, 인격적이며 사례집의 특징을 갖고 있는 성경은 이런 종류의 대화에서 보다 유용한 수단이 된다(사례집으로의 성경에 대한 논의에 대해서는 Kraft 1979a: 198-202를 보라). 예를 들어, 사람들이 자신들의 감각 욕구에 얼마나 현실적으로 대처해 왔는가에 대해 자세하게 설명하는 대중적인 책들과 비교해 볼 때, 교과서들은 보다 깊은 욕구들을 자극하고 처리하는 데 있어서 명백히 서툴다.

3. 수령자는 준거 집단의 일부이다

수령자는 인간이기 때문에 혼자가 아니다. 많은 사회들이 서양 사회들보다 더 집단 지향적이지만, 개인적인 서구 사람들도 행동 변화를 고려할 때, "사람들은 어떤 생각을 할까?"라는 질문을 할 것이다. 수령자들이 관심을 갖는 이 '사람들'은 그들의 '준거 집단'을 구성하는 '중요한 타인들'(significant others)이다. 이들은 응답자들이 가장 중요하게 생각하는 사람들이고, 따라서 만족을 얻는 데 가장 필요한 사람들이다.

우리 모두는 친척, 친구, 사업 동료, 우리가 속한 사회 계층의 구성원들, 이웃, 교회의 교우들, 그리고 우리 자신과 비슷한 관계에 있는 타인들로 이루어진 준거 집단을 가지고 있다. 이들은 종종 지리적으로 우리에게서 꽤 멀리 떨어져 있을 수도 있고, 심지어 우리의 상상 속 허구일지도 모른다. 그러나 이들은 우리가 인식하는 현실에 존재하고, 우리가 변화의 결정을 하려고 할 때 심각한 고려 대상이 된다.

드물지 않게 사람들은 하나 이상의 준거 집단에 의해서 영향을 받는다. 때로 이 영향은 여러 가지 방향에서 오기도 하고 종종 다른 시간대에 오기도 한다. 예를 들어, 복음 전도 집회에서 수령자들은 구원 초청에 응답하는 긍정적인 경향을 갖고 있는 사람들의 큰 집단에 참여함으로 그리스도를 영접하게 된다. 이들은 '다른 모든 사람들'이 그렇게 하는 것으로 보이기 때문에 응답한다. 그러나 나중에 준거 집단의 영향에서 벗어나 다른 준거 집단 사람들과 관계를 가짐으로 그들은 의문을 제기하고 종종 그 집회에서 진지하게 내렸던 결정을 부인하기도 한다. 현명한 복음전도자들은 이런 현상을 이해하고 새로운 회심자들이 지역 교회의 준거 집단에 신속히 전념하고 참여하도록 돕는 시도를 한다. 이러한 집단은 변화의 결단에 의해 정해진 방향으로 지속적인 격려를 얻고 성장하는 모체를 제공하기에 충분한 내구성을 갖고 있다.

이 모든 사실은 모든 사람이 적어도 하나의 집단과 관계를 갖고 있다는 사실을 강조한다. 그러므로 개인이 의도하고 실행하는 이런 집단들과의 관계에서 의도되고 실행되는 것이다. 어떤 사람이 변화를 의도할 때, 준거 집단의 부정적인 반응이 예상되면 당연히 그 의도를 바꿀 것이다. 또는 집단의 바람에 반하여 변한다면, 나중에 변화를 취소하든가 그 집단을 떠나는 결정을 할 것이다.

집단은 사소하게 여기는 영역들에서의 변화에 대해서는 구성원들에게 상당한 여지를 허용한다. 그러나 그 집단이 자체의 복리에 있어 중대하다고 생각하는 가치관, 충성, 신념 등에서의 변화는 매우 다른 문제이다. 그런 영역들에서의 변화는 집단의 여론 주도자들에게 호소하지 않으면 보통 허락되지 않을 것이다. 호소가 있을 때, 여론 주도자들은 집단도 함께 변화하게 하든지 그렇지 않으면 특정한 구성원들에게 변화하는 것을 허락할 것이다. 현명한 커뮤니케이터들은 그런 집단 현상들을 고려하여 개인과 집단의 상호 중요성에 대한 충분한 의식을 가지고 개인과 집단 모두에게 호소한다.

4. 수령자는 이미 헌신하고 있다

이미 말한 것에서 추론할 수 있듯이, 수령자들은 공백에서 작용하는 것이 아니다. 수령자들은 집단의 일부일 뿐만 아니라 집단에 헌신한다. 게다가 그들은 헌신하는 가치관과 신념들을 가지고 있다. 사람들에게 그리스도를 통하여 하나님에 대한 헌신을 호소할 때, 우리는 그들이 헌신이 없는 위치에서 헌신의 위치로 옮기라고 청하고 있는 것이 아니다. 우리는 그들이 하나의 헌신에서 다른 헌신으로 옮기라고 청하는 것이다.

게다가 우리는 그들의 궁극적인 헌신에서의 변화를 요구하고 있다. 사람들은 사람들, 집단들, 가치관들, 신념들, 그리고 그 밖의 많은 것들에 복합적인 헌신을 하고 있다. 예를 들어, 수령자들은 동시에 자기 자신, 가족, 직업, 한 명 또는 그 이상의 친구들, 하나님, 하나 또는 그 이상의 조직들, 취미, 그리고 그들이 높이 평가하는 수많은 유형, 무형의 것들에 헌신적일 수 있다. 물론 그리스도인들에게 제기하는 질문은 "어떤 헌신이 가장 큰가?"라는 것이다(마 6:24-34, 10:37).

이 질문에는 각각의 헌신에 투자되는 바에 대한 숙고가 함축되어 있다. 어떤 사람들은 하나님에 대한 헌신에는 훨씬 적은 양의 심리적 에너지를 투자하고 자신에 대한 헌신에는 상당한 양의 심리적 에너지를 투자할 것이다. 그러므로 그들에게 현재의 우선권 순위를 반대로 하라고 암시하는 메시지는 그들이 기존의 우선권 순위의 결과에 대해 불만이 없다면 거의 받아들여질 가망이 없다. 그러나 만일 그들이 자신들의 가장 높은 헌신을 제대로 파악하고 있지 못하다면, 그들에게 그 헌신을 하나님에 대한 헌신으로 바꾸어야 한다고 납득시킬 수 있는 더 많은 가능성이 있을 것이다(물론, 이 깊은 헌신의 결여가 무엇인가에 깊이 헌신하지 못하는 능력이 없음을 나타내는 것이 아닐 경우에 그렇다). 현명한 커뮤니케이터들은 그런 헌신들을 신중하게 해석하고 수령자들로 하여금 현재의 헌신을 권고되는 헌신으로 바꾸는 선택에 관심을 갖도록 하는 메시지를 제시하려고 노력해야 한다.

기독교 커뮤니케이터들이 하는 많은 호소들은 수령자들로 하여금 그들의 현재 헌신들을 바꾸거나 재정리하도록 하는 데 기울어진다. 수령자들의 헌신은 그들이 시간과 돈을 드리는 일이나 활동들을 관찰할 때 대개 명백하게 알 수 있다. 대부분의 경우, 변화를 위한 호소는 수령자들의 이기심

(또는 헌신)에 기울여진다. 심지어 기독교 내에서도, 이기심은 아마 가장 중요한 동기 부여 요인일 것이다. 삶에 있어 더 큰 의미나 성공이 가능하다고 믿는 사람의 경우에 그것을 얻고자 하는 그의 감각 욕구는 아마 가장 상처 받기 쉬울 것이다.

수령자의 보수주의에 대한 헌신은 큰 장애물이 될 수 있다. 많은 개인들과 모든 사회는 모든 것이 최선이거나 고정적이거나 변하지 않는다고 믿는다. 그런 사람들이나 집단들은 더 큰 의미나 성공을 얻기 위한 변화의 제안들에 무감각할 수 있다. 그럴 때에는 약간 다른 감각 욕구를 찾아서 이용해야 할 것이다. 그런 집단에 대해 지각 있는 커뮤니케이터들은 그들이 헌신하는 어떤 전통에 변화를 이룩하는 방법을 종종 발견할 수 있다.

또 어떤 개인들이나 집단들은 변화 자체를 위한 변화에 헌신한다. 이런 헌신은 종종 기독교의 가치관을 소개하는 전진 기지가 될 수 있다. 반면에 이런 헌신은 무책임함과 불안정이 될 수도 있다. 현명한 커뮤니케이터들은 사람들이 그리스도를 더 충실하게 따르고 더 안정되도록 도움을 주기 위해서 기독교의 가치관을 사용하는 방법을 배울 필요가 있다.

사람들은 정형화된 사고를 한다. 우리는 사람들, 메시지, 장소, 활동 유형, 그리고 우리의 경험에 규칙적으로 반복되는 그 밖의 모든 것들을 정형화한다. 이런 정형화들도 역시 일종의 헌신이다. 우리가 효과적으로 커뮤니케이션을 하고자 한다면 이 정형화들을 인식하고 이런 정형화들과 더불어, 그리고 이런 정형화들을 중심으로 활동해야 한다.

그러므로 수령자들의 헌신, 신념, 그리고 가치관은 그들이 특별히 변화에 대한 권고의 영역에서 커뮤니케이터로부터 받아들이는 것들과 깊은 관계가 있다(변화를 소개하는 방법을 훌륭히 다루고 있는 Rogers 1983을 보라).

5. 수령자는 능동적이다

커뮤니케이션을 받아들이는 사람들에게 영향을 미치는 이런 배경 조건들에 추가하여, 우리는 수령자들이 가장 수동적으로 보이는 때에도 관여하고 있는 몇 가지 중요한 활동들을 지적할 수 있다.

그 첫 번째가 해석(interpreting)의 활동이다. 모든 커뮤니케이션은 참여자들의 해석 안으로 들어간다. 커뮤니케이션의 대화에서 수령자들은 이야기되고 행해지는 모든 것을 메시지의 일부분으로 해석한다. 그러므로 커뮤니케이션 대화의 시간과 장소, 커뮤니케이터의 생활, 몸짓, 어조, 공간 사용 등과 같은 비언어적인 사항들, 그리고 심지어 커뮤니케이터와 관련된, 또는 그와 유사한 사람들과 관련된 수령자의 과거 경험들 모두가 수령자가 받는 메시지들을 해석하는 방법에 매우 중요한 역할을 한다. 이런 이유 때문에, 집에서 개인에게 비형식적으로 전해지는 특정한 언어적 메시지는 교회의 강단 뒤에서 공식적으로 전달되는 '동일한' 메시지와 상당히 다른 것이다.

해석은 분명히 수령자들이 관여하는 가장 중요한 활동들 중 하나이다. 커뮤니케이터들은 자신들이 어떤 메시지를 전달하면서 행하는 모든 것이 수령자들에 의해 그들이 의도하는 의미들을 강화하는 방식으로 해석되도록 하기 위해서 전력을 다해야 한다. 형식, 비인간성, 불성실, 부적절성 등과 같은 요인들이 메시지를 제시하는 방법의 일부분이 되어 해석자들/수령자들에 의해 메시지의 효과가 감소되는 결과가 초래되는 경우는 드물지 않다. 유능한 커뮤니케이터들은 가능한 한 그런 요인들을 억제하는 법을 배운다.

수령자들의 해석은 그들이 관여하는 가장 중요한 활동, 즉 그들이 받아들이는 메시지의 의미를 구성하는(constructing the meanings) 활동으로 이어진다. 커뮤니케이션 이론가들은 메시지의 의미가 우리가 사용하는 말이나 다른 기호들에 존재하는 것이 아니라, 오히려 그 말이나 기호들을 사용하는 사람들에 존재한다는 사실을 지적하는 상당한 양의 증거를 축적해 왔다. 메시지의 의미는 사람에게서 사람으로 전해지는 것이 아니라, 사람들이 받아들이는 말이나 그 밖의 커뮤니케이션 기호들에 대한 그들의 해석을 기초로 하여 그들에 의해 구성된다. 그러므로 수령자들은 자신들이 받는 이해를 구성하는 데 항상 적극적으로 관여하고 있는 것이다.
 커뮤니케이션에서 사용되는 기호들에 의미를 부여하는 일은 수령자들이 적절하다고 생각하는 모든 동기들과 조화하여 수행하는 창조적인 활동이다. 수령자가 커뮤니케이터에게 가장 유리한 동기들을 가지고 이 해석 활동을 수행할 수도 있고 그렇지 않을 수도 있다. 메시지가 무엇이든지 수령자들은 커뮤니케이터와 관련되어진 방법을 따라 그 메시지를 해석할 것이다. 우호적인 감정/비우호적인 감정, 인간성/비인간성, 비형식/형식, 세대나 계급간의 호의/반감과 같은 관계의 특성들, 그리고 그 밖의 수많은 요인들이 수령자들이 의미들을 구성하는 중요한 건축 자재들이 된다(이 주제에 대한 더 자세한 내용은 7장을 보라).
 세 번째로 수령자들의 중요한 활동은 커뮤니케이터가 수령자들의 커뮤니케이션 공간이라고 칭할 수 있는 곳으로 들어가도록 허가하거나 보류하는 것(granting or withholding of permission)이다. 커뮤니케이션은 거래(transaction)이기 때문에, 거래자들의 허가가 있어야만 진행된다. 커뮤니케이터들은 종종 자신들이 전하는 최선의 메시지들 중 많은 부분에 청중들이 귀를 기울이지 않는 것을 발견한다. 왜냐하면 그들이 메시지 경청에 대한 허가를 거부하기 때문이다.
 커뮤니케이터의 노력에 모든 수령자들의 응답은 종종 매우 선택적이다. 예를 들어, 어떤 수령자는 특정한 커뮤니케이터가 말하는 것을 무엇이나 다 받아들이는 데 동의하지 않을지 모른다. 즉 그 수령자는 특정한 주제들에 대해서는 커뮤니케이터의 말에 귀를 기울이는 데 동의하지만 다른 주제들에 대해서는 그렇지 않을지 모른다. 또는 받아들일 것인지, 받아들인다면 어떤 것을 받아들일 것인지를 결정하기에 앞서, 커뮤니케이터가 메시지를 마무리지을 때까지 평가를 보류하고 관망적인(wait-and-see) 태도를 취할지도 모른다.
 마치 사람들은 마주치는 사람들이나 메시지들에 대한 관용을 특정한 범위까지 제한하는 것처럼 보인다. 수령자의 마음으로 들어가는 허가를 받으려고 하는 메시지는 그 범위에 의해 제공되는 통로를 통과해야 한다. 우리

는 이 점을 다음과 같이 설명할 수 있다:

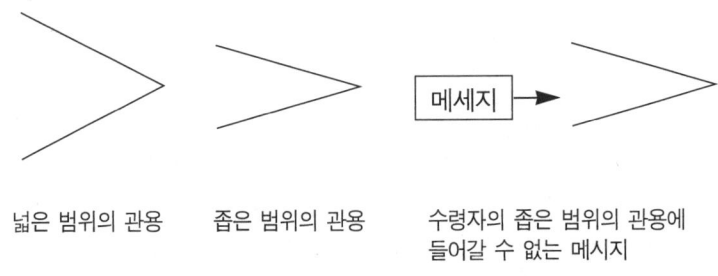

그림 3) 관용의 범위

커뮤니케이터의 신용, 수령자의 성숙, 메시지의 잠재성, 사용되는 언어의 용인성(acceptability), 대화의 장소와 시간, 그리고 심지어 수령자의 기분과 같은 요인들이 메시지에 대한 관용에 크게 영향을 미친다. 예수께서는 제자들에게 "내가 아직도 너희에게 이를 것이 많으나 지금은 너희가 감당치 못하리라"(요 16:12) 라고 말씀하셨다. 분명히 제자들의 성숙 결여나 대화의 환경(또는 두 가지 모두)이 이 시점에 그들의 관용의 범위에 영향을 미쳤다. 그리고 예수께서는 매우 현명하셨기 때문에 자신의 말씀을 듣는 사람들의 한계를 넘어 문제들을 밀어붙이지 않으셨다.

모든 커뮤니케이터에게 있어서 맨 먼저 해야 할 일은 수령자들의 커뮤니케이션 공간에 들어가는 허가를 얻고 그 허가를 계속 유지하는 것이다. 우리가 사용하는 언어 방식, 우리의 발표하는 방식, 우리가 인간적인가 비인간적인가 하는 점, 우리가 전하고 있는 메시지에 대한 수령자 감각 욕구 등과 같은 작은 사항들이 수령자가 우리가 얻으려고 하는 허가를 내릴 것인가 아닌가에 대해 큰 영향을 끼친다. 일단 허가가 내려진 다음, 대화가 진행되는 동안 수령자들은 적극적으로 허가를 계속 부여하기도 하고, 일시적으로 또는 영구적으로 보류하는 결정을 하기도 한다.

수령자들이 진행되는 모든 일을 끊임없이 평가하고 있다는 사실은 그들의 많은 활동에 기초를 이룬다. 해석과 마찬가지로 수령자들의 평가도 커뮤니케이션 대화가 인격적인지, 상황적인지, 또는 문법적으로 바른지, 그리고 자신들에게 있어 본질적인지 아니면 부수적인지를 평가함으로 커뮤니케이션 대화의 모든 영역으로 확대된다. 수령자들은 다음과 같은 질문들을 한다. 이 커뮤니케이터는 귀를 기울일 만한 가치가 있는가? 이 메시지는 나에게 가치가 있는가? 커뮤니케이터, 메시지, 상황, 언어들 간에 일치성이 있는가? 커뮤니케이터는 자신이 말하고 있는 것을 이해하고 있는가? 내가 이 메시지를 받아들인다면, 이 메시지는 나에게서 무엇을 요구할까?

메시지의 내용보다 이런 질문들에 대한 해답들이 수령자들의 응답에 훨씬 더 큰 기초를 형성한다. 우리가 전하려고 의도했던 메시지보다 긍정적인, 부정적인, 또는 중간적인 해답들이 수령자들이 선택한 파라메시지들(paramassages)에 더 많이 관계가 있을지 모른다. 그들이 우리를 관찰함으로 파악한, 또는 우리가 거의 또는 전혀 통제할 수 없는 환경, 시간, 청중 등과 같은 요인들에서 파악한 사항들이 우리가 의도한 바를 쉽게 빼앗아버릴 수 있다. 이 사실은 가능한 한 커뮤니케이션의 언어적, 비언어적 부대 상황들도 일치를 이루어야 할 필요성을 강조한다.

수령자들이 관여하는 매우 중요하면서도 보다 깊은 수준의 활동은 평형을 유지하는(maintaining their equilibrium) 활동이다. 많은 수령자들은 자신들이 받아들이는 특정한 커뮤니케이션이 매우 위협적이기 때문에 그 위험을 최소화하기 위해서는 상당히 정교한 전략을 개발해야 한다는 사실을 발견한다. 그들은 마치 자신들이 그 문제에 대해 필요한 모든 사실들을 아는 것처럼 행동할 것이다. 그리고 그들은 문제가 제기되면 "그렇다, 그러나..."(Yes, but...)과 같은 어구로 시작되는 많은 반론들을 끌어내거나 또는 스스로 마련할 것이다. 또 다른 수령자들의 전략은 심각하게 받아들이면 변화를 요구하여 자신들의 평형을 위협할 수 있는 것은 어느 것이나 단순하게 무시하거나 잊는 것이다. 이런 수령자들은 자신들의 평형을 교란하는 메시지로 생각되는 것은 어떻게든지 흘러 들어오는 것을 막아야 한다고 생각한다.

평형 유지의 욕구에 동반하는 것이 변화와 성장의 욕구이다. 다른 모든 생명체들과 마찬가지로 인간은 성장을 필요로 한다. 성장하지 못할 때 인간은 곧 정체하여 죽는다. 그러나 이 변화의 필요는 사람들에 따라 다르게 인식된다. 많은 사람들에게 있어, 거의 모든 변화, 특히 종교적인 영역의 변화는 자신들의 평형에 대한 위협으로 인식된다. 위협적으로 생각되는 영역들에서 그런 사람들은 자동적으로 자신들에게 변화를 요구하는 것으로 보이는 모든 메시지를 거부한다.

그러나 변화를 권하는 거의 모든 메시지를 기쁘게 수락하는 사람들도 있을 것이다. 이런 사람들 중에는 변화를 요구하는 특정한 메시지들만을 수용하고 다른 메시지들은 거부하는 사람들이 있다. 일반적으로 수령자들은 심리적으로 안정되었다고 느낄수록, 변화를 호소하는 메시지를 더 신중하게 고려하려는 것 같다. 그런 사람들은 변화를 위협으로 경험하기보다는 긍정적이고 성장을 촉진하는 것으로 자주 경험한다. 따라서 그들은 메시지로부터 멀어지기보다는 메시지에 끌려간다.

평형의 문제는 감각 욕구에만 관련되는 것이 아니라 수령자들의 준거 집단과의 관계에도 밀접하게 관련되어 있다. 바로 준거 집단이 평형의 주요 상징들을 제공하는 반면에 감각 욕구들은 변화를 요구하는 것처럼 보인다. 따라서 변화의 권고에 관하여 제기되는 기본적인 질문은 "권고되는 변화를 수용할 때 나에게 인격적으로, 사회적으로, 경제적으로 무슨 희생이 요구될까"라는 것이다.

복음 메시지의 잠재적인 수용자들이 이런 종류의 질문을 하고 있다는 사실을 기독교 커뮤니케이터들이 깨닫는 것은 지극히 중요하다. 기독교가 거부되는 더 빈번한 이유는 메시지가 무가치하다고 판단되기 때문이라기보다는 감지되는 유익에 비해 감지되는 희생이 너무 높게 고려되기 때문이다. 일반적으로 개인이나 집단은 개인적, 사회적, 경제적 생활과 같은 영역들에서 상당히 급진적인 변화를 요구한다고 인지되는 메시지에 호의적으로 반응하는 상황에 상당한 불만을 나타낼 필요가 있다. 대개 이런 경우에 비록 이미 깨어졌지만 지금까지 알고 있던 평형을 유지하려는 욕망이 비록 매력은 있지만 아직 알지 못하는 변화를 향해 나아가고자 하는 욕망을 능가하는 것으로 보인다.

이러한 타성을 극복하기 위해서 기독교 커뮤니케이터는 기독교 메시지 안에 이런 사람들에게 매력이 있을 만한 것이 무엇인가를 발견할 필요가 있다. 유감스럽게도 통상적으로 서구 그리스도인들은 서양의 전통 내에서 강조되어 온 것이 비(非)서양 문화권에서 수령자들에게 매력적인지 아닌지를 전혀 고려하지 않은 채로 서양의 전통에 초점을 두었다. 예를 들어, 복음주의자들은 교리적 지식을 강조하는 경향이 있었다. 그리고 복음주의자들뿐만이 아니라 비복음주의자들도 학교, 병원, 농사 프로그램, 교회의 조직들과 같은 서양의 관습들을 소개하는 데 초점을 두어 왔다.

그럼에도 불구하고 약간의 연구와 관찰을 통해 우리는 세계의 대부분의 사람들(차츰 서양인들도 포함되고 있는)이 주로 추구하는 바가 삶의 심한 변동으로부터의 자유와 그런 변동을 억제하는 수단을 제공해 주기에 충분한 영적 능력이라는 사실을 알게 된다. 반면에 어떤 사람들은 서양인들이 초점을 맞추는 경향이 있는 물질적이고 제도적인 〈선〉(goodies)보다는 인격적인 관계, 용서, 마음의 평화, 관계의 조화 등과 같은 인간적인 또는 영적인 것을 훨씬 더 추구한다. 그러나 성경적인 기독교는 우리의 다소 세속적인 접근법을 지지하기보다 사람들이 느끼는 영적 욕구들을 충족시키는 것에 더 관심이 있는 것으로 보인다.

수령자들의 여섯 번째 활동은 피드백의 제시(production of feedback)이다. 우리는 수령자에게서 커뮤니케이터에게 되돌려진 메시지들을 칭하는데 피드백이라는 용어를 사용한다. 수령자들이 피드백을 제시할 때, 그들은 메시지의 방향을 바꾼다. 그럴 때에 각 수령자는 커뮤니케이터가 되고, 커뮤니케이터는 수령자가 된다. 피드백은 종종 비언어적인 기술들을 사용하는 것에 국한된다. 그러나 피드백은 커뮤니케이션이 사용되는 모든 목적들에 사용될 수 있다. 종종 피드백을 통해 수령자들은 커뮤니케이터들을 격려하고, 더 자세한 설명을 요구하고, 흥분을 보여주거나 흥미의 부족을 보여주기도 하고, 또는 여러 가지 다른 유형의 메시지들을 보낸다.

피드백 과정은 대인 커뮤니케이션과 소집단 커뮤니케이션에 가장 효과적이고, 매체 커뮤니케이션에 가장 효과가 적다. 일대일 상황에서 피드백은 매우 즉각적이고 능동적으로 표현될 수 있기 때문에 한 사람은 커뮤니케이터로 칭하고 또 한 사람은 수령자로 칭하려고 하기보다는 서로 대화하는 두 명의 커뮤니케이터라고 말하는 것이 더 적절할 것이다. 그러나 공개적인 발표에서는 비록 피드백이 즉각 제시되더라도, 강의자/설교자가 상황을 너무 지배하기 때문에 피드백이 완전히 무시되고, 피드백에 응해 발표에 수정을 가하는 일은 전혀 이루어지지 않는다.

매체 커뮤니케이션에서는 모든 피드백이 너무 늦기 때문에 발표가 끝나기 전까지 거의 커뮤니케이터에게 도달되지 않으며, 따라서 피드백이 발표 자체에 거의 영향을 끼치지 못한다(그렇지만 지각 있는 매체 커뮤니케이터들은 편지, 전화 통화, 또는 투표를 통해 오는 피드백에 응하여 이후의 발표들을 변경할 수 있다). 매체를 통한 발표에도 수령자들에 의해 제기되는 많은 피드백이 있는 것이 사실이다. 문제는 매체가 그 피드백이 커뮤니케이터들에게 즉각 전달되는 것을 방해하는 것이다.

모든 커뮤니케이션과 마찬가지로 피드백도 의미가 수령자의 창조물이라는 법칙에 지배를 받는다. 그러나 이 경우에 수령자이며 받는 신호들로부터 의미를 구성하는 사람은 바로 커뮤니케이터이다. 커뮤니케이터들은 특정한 종류의 피드백이 자신의 지각에 들어오는 것을 허용할 수도 있고, 허용하지 않을 수도 있다. 왜냐하면 그들도 역시 자신의 평형을 유지하려고 하기 때문이다. 그러므로 커뮤니케이터가 준비한 본문을 보면서 말하고 있을 때, 급진적인 변화의 제안은 특히 환영을 받지 못한다. 그러나 현명한 커뮤니케이터들은 혼란스러운 피드백들도 끊임없이 유의하며 자신의 발표가 단순히 공연이 되지 않도록 하기 위해서 항상 수정을 가할 준비를 하고 있다.

화자와 청중 간의 사회적 간격이 크지 않을 때, 집단이 작고, 비형식적이고, 동질적일수록, 피드백을 무시하기가 더 어렵다. 집단이 크고, 형식적이고, 다양할수록, 피드백의 다양성은 더 커지고 커뮤니케이터가 피드백을 해석하고 피드백에 대해 무엇인가를 행하기가 더 어려워진다. 공개 커뮤니케이션에서, 커뮤니케이터들은 쉽게 피드백 된 메시지들을 오해하거나, 어떤 청중들은 이런 메시지를 보내는 동안 다른 청중들은 다른 메시지를 보내고 있다는 것을 발견한다. 이 현상은 때로 커뮤니케이터에게 피드백을 완전히 무시해버리는 습관을 붙여준다. 이는 유능한 공개 커뮤니케이터가 되려고 하는 사람들에게, 특히 약간 부정적이거나 흥미가 결여된 피드백을 발생시키는 경향이 있을 때, 매우 해로운 습관이다.

규칙적으로 피드백을 보내지만 계속 무시당하는 수령자들은 커뮤니케이션과 커뮤니케이터에 대해 거리를 두고 특별히 메시지에 부정적 태도를 나타내는 경향이 있다. 그들은 고도의 좌절을 나타내는데, 이 좌절로 인해 그들은 종종 대화로부터 가능한 한 완전히 이탈해 버리기도 하고, 또는 피드백에 대한 커뮤니케이터의 응답 부족을 자신들의 주장이 비평적으로 세밀하게 검토되는 것을 막으려고 계획된 커뮤니케이터의 계략의 일부로 간주하기도 한다. 이 두 가지 중에 어떤 경우든지, 수령자는 커뮤니케이션의 말과 행동에 대한 관심을 끊고, 전달되는 내용보다는 전달 방법에 더 주의하며 부정적인 평가를 할 것이다.

공개 커뮤니케이션과 매체 커뮤니케이션의 상황에서, 수령자들은 곧바로 피드백을 보내는 것이 거의 소용이 없다는 것을 터득한다. 그러므로 그들은 자동적으로 스스로를 제지하며, 종종 흥미를 유지하기 위해서 애쓰는 자신들의 모습을 발견한다.

마지막으로, 일단 커뮤니케이션을 받아들이기로 결정했을 때, 수령자들은 그 커뮤니케이션으로 무엇을 할지 결정해야 한다. 앞에서 다룬 수령자의 대부분의 활동들과 마찬가지로, 이 활동도 결정, 선택, 그리고 정선(精選, selection)으로 특징지어다. 수령자들은 커뮤니케이션에 주의를 기울일 것인가 아니면 무시할 것인가, 커뮤니케이션을 지금 처리할 것인가 아니면 나중에 처리하기 위해 저장해 놓을 것인가, 커뮤니케이션을 기억할 것인가 아니면 기억에서 지워버리려고 노력할 것인가를 결정해야 한다. 만일 커뮤니케이터의 말을 무시하기로 결정한다면, 수령자들은 단지 커뮤니케이터에게 공연을 하는 것만을 허락하고 말해지는 내용은 심각하게 받아들이지 않는다.

또는 의도적이거나 실수에 의해서거나, 수령자들은 커뮤니케이터가 말한 내용을 망각할 수 있다. 전해질 때에는 중요하게 보였던 메시지가 이후의 사건들에 의해 수령자들의 마음에서 밀려날 수도 있다. 많은 학생들이 학교에서 교실을 이동할 때 경험하는 문제가 이것이다. 그리고 성인들은 정보를 과잉 공급 받을 때 이 문제를 경험한다. 우리는 어떤 상황에서 받아들인 정보에 깊은 인상을 받고 나서 이전 정보와 똑같이 중요한 정보, 이전의 정보를 억지로 잊게 하는 정보를 만나는 다른 상황으로 상당히 빠르게 이동할 수도 있다. 이러한 경우에 우리는 그 내용을 기억으로, 또는 필기나 녹음 테이프와 같은 기술을 사용하여 저장하려고 할지 모른다. 어떤 경우이든지 간에, 메시지를 무시하고, 잊어버리고, 또는 저장하는 것은 "이 커뮤니케이션으로 나는 무엇을 할 것인가?" 라는 질문에 대한 다양한 답변들을 나타낸다.

응답이 메시지를 수용하는 것일 때, 그 수용은 부분적일 수도 있고, 완전할 수도 있고, 또는 조건적일 수도 있다. 부분적인 수용일 때 수령자들은 자신이 간직하고 싶은 메시지 부분과 거절하고 싶어하는 부분 사이를 구별하는 활동을 하게 된다. 완전한 수용은 그런 구별을 수반하지 않는다. 그러나 조건부 수용은 조건들이 충족되면 수령자가 메시지를 수용하지만, 충족되지 않으면 거절할 것이라는 조건들을 설정한다. 물론 수용에 대한 상호 보완은 거절이다. 거절도 역시 부분적일 수도 있고, 완전할 수 있고, 조건부일 수도 있다.

적어도 커뮤니케이터 만큼, 수령자들도 이런 저런 식으로 커뮤니케이션의 결과와 많은 관계를 가지고 있다. 사실상 수령자들은 커뮤니케이터보다 더 많이 결과를 지배할 것이다. 이 때문에 유능한 커뮤니케이터가 되려는 사람들은 자신들이 전달하려고 하는 것에 대해 할 말이 많은 수령자들에 대한 정보를 터득하여 효과적으로 사용하는 것이 지극히 중요하다는 사실을 알아야 한다.

6. 수령자는 어떻게 결정하는가?

수령자들의 결정에 이르는 방식에 대해 많이 이야기되고 있다. 저자 자신이 '영적 결정 과정'이라고 칭하는 바의 철저한 논의에 대해서 엥겔(Engel; 1979, 1988년)을 보라. 그러나 일반적으로 스미스(Smith; 1984년)를 따라 우리는 이 과정이 7가지 단계를 수반하는 것으로 볼 수 있다 (Rogers 1983을 보라). 그러나 이 단계들이 반드시 차례대로 일어나는 것은 아니다. 이 중 몇 가지는 동시에 일어난다.

(1) 인식(지식)

수령자들은 먼저 자신들의 신념이나 행동 방법이 유일한 방법이 아니라는 사실을 인식할 필요가 있다. 또 다른 선택이 존재한다는 것을 모르면 그들은 한 가지만을 추구할 것이다. 그러므로 커뮤니케이터의 첫 번째 과제는 수령자들이 현재 자신들이 하고 있는 헌신의 다른 대안을 인식하게 하는 정보, 그리고(또는) 자극을 제공하는 것이다.

(2) 흥미

그러나 다른 대안에 대한 지식은 그 자체로 충분하지 않다. 수령자들은 새로운 선택에 흥미를 가져야 한다. 그렇지 않으면 그 결정은 예전의 선택에 머무를 것이다.

(3) 평가

그 다음으로 수령자들은 추구할 만한 가치가 있는지를 결정하려는 의도를 가지고 대안을 평가해야 한다. 위에서 지적한 것처럼, 그런 평가는 심사숙고된 행동 과정에 대한 평가를 포함할 뿐 아니라 그 행동 과정을 채택한 결과에 대한 평가도 포함한다.

(4) 선택

평가가 이루어지면, 수령자들은 새로운 선택을 추구할 것인지 아닌지를 결정해야 한다. 그 다음에 그들은 새로운 헌신을 받아들일 것인지 또는 모든 대안들을 거부하고 현재의 헌신에 머무를 것인지를 선택한다.

(5) 실행

그 다음에 수령자들은 자신들의 결정이 새로운 선택이든 예전 선택의 연속이든지 그 결정을 실행하기 시작한다. 이러한 실행은 은밀하게 이루어졌을 수도 있는 선택을 가시적이고 실체적인 선택으로 만든다.

(6) 재조정

실행으로부터 시작하는 것은 새로운 헌신을 적응시키기 위해 수령자들의 삶의 모든 다른 측면들을 재조정하는 데 필수적이다. 이런 재조정은 그들의 사고 과정과 보다 명백한 행동의 측면들 모두에 영향을 미친다.

(7) 재평가

대개 평가의 단계는 결정이 이루어지고 변화가 실행된 후에도 계속된다. 이 시점에 이르렀을 때에만 우리는 그 평가를 〈재평가〉라고 칭한다. 수령자들은 진행되는 변화를 검사하고, 변화의 적절성과 적합성을 재고하고, 기대에 부합되는지를 알아보기 위해서 검사하고, 또한 결정 후의 상황에 대한 인식을 전개한다. 이러한 기초 위에서 수령자들은 보완과 재조정을 계속할지, 아니면 어떤 다른 행동 과정(예전의 방법으로 되돌아가거나 중간의 어떤 선택을 개발하는 것 등과 같은)을 따를 것인지를 결정한다.

수령자들에게 변화를 일으키려고 하는 현명한 커뮤니케이터들은 이 단계들에 대해 인식하고 작전을 짠다. 예를 들어, 커뮤니케이터들은 3단계에서 6단계까지의 과정에서 가장 효과적인 방법이 대인 커뮤니케이션이라는 사실을 인식한다. 매체 커뮤니케이션과 공개 커뮤니케이션은 사람들이 귀를 기울이고 있을 때에는 그들로 하여금 인식과 흥미(1, 2단계)로 이끄는 데 매우 유용할 수 있지만, 전체 단계에 있어서는 유용성이 제한된다. 특별히 7단계에 있어서, 그리고 7단계 이전의 몇몇 단계들에 있어서도 중요한 점은 결정자에게 기본적인 준거 집단이 되는 사람들의 따뜻하고 관심 있는 협력(fellowship)이 있다는 것이다. 이것은 교회에게 의도된 하나의 중요한 기능이다.

위의 7단계 분석의 기초가 되는 연구는 의사 결정 과정에 있어 인식적인 요소와 감정적인 요소 간의 매우 흥미로운 관계를 보여준다(Sogaard n.d.를 보라). 각 단계의 기본적인 구성 요소가 지식의 증가라기보다는 정서적인 응답이라는 사실을 주목하라. 사실상 지식은 1단계에서만 중요한 역할을 한다. 그리고 심지어 1단계에 있어서도 지식은 도구적 기능을 한다. 다시 말해서, 지식은 의사 결정자에게 정서적으로 기여할 때에만 가치가 있다는 것이다. 사람들이 자신의 결정에 기초가 되는 특정한 양의 지식을 필요로 하는 것은 사실이다. 그러나 대부분의 결정을 위한 기초로 필요한 지식은 많지 않으며 또한 부족하지도 않다. 그러므로 의사 결정들(기독교가 주장하는 의사 결정들을 포함한)에 있어 주요 장애물들은 인간의 감정과 의지의 문제 들이다.

따라서 교회의 커뮤니케이션들이 지식(인식)에 대한 기여에 주로 초점을 맞출 때 잘해야 부분적이며 최악의 경우 오도를 하게 된다. 수령자들로 하여금 의사 결정 과정을 경험하는 것에 초점을 맞추지 않을 때, 그 결과는 미성숙한 그리스도인들이며, 또한 많은 사람들로 하여금 정보의 흡수가 행동의 흡수보다 더 중요하다고 믿도록 오도하게 된다. 이어지는 몇몇 장들(특히 11장)에서 이 문제가 더 자세히 논해질 것이다.

7. 더 수령자 지향적이 되라

만일 커뮤니케이션 과정에서 수령자가 표현법 못지 않게 중요하다면, 기독교 커뮤니케이터들은 흔히 하고 있는 것보다 훨씬 더 수령자 지향적이

될 의무가 있다. 엥겔(Engel, 1979: 46ff; 1988)이 말한 것처럼, 청중은 '주권적'이다. 이런 인식에 응하여 우리 중의 많은 사람들은 변해야 하는데, 그 변화는 이 사실을 고려하여 우리의 사고와 행동을 바꾸는 것이다. 나는 예수께서 수령자 지향적이셨다는 사실을 증명하려고 노력했다. 이 시점에서 나는 우리가 수령자들을 향한 예수의 접근법을 본받기 위해 예수의 모범을 연구할 것을 다시 한 번 제안한다.

제7장 의미는 어떻게 생겨나는가?

1. 오해받은 바울과 바나바

루스드라에 발을 쓰지 못하는 한 사람이 있어 앉았는데 나면서 앉은 뱅이 되어 걸어 본 적이 없는 자라. 바울의 말하는 것을 듣거늘 바울이 주목하여 구원받을 만한 믿음이 그에게 있는 것을 보고 큰 소리로 가로되, "네 발로 바로 일어서라!" 하니 그 사람이 뛰어 걷는지라. 무리가 바울의 행한 일을 보고 루가오니아 방언으로 소리질러 가로되, "신들이 사람의 형상으로 우리 가운데 내려오셨다!" 하여 바나바는 쓰스라 하고 바울은 그 중에 말하는 자이므로 허메라 하더라. 성 밖 쓰스 신당의 제사장이 소와 화관들을 가지고 대문 앞에 와서 무리와 함께 제사하고자 하니 두 사도 바나바와 바울이 듣고 옷을 찢고 무리 가운데 뛰어 들어가서 소리질러 가로되, "여러분이여 어찌하여 이러한 일을 하느냐? 우리도 너희와 같은 성정을 가진 사람이라! 너희에게 복음을 전하는 것은 이 헛된 일을 버리고."... 이렇게 말하여 겨우 무리를 말려 자기들에게 제사를 못하게 하니라(행 14:8-15a, 18)

이 구절은 커뮤니케이션 과정에서 수령자의 해석이 상상을 뛰어넘는다는 사실을 예증한다. 바울과 바나바는 '복음을 선포하려고' 의도했다. 그러나 그들의 말을 듣는 사람들은 그들의 치유 행동을 전혀 다른 메시지, 즉 자신들에게 온 이 '신들'에게 제사를 드려야 한다고 생각하게 하는 메시지로 해석했다. 루스드라 사람들이 행동으로 옮긴 메시지는 바울과 바나바가 의도한 메시지가 아니었다. 사도들의 활동에 대한 해석에 근거하여 그들이 들은 메시지는 비록 사도들이 보낸 메시지와는 매우 달랐지만, 수령자에게 건네어진 유일한 메시지였다. 어떻게 이런 오해가 일어날 수 있을까?

2. 의미는 어디에 존재하는가?

의미가 존재하는 곳에 대한 이론은 적어도 3가지 있다.

첫 번째 이론은 의미가 외부 세계에 있다고 말한다. 즉, 사물들(things)은 자체의 의미를 포함하며, 관찰하는 사람들에게 알려진다는 것이다. 이 가정은 산(mountain)은 산이고, 사건(accident)은 사건이라고 보는 것이다. 따라서 단지 한 가지 진정한 가능성만 존재하기 때문에 신중하게 관찰하는 사람들은 동일한 똑같은 의미에 이른다는 것이다. 그러니까 만일 사람들이 동일한 외부 현상에 대해 다른 의미에 이른다면, 그 이유는 관찰자의 그릇된 관찰이나 해석 때문이다.

두 번째 이론은 우리가 경험하는 현실이 묘사된다는 점에서 그 의미가 상징들(주로 언어적 상징들)에 좌우된다고 말한다. 언어에 적용되는 이 이론은 3장에서 단어의 의미들에 대한 〈유개화차 이론〉(boxcar theory)으로 설명된다. 즉 이 이론은 컨테이너에 물건들이 적재되는 방법과 유사한 방법으로 말, 몸짓, 그리고 다른 상징들에 의미가 부여된다고 본다. 숙련된 해석가는 의미가 무엇인지를 발견하기 위해 메시지를 구성하고 있는 단어들, 그리고(또는) 다른 상징들을 연구할 수 있다. 그러므로 문학 분석(성경 분석을 포함한)의 첫 번째 과제는 어떤 특정한 본문을 구성하는 단어와 어구들의 역사를 연구하는 비인격적인 연구 과정이다. 이 연구 과정에서 이 단어와 어구들은 사실상 그 나름대로의 생명을 가지고 있는 것으로 간주된다. 그리고 해석의 차이는 이 '컨테이너들'의 역사에 대한 지식의 부족 때문으로 간주된다.

세 번째 이론은 다른 두 이론보다는 더 인간 중심적이다. 이 이론은 의미들이 외부 세계나 우리가 그 세계를 묘사하는 상징들에 있는 것이 아니라, 사람들 속에 존재한다고 주장한다. 따라서 의미는 인격적인 것이며 외부 세계의 일부분이라기보다는 인간들에게 있어 내면적인 것이다. 상징들로 구성된 메시지들은 인간의 외부로부터 올 수도 있지만, 메시지의 상징들에 부여된 의미들은 그 메시지의 상징들을 받아들이는 사람들의 마음속에서 첨부되기도 하고 심지어 창조되기도 한다.

2장과 4장에서 주지된 바와 같이, 보통 현대의 커뮤니케이션 학자들은 이 세 번째 이론을 지지한다. 현대 커뮤니케이션 학자들은 첫 번째 이론에 대해 다음과 같은 반론을 주장한다. 즉 만일 외부 현상이나 사건들이 자체의 의미들을 포함하고 있다면, 모든 사회의 모든 사람들이 단 한 가지 해석의 법칙을 따름으로 동일한 의미를 나타내야 하는 것이지만, 심지어 동일한 사회에서 다른 배경들을 갖고 있는 사람들이 동일한 법칙을 따를 때에도 동일한 의미를 나타내는 일은 없는 것 같다는 것이다. 비록 모든 사람이 특별한 방법으로 외부 현상과 사건들을 분류하는 광범위한 보편적인 규칙들, 또는 적어도 경향들이 있는 것처럼 보이지만(예를 들어, 바위와 사람은 근본적으로 유사한 것으로 간주되지 않는다), 더 인상적인 사실은 사람들이 그들이 속한 집단의 구성원들이 동의하는 방식에 따라 여러 현상들과 사건들을 해석한다는 것이다. 따라서 그 해석들은 때로 집단에 따라 큰 차이를 나타낸다.

예를 들어, 심지어 미국 사회 내에서도 풍경, 일몰, 또는 꽃의 의미가 항상 아름다움을 나타내는 것이 아니다. 많은 사회의 원주민들은 미국인이 풍경이나 일몰을 아름답다고 말하는 것을 이상하다고 생각하고, 미국인들이 꽃처럼 귀찮은 것들에 너무 많은 관심을 갖는 것을 비정상이라고 생각한다.

그들이(또는 우리가) 단순하게 해석에 있어 그릇되었고, 실제로 외부 세계의 각 상황에는 고유의 의미가 있을지 모른다. 그러나 아마 외부 현상은 어떤 정해진 해석을 요구하지 않는 자료로 간주되는 것이 옳을 것이다. 위에서 말한 아름다움의 예와 마찬가지로, 외부 현상에 대한 해석은 보는 사람의 눈에 따른다. 따라서 의미는 현상 자체에서 나오는 것이 아니라 인간의 해석 과정에서 나오는 것이다.

우리가 전달하는 상징들에 의미가 존재한다는 두 번째 이론도 유사한 비평을 받는다. 사람들에 따라 동일한 상징을 해석하는 방법에 차이가 있으며 때로 그 차이가 상당히 크다. 게다가 커뮤니케이션 목적에 사용되는 특정한 단어, 어구, 또는 그 밖의 다른 상징들에 부여되는 의미들에도 세대에 따라 변화가 있는데, 때로 그 변화는 매우 크다. 비록 어떤 특정 상징이 포함할 수 있는 의미의 범위에는 제한이 있지만, 이 제한은 상징 자체의 고유적인 것이라기보다는 그 상징을 사용하는 공동체가 강요하는 것으로 보인다.

예를 들어, 지금은 영어를 사용하는 사람들이 '시키다(let)'라는 단어가 '허락하다'(allowing)는 의미를 나타낸다고 동의하지만, 예전에는 '제지하다'(hindering)라는 의미를 나타낸다고 동의했다. 마찬가지로, 현재 미국의 일부 집단들은 이성간의 포옹하고 입을 맞추는 것을 관심, 배려와 애정의 표현으로 자유롭게 행한다. 그러나 다른 집단들은 그런 행동을 항상 성적인 표현으로 해석한다. 경험의 자료들(이 경우에 자료들은 우리가 커뮤니케이션에서 사용하는 상징들이다)과 그 자료들의 해석은 구별할 필요가 있다. 그리고 의미는 정보 자체에 고유한 것이라기보다는 해석에서 나오는 것이다. 이런 관점은 벨로(Berlo, 1960년:175)의 다음과 같은 말에서 훌륭하게 설명된다:

(1) 의미들은 사람들 안에 존재하며,

〔그 의미들은〕 인간 유기체 안에 포함된 은밀한 응답들이다. 의미들은…인격적이고, 우리 자신의 특성이다. 우리는 의미들을 배우고, 추가하

고, 왜곡하고, 망각하고, 변경한다. 우리는 의미들을 발견할 수 없다. 의미들은 메시지 안에 존재하는 것이 아니라 우리 안에 존재한다. 다행히 대개 우리는 우리와 유사한 의미들을 가지고 있는 다른 사람들을 발견한다. 비슷한 의미들을 가지고 있는 한, 사람들은 커뮤니케이션할 수 있다. 만일 사람들이 의미의 유사성을 전혀 가지고 있지 않다면 그들은 커뮤니케이션 할 수 없다.

만일 의미들이 단어에서 발견된다면, 누구나 모든 언어, 모든 부호를 이해할 수 있을 것이다. 만일 의미가 단어에 존재한다면, 우리는 그 단어를 분석해서 그 의미를 알아낼 수 있어야 한다. 그러나 분명히 우리가 그럴 수 없다. 어떤 사람들은 다른 사람들이 가지고 있지 않은 어떤 부호들에 대한 의미들을 갖고 있다.

언어의 구성 요소들(elements)과 구조는 자체적으로 의미를 갖고 있지 않다. 언어의 구성 요소들은 단지 상징들, 일련의 상징들일 뿐이다. 즉 우리가 우리 자신의 의미들에 대해 생각하고 재정리하는 등 그 의미들을 활동시키는 신호들(cues)일 뿐이다. 커뮤니케이션은 의미 전달로 이루어지지 않는다. 의미들은 전달할 수도 없고 옮길 수도 없다. 단지 메시지들만이 전달되는데, 의미들은 그 메시지 안에 존재하는 것이 아니라, 메시지를 사용하는 사람들 안에 존재한다.

(2) 의미는 해석의 결과이다.

그리고 해석은 한 명 또는 그 이상의 사람들과 상황들의 주관적인 상호작용이다. 그 사람은 그 상황이 자기에게 주는 어떤 인상을 주는 바를 의미로 받아들인다. 그리고 비록 사람들은 대개 자신들이 속한 공동체의 다른 구성원들과 공유하는 습관들과 일치하는 의미들을 부여하지만 독자적으로 자신들의 의미들을 부여한다.

보통 우리는 조상들에게서 주의 깊게 가르침을 받은 해석적 반사 작용(reflex) 또는 습관들에 따라 해석을 한다. 이 사실 때문에 같은 공동체에 속해 있는 사람들간의 커뮤니케이션은 상당히 예측 가능하다. 그러나 때로 우리는(또는 다른 사람들은) 반사적으로 해석하는 것이 아니라 독창적으로 해석한다. 예를 들어, 우리는 커뮤니케이터에 대해서 부정적이거나 또는 긍정적이기 때문에, 의도되지 않은 것을 말해지고 있는 것으로 '해석하는' 경향이 있다. 그리고 이 때문에 상당히 예측 가능했던 해석이 불확실해진다. 예를 들어, 평범한 담화에서 우리는 반사적인 해석을 예상하고 또한 반사적인 해석에 의지한다. 그러나 유머의 경우에는 수령자가 익살을 이해할 수 있다면, 종종 커뮤니케이터는 수령자로 하여금 창조적으로 해석하도록 지도해야 한다.

그러한 창조적인 지도가 없을 때, 만일 우리가 속해 있는 공동체가 커뮤니케이터의 경우와 다른 의미를 습관적으로 상징들에 부여한다면, 우리(수령자들)가 지정하는 의미들은 커뮤니케이터가 의도한 수준에서 상당히 멀리 벗어날 수 있다. 예를 들어, 많은 미국 여성들이 영국에서 'homely' (영국에서는 '가정적인'이라는 의미이고 미국에서는 '못생긴'이라는 의미) 라고 불림으로 크게 놀란다. 미국 여성들이 이 상황에서 그들의 해석적 반사 작용을 일으키지 않도록 하기 위해 이 단어가 영국에서는 미국의 'homey'(가정적인)와 유사한 칭찬으로 사용된다는 사실을 그들에게 알릴 필요가 있을 것이다. 자유주의, 의료 사회화 제도, 낙태, 교회, 특정한 인종 집단의 사람들, 그리고 그 밖의 무수한 주제들에 대해 반대하는 태도를 갖고 있는 미국의 여러 집단들 중에 유사한 상황이 존재하고 있다.

우리가 반사적으로 해석한다는 사실은 좋은 면과 나쁜 면을 모두 가지고 있다. 좋은 면은 에너지를 절약한다는 것이다. 우리는 지금 자신이 해석을 하고 있다는 사실에 대해, 또는 이 해석의 과정에서 우리가 소비하고 있는 에너지에 대해 거의 의식하지 않고 대부분의 해석을 한다. 우리는 여기에 대해 생각하지 않으면서 해석할 수 있다. 반면에 해석의 습관적인 특징은 우리의 결론이 커뮤니케이터의 의도와 일치하는지 신중하게 고려하지 않고 종종 성급하게 결론을 내리는 것이다.

그러므로 다른 집단 출신의 사람들을 이해하는 법을 배운다는 것은 그들에 의해 사용되는 상징들에 그들이 의미를 부여하는 관습들을 배우는 것이다. 일단 그 관습들을 배웠을 때 수령자/해석자는 해석과 관련된 이차적인 습관들을 갖게 된다. 그리고 이 습관들은 커뮤니케이터의 집단에 속한 사람들과 대화할 때 언제든지 사용될 수 있다.

만일 의미 부여가 사회적 습관의 문제라면, 우리의 문화적 교육은 해석에 분명히 중요한 영향을 미칠 것이다. 예를 들어 사회 계급, 가족, 직업 집단 등과 같이 우리가 관계하고 있는 하위 문화(subcultural) 집단들도 중요한 영향력을 갖고 있다. 이런 집단들은 특정한 가치관을 공유하고, 다른 가치관은 거부한다. 예를 들어, 보수적인 집단은 그들 특유의 관심사와 관계가 있는 영역들에서는 유사하게 해석하는 경향이 있을 것이다. 그러나 그런 집단은 일부 중요한(명목상의) 문제들에는 집중하는 반면에 다른 문제들(궁극적으로 똑같이 그들에게 중요할 수 있는 문제들)은 무시해버림으로 에너지를 보존할 것이다. 동의(agreement)는 한 집단의 구성원들이 유사한 해석을 하게 하는 데 있어 결정적인 요인이다. 항상 그런 것은 아니지만 대개 동의는 훈련으로 정착된다.

따라서 어떤 커뮤니케이션 상황을 분석하려고 할 때, 우리는 해석적으로 무슨 일이 일어나고 있는지, 어떤 의미가 어떤 참여자들에 의해서 어떤 항목에 부여되는지 질문해 볼 필요가 있다. 예를 들어, 응답자를 향한 커뮤니케이터의 태도는 어떤가? 커뮤니케이터를 향한 응답자의 태도는 어떤가? 그리고 메시지, 상황, 언어, 방식에 대한 응답자와 커뮤니케이터의 태도는 어떤가? 메시지에 대한 그들의 해석과 더불어 이 각각의 요인들에 대한 참여자 각자의 태도, 그리고 그들의 메시지에 대한 해석은 사용되는 상징들에 그들이 의미를 부여하는 방법에 두드러지게 나타날 것이다.

3. 형식(상징)과 의미

우리가 상당히 다른 두 가지 수준에서 동시에 활동을 하라는 강요를 끊임없이 받는다는 사실은 이미 앞에서 말한 내용에 함축되어 있다. 표면적인 수준에서 우리는 학자들이 관례적으로 '형식'(form) 또는 '상징'(symbol)이라고 칭하는 것을 다루고 있다. 그 다음으로 깊고 인격적인 수준에서 해석들에 바탕을 두고 있는 의미들이 있다. 앞에서 주지한 바와 같이, 의미는 사람들이 형식/상징에 부여하는 것이다. 문화적 형식/상징을 거치지 않은 대인 커뮤니케이션은 존재하지 않는다.

문화의 형식과 그 언어는 문화를 구성하는 요소들이다. 많은 문화적 형식들은 집, 나무, 개, 사람, 의자, 자동차 등과 같은 물질적 항목들이다. 그러나 결혼식, 교회 예배, 가족, 단어들, 입고, 먹고, 자고, 말하고, 동작하는 관습 등과 같은 비물질적인 개념들도 많이 있다. 형식들은 문화의 표면 수준을 이루는 기본 원칙들이다. 이 형식들은 대개 어린 시절에 배운 관습들을 따라 인간들에 의해 조종되고, 의미들이 부여되고, 해석되는 가시적이며 불가시적인 것들이다.

문화적, 언어적 형식들은 그 자체의 범위를 넘어서 존재하는 의미들을 지적하는 것으로 해석된다. 그러나 거의 모든 형식이 한 가지 의미를 지적하는데 사용된다. 형식이 지적하는 의미는 사용되고 있는 정황, 보통(습관적으로) 사용되는 방법, 공동체에 의해 그렇게 사용되어야 한다고 합의된 방법, 그리고(또는) 해석자가 느끼는 방법에 좌우된다. 예를 들어, 식탁용 나이프는 식사 정황의 한 부분으로 사용될 것이다(따라서 대부분 식사 정황의 한 부분으로 해석된다). 그러나, 식사용 나이프가 만일 깡통을 따는데 사용되거나, 무기로 사용된다면, 해석은 상당히 달라질 것이다. 그런데 만일 해석자가 식탁용 나이프에 대해 강한 긍정적 또는 부정적 애정을 갖고 있다면, 식탁용 나이프에 지정된 평범한(즉 관습적인) 의미가 매우 달라질 수 있다. 예를 들어, '나의 나이프' 또는 '어떤 사람이 나를 해치는데 사용한 나이프'라는 말은 평범하게 사용되는 단순한 상징 이상의 의미가 될 수 있다.

더욱이 앞에서 언급한 것처럼, 어떤 일정한 형식이 다른 사람들에 의해 (심지어는 동일인에 의해서도) 매우 다르게 해석될 수 있다. 예를 들어, 교회 예배에 대한 많은 해석들을 생각해 보라. 동일한 형식을 처음 사용하는 사람들은 40년 동안 사용해온 사람들이 인식하는 것과 매우 다르게 인식할 것이다. 오래된 지친 그리스도인들과 열정적인 새 신자는 교회 활동을 아마 동일한 방법으로 해석하지 않을 것이다. 한 집단에게 익숙한 찬송가, 설교, 또는 교회 소식을 다른 집단은 매우 새롭게 여길 것이다(그리고 긍정적 또는 부정적 의미로 해석할 것이다). 나이가 많은 집단에게 알기 쉬운 많은 것이 젊은 집단에게는 매우 다르게 인식되거나 심지어는 이해할 수 없을 수도 있다. 나는 다섯 살 된 아들에게 성찬 접시를 내밀었을 때, 그 애가 "왜 과자는 없는 거예요?"라고 슬프게 질문했던 일을 생생하게 기억한다. 성찬식의 의미에 대한 그 애의 해석은 나의 해석과 같지 않았던 것이다!

어떤 이미 알려진 문화적, 언어적 형식을 해석하여 그로부터 매우 다양한 의미들을 얻을 수도 있다. 이 원칙은 다음과 같이 도표로 나타낼 수 있다:

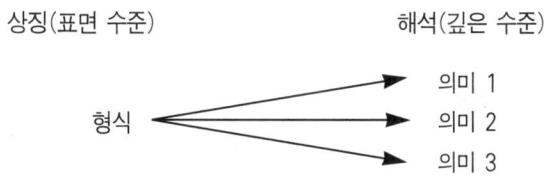

그림 4) 하나의 형식이 다양한 의미들에 할당될 수 있다

그러나 이미 알려진 의미가 종종 한 가지 이상의 형식에 의해 자극될 수 있다. 예를 들어, 결혼식에서 신부는 결혼을 '성공'을 의미하는 것으로 해석할지 모른다. 그러나 그 결혼식에 참석한 다른 여성들은 생애의 목표 달성, 출산과 같은 다른 문화적 형식들도 동일한 의미를 전달한다는 사실을 발견했을지 모른다. 교회에서는 종종 나이 든 집단과 젊은 집단들이 매우 다른 음악 형식들을 통해 경의와 헌신이라는 동일한 똑같은 감정을 경험한다. 이와 같이 동일한 메시지를 다른 집단들에 전달하기 위해 다른 언어가

요구된다. 다음의 도표는 이 점을 설명해준다.

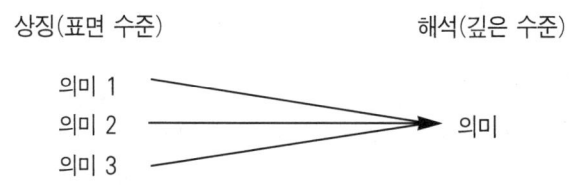

그림 5) 여러 가지 형식들이 동일한 의미를 전달하는데 사용될 수 있다

이 두 가지 원칙은 모두 우리가 커뮤니케이션 메커니즘들을 이해하고 효과적으로 사용하고자 할 때 매우 중요하다. 첫 번째 원칙은 다른 배경과 생활 경험들을 가지고 있는 사람들로 구성된 청중을 다룰 때 언제나 우리가 말하고 행하는 것을 가지각색으로 다르게 이해한다는 사실을 확인한다. 그리고 커뮤니케이터와 청중간의 사회 문화적 차이가 클수록, 청중이 커뮤니케이터의 의도를 이해했을 것이라는 확실성은 더 떨어질 것이다. 그러므로 유능한 커뮤니케이터는(예수께서 하셨던 것처럼) 청중을 분할하여, 잘 이해하는 한 집단을 택하고, 그 밖의 집단들을 그들에게 얻을 수 있는 것을 얻게 한다. 목사와 교회의 음악 지도자들은 효과적으로 매주 번갈아 다른 집단을 택할 수 있다. 그러나 이렇게 할 때, 그들은 어떤 특정한 경우에 무시되는 사람들을 위해 자신이 행하고 있는 일을 해석할 필요가 있다.

두 번째 원칙은 메시지 표현의 다양성을 허용한다. 왜냐하면 많은 다른 표현들이 본질적으로 동일한 것을 말하는데 사용될 수 있기 때문이다. 다른 한편으로 이 원칙은 사람들이 깨달음에 이르고자 할 때 특정한 형식들이 사용되는 것을 선호한다는 사실을 지적한다. 그러므로 만일 다른 집단이나 다른 시간, 장소와 관련된 형식들이 사용된다면, 그들은 그 형식들이

'자신들의 것'이 아니기 때문에 메시지를 받아들이지 않을 것이다. 종종 미국의 젊은이들은 다른 세대의 음악, 설교, 예배 형식들로 표현되는 기독교를 거부한다. 이 거부는 물론 강퍅함에서 나오는 것이 아니다. 이 형식들이 그들에게 전달하는 내용은 이 체계가 다른 집단(그들의 부모)에게 '속한다'는 사실에 대한 파라메시지들이고 아마 그들은(학교에서, 그리고 동료들에 의해 이런 것들을 거부해야 한다고 철저하게 교육 받았을 것이다.

그러므로 첫 번째 집단이 발견한 의미에 두 번째 집단이 도달하려면, 두 번째 집단에게 전달하기 위해 사용되는 형식/상징들은(첫 번째 집단이 상용하는 형식들이 첫 번째 집단의 소유인 것과 똑같이) 두 번째 집단의 소유가 될 필요가 있다. 메시지, 제도, 음악, 등의 문화적 형태가 사회(또는 하위 사회)에서 사회(하부 사회)로 또는 세대에서 세대로 이동하는 것에 대해 이야기하고 있든지 그렇지 않든지 이 원칙은 적용된다. 하나님의 이스라엘 민족에게 다가가시는 접근법, 즉 유목 민족인 셈족에게는 그들에게 익숙한 족장 제도를 통해, 정착하고 있던 이스라엘 민족에게는 매우 융통성 있는 재판장과 선지자 제도를 통해, 그 후 정착한 이스라엘 세대에게는(마지못해 하신 것이지만) 왕들을 통한 접근 등은 하나님께서 이 원칙을 사용하셨다는 증거이다. 전통에 충실한 사람들에게는 구약성경의 전통(일반적으로 '율법'이라고 번역되는)을 통해, 그리고 그리스의 은혜에 대한 강한 애착에 영향을 받은 사람들에게는 은혜의 개념을 통한 하나님의 호소는 성경의 많은 예증들 중의 또 한 가지 예증이다. 고린도전서 9:20-22에서 바울이 이 원칙에 대해 진술하는 것을 보라.

> "유대인들에게는 내가 유대인과 같이 된 것은 유대인들을 얻고자 함이요 율법 아래 있는 자들에게는 내가 율법 아래 있지 않으나 율법 아래 있는 자 같이 된 것은 율법 아래 있는 자들을 얻고자 함이요 율법 없는 자에게는 내가 하나님께는 율법 없는 자가 아니요 도리어 그리스도의 율법 아래 있는 자나 율법 없는 자와 같이 된 것은 율법 없는 자들을 얻고자 함이라 약한 자들에게는 내가 약한 자와 같이 된 것은

> 약한 자들을 얻고자 함이요 여러 사람에게 내가 여러 모양이 된 것은
> 아무쪼록 몇몇 사람들을 구원코자 함이니"

이 원칙은 담화, 음악, 번역 또는 그 밖의 다른 수단들을 통해 한 집단에서 다른 한 집단으로 전달되는 모든 효과적인 커뮤니케이션의 기초가 된다. 두 번째 원칙에 나타나는 이 측면은 다음과 같이 총괄적으로 진술될 수 있을 것이다: 만일 다른 집단에게 커뮤니케이션을 할 때 동일한 의미를 계속 유지하고자 한다면, 커뮤니케이터는 첫 번째 집단에게 적절하게 사용했던 형식을 새롭게 받아들이고 있는 집단에게 특별히 적절한 형식으로 변경할 필요가 있다.

이 진술의 자연스러운 결론은 만일 처음 집단이 선호했던 형식들이 두 번째 집단에게 메시지를 전할 때에도 존속된다면, 본래의 의미들이 변하게 될 것이라는 경고이다. 그들(즉, 외부인들)의 어휘, 그들의 환경, 그들의 음악 등을 사용하여 전해진 파라메시지들이 본 메시지를 빼앗고 다른 메시지를 만들어 버릴 것이다. 이것은 아마 과거에는 신앙을 의미했던 바리새인들의 관습들(예를 들어, 성결을 위해 손을 씻고, 안식일에 짐을 나르는 것을 삼가는 것)이 예수의 시대에는 많은 사람들이(아마 대부분의 사람들이) 억압으로 생각했던 것과 같을 것이다. 나이 든 사람들의 음악과 설교, 고풍스러운 예배 장소와 형식들, 고어로 번역된 성경 등이 과거에는 정확하게 신앙적인 의미를 전달했지만, 현대의 많은 젊은이들에게는 억압과 같은 의미들을 전달하는 것이다.

이것이 젊은이들에게 다가가기 위해서 청년 문화 형식들을 사용하는 법을 터득한 영라이프(Young Life)와 파라처치(parachurch) 조직들이 전문성에 있어 대부분의 교회들보다 더 유능한 이유이다. 그들은 한 집단(전달자들)에게 전달된 메시지를 다른 집단(수령자들)에게 동일하게 유지하고자 한다면 전자에게 사용된 형식을 후자에게 어울리는 형식으로 교화해야 한다는 사실을 발견했다. 이런 조직들에게 배우는 교회들은 성공할 것이다.

4. 언어의 위치

앞에서 주장한 바와 같이, 우리가 메시지를 전달하기 위해서 사용하는 언어 수단들은 자체의 의미들을 포함하고 있지는 않지만 커뮤니케이션에서 여전히 매우 중요한 역할을 담당한다. 왜냐하면 언어 형식들은 커뮤니케이션 사건에 참가한 사람들에 의해 해석되는 문화적 형식들 중에서 가장 중요하기 때문이다. 문화적 형식들이 커뮤니케이션으로 사용되거나 해석될 때, 우리는 그 문화적 형식들을 상징이라고 칭한다. 모든 커뮤니케이션은 상징들에 통해 진행된다. 그러므로 해석이 결정적으로 중요한 이유는 보편적으로(모든 사회의 모든 사람들에 의해) 동일한 의미를 전달하는 것으로 해석되는 상징은 분명히 존재하지 않기 때문이다.

구어(spoken language)는 인간의 경험에서 가장 중요한 상징 체계(또는 부호)이다. 그러나 구어가 유일한 상징 체계는 아니다. 인간들은 접촉, 그림, 악기 음악(성악이 아닌), 태도, 냄새, 시간, 장소, 빛 등에 기초하여 다른 상징 체계들을 개발해 왔다. 이들에 대한 논의는 9장을 보라.

언어는 일반적으로 커뮤니케이션이나 표현과 같은 목적을 위해 사회적으로 승인된 방법들로 공동체 구성원들에 의해 사용되는 변수가 많은 음성 '상징들'의 체계로 정의된다. 언어의 어휘는 언어 자체가 아닌 무엇인가를 나타낸다는 점에 있어 상징적이다. 언어의 상징들과 그 상징들이 의미하는 현실 간의 관계는 상징을 나타내는 소리(sound)와 그 소리가 의미하는 현실 간에 필연적인 관계가 존재하지 않기 때문에 변수가 많다. 현실은 자신에게 주어진 명칭이 자신의 행동 방식을 소리로 알릴 것을 요구하지 않는다. 명칭들은 그 명칭들을 사용하는 사람들의 공동체에 의해 붙여진다. 그 상징들이 그런 식으로 사용되는 것을 공동체의 구성원들이 동의하는 한 그 명칭들은 존속한다. 그리고 공동체의 구성원들이 바꿔야 한다고 동의할 때 그 명칭들은 바뀐다.

게다가 언어는 체계적이고 구조적이다. 오늘날 세계에는 6천 가지 이상의 서로 다른 언어들이 존재하며, 각각의 언어들은 자체의 독특한 상징 체계와 구조를 가지고 있다. 현재까지 철저하고 엄격하게 구성되지 않은 언어는 하나도 발견되지 않았다. 이런 이유로 우리는 언어를 하나의 체계라고 말한다.

기술적인(descriptive) 방법이 아니라 규범적인(prescriptive) 방법으로 말할 때, 우리에게 적절하게 소용이 되려면 언어는 공동체의 구성원들이 메시지를 기호화할 수 있고, 메시지를 풀 수 있게 해 주는 일종의 암호로 기능할 필요가 있다.

> 언어 암호는...체계적인 방법으로 어울려야 한다. 그렇지 않으면 두 사람이라도 그 암호를 사용할 수 없을 것이다. 아무도 수천 가지의 독특한 발언들을 기억할 수 없다. 게다가 정말로 유익한 언어는 새로운 표현들을 끊임없이 생산할 수 있는 잠재력을 갖고 있어야 한다(Nida 1990년, 74).

그러나 언어의 이런 기계적인 측면들을 넘어 의미라는 수평이 존재한다. 우리의 논의와 관련이 있는 문제가 바로 이 언어와 의미의 관계이다. 따라서 나는 현대 의미론 학자들의 통찰과 콘돈(J. C. Condon: 1975)의 적절한 요약을 기초로 하여 언어의 의미에 대한 일련의 진술을 하고자 한다.

그 첫 번째는 언어가 인격적이다라는 것이다. 이미 우리는 사람들이 듣는 말에 의미를 부여하는 방법에 그들의 사회 문화적 상황, 개인적인 경험 등이 강하게 영향을 끼친다는 것을 강조함으로, 언어가 인격적이라는 사실을 어느 정도 지적했다. 우리 인간들은 "훈련, 일시적인 생각들, 그리고 우리 문화와 공동체와 가족의 사건들에 의해" 영향을 받는 식으로 다른 사람들에게서 언어를 배운다(Condon: 1975; 52). 예를 들어, 사투리 영어를 말하는 사람들이 동일한 물건들에 사용하는 표현들(labels)을 주목해 보자: napkin/serviette(냅킨), trunk(of car)/boot(차의 트렁크), tacks/drawing pins(압정), wrench/spanner(렌치), soda/pop(거품 이는 음료), bucket/pail(들통), sneakers/tennis shoes(테니스화).

집단의 동의에도 불구하고, 개인의 언어 용법은 구성원들의 경험 차이에 따라 공동체 내에 다르게 나타난다. 우리는 본질적으로 동일한 물건들을 공동체의 다른 대부분의 구성원들과 동일한 표현들로 나타내지만, 그 물건들에 대한 우리의 경험들이 다르기 때문에 그 물건들에 대한 우리의 정서적 관심도 작게 또는 크게 차이가 날 것이다. 그렇지만 만일 우리가 공동체가 허락한 범위 내에서 움직이지 않는다면, 그들은 우리를 이해하지 못할 것이다. 그러므로 우리 대부분은 대부분의 경우 그 범위를 따른다. 그러나 범위는 하나의 점이 아니기 때문에 항상 '편차'(slippage)의 여지가 있다.

두 번째로, 편차의 가능성은 언어가 절대로 정확할 수 없다는 사실을 주목하게 한다. "바로 언어의 본질과 목적이 그 언어로 묘사될 수 있는 어떤 단 하나의 경험보다 더 일반적이 될 것을 요구한다"(Condon 1975년, 80). 그러므로 약속된 표현들은 공동체의 모든 구성원이 무엇이 언급되고 있는지를 알고 그의 경험이 연상하는 의미를 첨부할 수 있는 방식으로 뚜렷하게 현실의 항목을 나타내야 한다. 예를 들어, 사회가 '개'나 '나무'와 같은 총괄적인 표현들이 포함하는 범위를 생각해 보자. 이 총괄적인 표현들은 사회가 이 명칭으로 분류하기로 동의한 항목의 거의 무한한 다양성을 포함한다. 따라서 어떤 언어 표현이 포함하는 의미의 범위는 약간 차이 있는 경험을 한 공동체의 구성원들 모두에 의해 부여된 것이다.

과학자들이나 다른 분야의 전문가들은 제한된 공동체의 경험들을 엄격하게 대조함으로 전문적인 표현들이 포함하는 의미의 범위를 좁힐 수 있다는 사실을 발견했다. 그러나 일상적인 언어는 그렇게 되지 않는다(Condon 1975년, 80). 우리의 목적들을 위해 우리는 성경이 비전문적인 일상 언어로 쓰여졌다는 것을 기억해야 한다. 게다가 우리가 커뮤니케이션하고자 하는 사람들은 대부분 전문적인 언어가 아니라 일상 언어로 참여한다.

의미론 학자들이 유념하는 중요한 세 번째의 통찰은 언어가 우리가 전체적인 경험을 각각 명칭이 붙여지는 여러 부분들로 나누라고 요구한다는 것이다(Condon 1975년, 52). 우리의 언어는 우리가 현실을 인식하는 데 사용하는 경향이 있는 일종의 눈금 지도(grid)를 제공한다. 언어는 화자들로 이루어진 공동체의 산물이기 때문에, 현실의 항목들과 양상들에 붙여지는 표현들은 실제로 있는 그대로 붙여지는 것이 아니라 공동체가 인식하는 대로 또는 지난 세대의 공동체들이 인식한 대로 붙여지는 것이다. 언어 표현들은 객관적인 현실(objective reality)에 붙여지는 것이 아니라 인지된 현실(perceived reality)에 붙여지는 것이다. 예를 들어, 영어를 사용하는 사람들은 오감, 8 내지 10가지의 기본 색, 한 종류의 눈(snow), 개미라고 불리는 일반적인 범주 등을 인지한다. 다른 많은 사회들에서는 다섯 가지 미만의 감각, 3 내지 5가지의 기본 색, 여러 종류의 눈, 우리가 개미라고 부르는 곤충의 것의 매우 여러 가지 유형들 등이 인지된다(그러므로 그들은 개미가 단 한 가지 유형으로 일괄되는 것을 거부한다. 이렇게 우리의 언어를 배울 때 우리는 우리의 조상들이 우리에게 전해준 방법으로 현실을 인지하도록 배운다. 실제로 우리에게 표현이 있는 것들은 인지하고 우리에게 표현이 없는 것은 무시하는 경향이 있다(Condon 1975년: 52).

언어는 우리가 전달하기 원하는 것을 전달하는 놀라운 수단이다. 그러나 우리는 우리가 보고 전달하고자 하는 것이 우리가 훈련 받아온 언어와 문화에 의해 종종 심하게 제한을 받는다는 사실을 잘 알고 있다(Condon 1975년, 52). 예를 들어, 대부분의 미국인들은 학구적이 아닌 다른 식으로 영적 존재들(천사들이나 사악한 영들이나)을 믿기 어려워한다. 영(spirit)이라는 용어는 신화적, 비현실, 그리고 심지어 요정 설화와 같은 미묘한 분위기를 가지고 우리에게 전해졌다. 따라서 대부분의 미국인들에게 영들이 일부 또는 모든 질병의 원인이 될 수도 있다고 말하는 것은 이질적인 현실 인식을 가지고 헛소리하는 것과 마찬가지이다. 미국인들은 매우 설득적으로 편견을 배워왔기 때문에 그 밖의 다른 편견들은 모두 잘못된 것처럼 보인다. 언어에 의해 간접적으로 전달된 이 한계들은 성경이 제시하는 실체를 포함한 모든 실체에 대해서 미국인의 해석에 영향을 미친다.

의미론에 대한 네 번째로 중요한 통찰은 여러 가지 사항들을 언어로 어떻게 칭해야 하는가에 있어 우리에게 많은 선택권이 있다는 것이다

(Condon 1975년, 52). 본질적으로 동일한 것을 말할 때에도 보통 몇 가지 방법이 있다. 우리의 언어에는 우리 공동체 전체에 거의 적절한 개념을 전달할 수 있게 해 주는 자원들이 있다. 그러므로 대개 정확하게 표현하려고 하여 어떤 특정한 개념을 나타내는 데 단 한 가지 표현에만 국한하는 것은 거의 바람직한 방식이 아니다. 단어의 정확성은 그 단어를 사용하는 공동체의 소규모에, 그리고 그 단어가 사용되는 정황의 범위의 한정성에 정비례한다. 그리고 한 가지 개념을 하나의 정확한 표현으로 사람들에게 규정하려는 시도는 대개 시간 낭비일 뿐이다. 오히려 우리는 동의어들과 선택적인 표현들을 사용함으로 단어의 개념을 정의하고 정교화해야 한다. 왜냐하면 이런 동의어들과 선택적인 표현들 중 일부는 수령자의 경험의 한 부분일 수도 있기 때문이다.

다섯 번째로 중요한 의미론적 통찰은 단어들이 추상적인 개념의 여러 가지 수준에 영향을 끼치는 방식으로 어휘가 의미와 관련되어 있다는 견해이다. 특정한 표현들은 일정한 항목을 다소 구체적으로 설명하는 반면에 (예를 들어, 나의 발, 그 빨간 트럭), 다른 표현들은 훨씬 더 일반적인 현실의 범주들을 나타낸다(예를 들어, 아름다움, 사랑, 진리, 정의). 이 두 종류의 표현들은 모두 상징들이지만, 하나는 구체적이고, 다른 하나는 일반적이다. 일반적으로 우리는 듣는 사람들에게 예고 없이 두 가지 수준의 추상적 개념을 혼합한다.

> 일반화(generalization)를 포함하는 높은 수준의 추상 개념들은 순서와 관계를 나타내는 데 도움이 되기 때문에 극히 유용하다. 높은 수준의 추상 개념들이 감각 자료 경험(sense-data experience)과 명확하게 관련될 수 있을 때, 그 단어들은 편리할 뿐 아니라 중요하기도 하다. 가장 바람직하지 못한 경우, 이런 높은 수준의 추상 개념들은 언어 습관들의 특징이 되기도 한다. 왜냐하면 이런 추상적 개념들은 무엇에나 적용되므로, 아무 의미도 없는 상투적 문구들이나 환기적(evocative) 용어들의 기초가 되기 때문이다. 사려 깊은 화자는 자

신의 말이 나타낼 수 있는 많은 사항들을 의식하고, 주의하여, 그리고 제한하여 말을 한다.

높은 수준의 추상적 개념들은 우리의 어휘에서 가장 높이 평가되는 용어들(아름다움, 사랑, 진리, 정의 등)을 포함하기 때문에, 또한 그런 단어들은 모호하지만 깊은 많은 감정들을 표현하기 때문에, 우리는 그런 용어들을 객관화시키려고 하는 것 같다...어떤 경험을 표현하는 대신에, 어떤 표현을 경험하려고 시도하는 것이다(Condon 1975, 53).

구체화는 중요한 커뮤니케이션 기술이며, 종종 기독교 커뮤니케이터들에게 부족한 기술이다. 사랑과 진리 같은 추상적인 개념들이 너무 자주 언급되기 때문에, 우리는 사람들이 그런 개념들이 무엇을 의미하는지 알아야 한다고 생각한다. 그러나 반대로, 추상적인 용어의 빈번한 사용은 사람들을 무감각하게 만들고, 사람들이 그런 개념들에 의도된 의미와 적용을 바로 깨닫는 것을 방해한다. 2장에서 지적했던 것처럼, 나는 하나님께서 구체적이고, 삶에 관련된 커뮤니케이션, 광범위한 개념의 추상적인 목적보다 구체적인 목적에서 주로 기능하는 커뮤니케이션을 좋아하신다고 믿는다.

5. 이 견해에 암시되는 내용들

메시지가 의미하는 바가 메시지에 본래부터 존재하는 것이 아니라 수령자들에 의해 구성된다는 사실을 깨닫는 것은 현대 커뮤니케이션 이론에 있어 기독교 커뮤니케이터들에게 가장 위협적인 통찰일 것이다. 왜냐하면 3장에서 논의된 여러 가지 통념들과 마찬가지로, 기독교적 관점으로 커뮤니케이션을 다루는 사람들은 수령자들보다는 메시지의 근원이나 메시지 자체에 훨씬 더 초점을 맞추는 경향이 있기 때문이다. 그러나 현대 커뮤니케이션 이론은 변화의 필요성을 지적할 뿐 아니라, 예수의 모범이 우리가 수령자 지향적이기를 요구한다는 것이 나의 주장이다. 수령자들의 중요성에 대한 인식과 더불어, 우리는 이 견해에 암시되는 내용들을 명백하게 나타낼 필요가 있다.

첫 번째 암시는 모든 커뮤니케이션 상황에서 우리는 최소한 세 가지 독립적인 '현실들' 또는 현실에 대한 견해들을 지적할 수 있다는 것이다. 첫 번째 현실은 무엇을 칭할 수 있는가?

(1) 객관적 현실(objective reality)

객관적 현실은 참여자들의 외부 또는 내부에 실제로 존재하거나 진행되는 모든 것을 포함한다. 지각력이 있고 관련되지 않은 관찰자가 참여자들보다 상호 작용을 더 자세하게 관찰할 수도 있지만, 왜곡되지 않은 객관적 현실관을 가질 수 있는 분은 오직 하나님뿐이다.

그러나 모든 참여자들은 나름대로 이 현실에 대한 견해나 인식을 갖고 있다. 참여자들은 사람들의 얼굴에 나타난 표정들, 사람들의 반응 등과 같은 객관적 현실의 외적 암시들, 대화가 일어나는 외부적 상황과 같은 현실의 외부적 징조들을 관찰한다. 또한 그들은 과거에 경험한 유사한 상황, 자기 자신과 다른 참여자들에 대한 자신의 태도, 그리고 그 순간에 자신이 느끼는 감정 등에서 얻는 많은 가정들을 가지고 각 상황을 '해석한다'. 그 다음에 커뮤니케이터는 이 관찰과 가정들에 기초하여 현실을 인식한다.

(2) 커뮤니케이터의 현실(communicators' reality)

커뮤니케이터의 의도와 커뮤니케이션 상황의 다양한 구성 요소들에 대한 커뮤니케이터의 인식이 이 현실을 묘사할 것이다. 즉 커뮤니케이터 자신과 수령자들, 메시지, 환경, 시기 등에 대한 총괄적인 인식이 이 묘사에서 두드러질 것이다. 커뮤니케이터들의 내적 상태(예를 들어, 그들이 신체적, 심리적, 정서적, 등으로 느꼈던 방식)도 그들이 상호 작용이 일어나고 있는 때에 느끼는 안전감/안전감 결여, 자신감/자신감 결여와 같은 사항들이 고려되는 만큼이나 고려될 것이다.

(3) 수령자의 현실(receptors' reality)

수령자의 현실로 칭해질 수 있는 현실은 상당히 다를 것이다. 수령자가 자신들의 내적 상태, 안전감, 자신감과 함께 자기 자신, 커뮤니케이터, 메시지, 상황, 그리고 시기를 인지하는 방법은 크고 작은 면에 있어 커뮤니케이터의 현실과는 다를 수밖에 없다. 그러므로 수령자의 관점으로 본 상황의 심상은 커뮤니케이터의 심상과 마음 안에 있는 상황과는 다소 다를 것이다. 그리고 커뮤니케이터와 수령자의 현실은 객관적 현실과도 다를 것이다.

그러나 참여자들은 인지된 현실에 반응한다. 예를 들어, 수령자들은 커뮤니케이터가 한 말에 응답하는 것이 아니라, 그들이 커뮤니케이터가 말했다고 믿는 것에 응답한다. 마찬가지로, 수령자들은 한 사람으로서의 커뮤니케이터에게 응답하는 것이 아니라, 한 사람으로서의 커뮤니케이터에 대한 자신들의 인식에 응답하는 것이다. 게다가 수령자들이 응답하는 것은 객관적인 관찰이 묘사하는 실재 현실이 아니라 환경, 시간, 메시지, 심지어는 수령자들의 내적 상태에 대한 수령자들의 지각(perception)이다. 따라서 수령자들은 자신들의 현실로 의미를 구성한다. 왜냐하면 수령자들이 사용하는 '자료들'은 상호 작용의 '객관적인' 세부 사항들에서 나온다기 보다 상황에 대한 그들의 주관적인 해석에서 나오기 때문이다. 한편, 커뮤니케이터들은 커뮤니케이션 상황과 커뮤니케이션 상황의 각 구성 요소들에 대한 주관적인(그리고 다른) 인식에 대한 의미 구성에 제한을 받는다.

그러므로 의미는 사람들이 자신들의 현실에서 나오는 자극들에 대한 지각에 기초하여 '자극으로 만드는 내적 반응들'(Berlo 1960: 184)이다. 이 의미들을 기초로 하여 우리의 반응으로부터 나오는 현실뿐만 아니라 우리가 반응하는 현실도 구성된다.

이 견해의 두 번째 암시는 커뮤니케이션의 과정과 참여자들의 삶에서 진행되는 과정과의 밀접한 관계이다. 삶에서와 마찬가지로 커뮤니케이션에 있어서도 과정의 각 국면들은 수많은 다른 국면들과 복잡하게 상호 관계를 맺고 있다. 그러므로 모든 유형의 커뮤니케이션 상호 작용에 있어 이 과정은 참여자들간의 관계와 밀접하게 결합된다.

비록 커뮤니케이션의 사건들에 초점을 맞추는 것이 전통적이지만, 의미 지정의 인격적인 본질은 우리가 참여자들간의 관계에 적어도 상당한 관심을 기울일 것을 요구한다. 왜냐하면 "모든 커뮤니케이션에는 내용과 관계가 있는데 내용이 관계를 분류하는 양상을 갖고 있기"(Watzlawick et al., 1967: 54) 때문이다. 즉, 커뮤니케이터와 수령자간에 나타나는 관계의 역학 관계는 사용되는 말(그리고 그 밖의 상징들)이 진정으로 의미하는 바를 해석하는 방법에 대한 정보를 커뮤니케이터와 수령자, 그리고 모든 관찰자들에게 제공한다. 바츨라위크 등은 " '위기는 점진적으로, 부드럽게 공개하는 것이 중요하다'는 메시지와 '위기는 그냥 내버려 두라, 그러면 곧 흐지부지될 것이다'라는 메시지는 거의 같은 정보의 내용을 가지고 있지만…분명히 매우 다른 관계를 정의한다"는 말로 자신들의 논지를 설명한다 (Watzlawick et al., 1967년, 52).

일어나는 모든 일들은 수령자가 듣고 해석하여 메시지의 일부가 되기 때문에, 이 관계의 면이 중요하다는 사실은 놀라운 일이 될 수 없다. 그러나 매우 중요한 점은 계속하여 이 사실을 자각해야 한다는 것이다. 왜냐하면 무엇인가가 근본적으로 잘못되지 않을 때에는 이 사실에 초점을 맞추는 일이 거의 없기 때문이다. 다시 바츨라위크를 인용해 보자(Watzlawick et al., 1967: 52):

> 관계들이 신중하게 또는 완전한 인식으로 정의되는 경우는 매우 드물다. 사실상 관계가 자연스럽고 '건강할' 수록, 커뮤니케이션 관계의 측면은 점점 더 눈에 띄지 않게 된다. 반대로 커뮤니케이션 내용의 측면이 점점 덜 중요하게 될 때, '불건전한' 관계들은 관계의 본질에 대한 계속적인 갈등으로 특징지어진다.

그러므로 커뮤니케이션 사건의 의미들을 만들어 내는 것은 해석되는 표면의 언어적(그리고 그 밖의) 상징들이 아니다. 이런 상징들은 커뮤니케이션 게임을 할 때 사용되는 수많은 항목들 중에서 가장 정확한 것들일 뿐이다. 실제로 메시지의 내용을 전달하는 언어적 상징들과 전체 메시지와의 관계는 빙산의 일각과 빙산 전체의 관계와 같다. 수령자들로 하여금 메시지의 내용 부분을 정확하게 해석할 수 있게 하는 단서들을 제공하는 것은 커뮤니케이션을 빙산으로 볼 때 물밑에 잠겨 있는 구성 요소들이다. 예를 들어, 위기를 공개하는 방법에 관한 위의 예들에서 사용된 어조(tone of voice)와 같이 물밑에 속하는 상관적인 현상은 전달되는 메시지들의 정확한 이해에 도달하는 데 있어 결정적으로 중요하다.

어조, 얼굴 표정, 그리고 공간, 시간, 조명, 음악의 사용과 같은 상징체계들은 언어적 표명들을 해석하는 방법에 관한 메시지들(전문적으로, metamessages, 배후의 메시지)을 보내기 위해 종종 언어적 표명들과 함께 사용된다. 젊은 남성이 여성의 아파트에 들어오라는 초청을 받을 때 수반되는 조명, 또는 그들이 이야기할 때 여성이 남자로부터 떨어져 서는 간격이나 그들이 앉을 때 떨어져 앉는 간격, 이 모든 것들은 (1) 그들의 관계에 대한 여성의 인식과 (2) 남자가 여성의 또 다른 언어적, 비언어적 커뮤니케이션들을 어떻게 해석해야 하는가에 관한 강력한 메타커뮤니케이션(metacommunication, 배후 또는 이면의 커뮤니케이션)을 제공한다. 이 주제의 다른 국면들은 다음 장들에서 다루어질 것이다(특히 9장과 10장을 보라).

이 견해의 세 번째 암시는 유사한 경험에 대한 유사한 인식을 갖고 있는 사람들이 유사한 의미를 구성할 가능성이 가장 많다는 것이다. 인식(해석)의 유사성이 중요하다는 사실을 주목하라. 경험들은 유사하지만 그 경험들에 대한 반응은 상당히 다른 사람들이 많이 있다. 그들은 매우 다른 의미에 도달할 것이다. 예를 들어, 낙천주의자는 무슨 일이 일어나든지 잘될 것이라고 믿는 반면에, 염세주의자는 무슨 일이 일어나든지 잘못될 것이라고 믿는다. 그들은 각각 주어진 경험을 매우 다르게 해석할 것이다. 따라서 객관적인 현실은 그들이 모두 동일한 경험을 했다고 말하지만, 그들 각각의 주관적인 현실은 그 경험을 매우 다르게 칭할 것이다.

또한 반복적인 경험에 대한 해석과 처음 당하는 경험에 대한 해석 간에는 종종 중요한 차이가 있다. 그러므로 우리의 경험은 우리의 인식에 강한 영향을 끼치고, 결과적으로 그 후의 경험에 부여하는 의미들에도 강한 영향을 끼친다. 반면에 일반적인 삶에 대한 우리의 인식, 그리고 그 일반적인 삶의 흐름 속의 모든 경험에 대한 우리의 인식은 우리가 차후의 경험에 참여하는 방법에 강한 영향을 끼친다.

사람들이 자신들의 대부분의 대화 활동을 하는 집단들에서 준비를 한다는 사실은 이 집단들에 의해 그들의 현실에 대한 해석이 규격화된다는 사실로 이어진다. 즉 특정한 상징들이 다른 방법으로 해석되어서는 안 되고 한 가지 방법으로만 해석되도록 이 집단들이 강력하게 동의하는 것이다. 그리하여 한 특정한 집단의 유사한 상황에 대한 유사한 반응에 대해 예측 가능성이 매우 높아지게 된다.

집단이 작을수록 사용되는 커뮤니케이션 상징들에 대한 오해의 위험이 보다 적어진다(8장 참조). 한 집단의 구성원들 간의 친밀성의 결여와 상이성이 크면 클 수록 여러 구성원들이 커뮤니케이션 상징들을 다르게 해석할 가능성도 더 커진다. 한 집단의 구성원이 될 때 유사한 경험을 할 수 있다. 그러나 집단의 가장 큰 영향은 참여자들이 경험을 유사하게 해석하는 것이다. 인지적 현실(perceptual reality)은 한 집단의 해석이다. 물론 객관적인 현실은 그렇게 구성되는 것이 아니다. 객관적 현실은 우리의 해석이 일치하든지 일치하지 않든지 하나의 사실이다. 우리 목표들 중의 하나는 우리가 근본적인 객관적 현실을 가능한 한 철저하게 깨닫기 위해 우리가 참여하는 커뮤니케이션 상황에 기여하는 모든 요소들에 대해 가능한 한 많이 배우는 것이 되어야 한다.

의미에 대한 이 인식의 네 번째 암시는 집단들뿐만 아니라 개개인들도 차이가 난다는 사실을 우리가 인정할 때 드러난다. 왜냐하면 가장 조밀한 집단들 내에도 해석에 있어서는 최소한의 작은 차이들이 있기 때문이다. 이런 차이의 한 가지 이유는 인간들이 창조적이기 때문이다. 또 한 가지 이유는 우리가 계속하여 실수를 한다는 것이다. 그러므로 어떤 집단에서나 일부 구성원들은 그들이 사용하는 커뮤니케이션의 상징들을 해석하면서 자신의 집단이 승인한 방법들을 이해할 때 적어도 일부 부분에서 중대한 실수를 할 것이다. 그리고 다른 모든 구성원들도 최소한 작은 실수라도 할 것이다. 또한 모든 집단에서 최소한 일부 구성원들은 동일한 관습적인 해석방법에 만족하지 못할 것이다. 그들은 자신들이 바라는 바를 창조함으로 새로운 전통이 될 것이라고 주장할 것이다. 이런 여론 선동자들은 그 집단의 다른 구성원들보다 더 창조적일 것이다. 반면에 간혹 모든 구성원들이 어느 정도 창조적인 커뮤니케이션을 즐기기도 한다는 사실을 암시하는 증거가 있다.

매우 사소한 일들을 다룰 때에 사람들은 그들이 속한 집단이 아무리 조밀하더라도, 단 두 사람도 기존의 상징에 정확하게 동일한 의미들을 부여하지는 않는다. 조밀한 집단의 구성원들도 자신들이 사용하는 상징들의 해석에 허용 가능한 편차의 범위를 인정한다. 예를 들어, 나의 아버지(my father)라는 언어 상징의 해석에 있어 미국 사회에서 허용되는 편차의 범위를 생각해 보자. 이 편차의 범위에는 가까이 있는 아버지에서 멀리 떨어져 있는 아버지까지, 따뜻하고 정다운 아버지에서 냉정하고 서먹서먹한 아버지까지의 다양한 인식들이 포함된다. 즉 우리는 우리가 속해 있는 집단 안에서 아버지들이 이런 정반대 특성들의 모든 범위를 나타낸다는 사실을 인정하는 것이다. 그러나 우리는 아버지가 이 변동 범위(spectrum)에서 친밀하고, 따뜻하며, 정다운 쪽에 가능한 한 가까운 것이 우리의 이상(理想)이라는 사실에 동의한다. 사실상, 만일 아버지가 너무 멀고 냉정하여 그의 자녀들에게 증오를 투사하는 것으로 해석된다면, 우리는 그가 정말로 외면적이고 생물학적인 의미 이상의 아버지인지 의심할 것이다. 그리고 만일 그 사람이 여성이거나 다른 사람의 아버지라면, 우리 집단은 나의 아버지라는 칭호가 그 사람에게 적용되는 것에 동의하지 않을 것이다.

따라서 비록 집단의 동의는 표현(상징)이 완전히 멋대로 되는 것(즉 무엇에나 적용될 수 있다는 의미)을 억제한다. 그러나 각각의 상징은 단 하나의 가능한 해석을 허용한다기보다는 여러 가지 의미들의 범위를 나타내는 것이다. 다양한 집단들을 비교해 볼 때, 우리는 미국 사회의 특정한 하위 집단들에서 우리가 방금 설명했던 것보다 훨씬 더 나의 아버지와 같은 표현의 의미를 제한한다는 사실을 발견한다. 우리 사회의 일부 집단들은 아버지가 친밀하고 따뜻하기보다는 항상 멀리 있고 말수가 적다고 예상한다는(심지어 요구까지 한다는) 사실에 있어 많은 비(非)미국적 집단들과 일치할 것이다. 이 경우, 그 집단은 이 현실적인 면에 대한 해석에 근거하여, 따뜻하고 정답게 행동하는 모든 아버지는 그 집단에서 허용할 수 있는 변화의 편차 밖에서 행동하고 있다고 간주하고 그렇게 동의할 것이다.

이곳의 요점은 동일한 상징을 사용하는 두 집단이 그 상징을 다르게 해석할 수 있는 것과 마찬가지로, 동일한 집단에 속해 있는 두 사람도 어떤 특정한 상징을 적어도 약간 다르게 해석할 수 있다는 것이다. 다시 말해서, 이 편차들은 한편으로는 실질적인 경험이고, 다른 한편으로는 그 경험에 관한 인식들이다.

의미에 대한 이 이해의 다섯 번째 암시는 커뮤니케이터가 새로운 의미들을 고무할 수 있는 방법에 대한 것이다. 만일 수령자들이 커뮤니케이터의 지시에 근거하지 않고 커뮤니케이션 상황에 대한 자기들의 인식에 기초하여 반응하는 의미들을 창조한다면, 커뮤니케이터는 어떻게 변화를 고무할 수 있을까? 이 문제에 대한 해답은 커뮤니케이터가 수령자의 인식과 관련하여 행하는 일에 있다. 예를 들어, 수령자들이 중요하다고 느끼는 어떤 욕구와 관련하여 어떤 일을 적절하다고 인식할 때, 만일 그들이 그 변화를 택함으로 받을 유익들과 비교하여 너무 많은 노력을 요한다고 생각하지 않는다면 그 일은 어렵지 않게 수용될 것이다.

여기에서도 중요한 요소가 인식(perception)이라는 사실을 주목하라. 수령자에게 진정으로 도움이 되는 제안이라도 적절하다고 인식되지 않으면 거부될 것이다. 마찬가지로, 수령자들이 자신에게 가장 유익하다고 인식하는 것도 너무 많은 노력을 요구하는 것으로 인식되면 거부되기 쉽다. 그리고 물론 수령자들이 자신의 욕구들과 제안되는 변화 간에 아무런 관계도 인식할 수 없게 제시되는 것은 극히 수용되기 어려울 것이다. 그러므로 현명한 커뮤니케이터들은 수령자의 질문들에 맞추어 대답을 하려고 노력한다. 이 문제는 다음 장들에서 보다 더 상세하게 논의될 것이다.

이 접근법의 여섯 번째 암시는 우리가 의미를 결정할 때 의미를 전달하는 데 사용되는 표면 수준의 구조를 크게 뛰어넘어야 한다는 사실이다. 의미는 표면 수준의 형식들로 상징화된다. 그럼에도 불구하고 의미는 깊은 수준의 현상(a deep-level phenomenon)이다. 그리고 비록 표면의 구조들(언어나 음악과 같은)이 그 자체로 복잡하고 흥미롭다 하더라도, 우리의 주된 초점은 그 표면 구조들이 한 어떤 사람의 깊은 마음을 다른 사람의 깊은 마음에 연결시키는 기능을 하게 하는 방법에 맞추어야 한다. 이 장과 이어지는 장들에서는 이 깊은 마음속의 본질, 그리고 커뮤니케이션 과정에서 이 마음 깊은 곳과 관련하여 해야 할 일을 주의하고자 한다.

이 접근법의 일곱 번째 암시는 언어의 본질에 대한 것이다. 우리는 종종 언어라는 매체의 인격적인 본질을 무시하고 언어의 구조언어학적 국면들에 초점을 두어 왔다. 인간들로 우리는 우리의 언어를 '소유하고 있는데', 이 언어보다 우리가 더 귀하게 여길 만한 것은 거의 없다. 바로 이 때문에 우리에게 커뮤니케이션을 하려고 하는 사람들은 우리의 언어라는 잔디에서 커뮤니케이션을 해야 할 의무가 있다.

부분적으로는 언어의 인격적이고 사회적인 본질 때문에, 또 부분적으로 인간의 창조물들 중 가장 복잡한 이 언어의 구조적인 한계들 때문에, 언어는 매우 부정확하다. 언어의 표면 구조들은 인간의 경험과 창조성의 깊이와 폭을 극히 조금밖에 전달할 수 없다. 의도된 의미들을 이해하기 위해, 수용자들은 적응과 추측으로 계속하여 이 표면 구조들을 보충해야 한다.

언어의 제한적 특성 중 한 가지는 언어를 사용하기 위해 우리는 우리와 매우 달랐을지 모르는 경험과 시각들을 갖고 있던 지난 세대의 사람들이 정해 놓은 분류 정리법에 따라 삶과 경험을 분류할 것을 요구받는다는 사실이다. 본서에 분명히 나타낸 바와 같이 이 사실에서 제기되는 한 가지 문제는 영어에 일반적(nonspecific) 3인칭 단수 대명사가 없다는 것이다. 이런 점에 있어 우리의 영어는 과거 세대들에게는 적절했을지 모르나, 우리가 현대적 감각을 유지하면서 "성 차별적인 표현을 제거하려는" 노력을 방해한다. 따라서 우리는 적어도 우리 공동체가 일련의 새로운 대명사들을 개발할 때까지는 'he/she' 등의 대명사들을 사용하는 표현법에 의지하지 않을 수 없다.

부분적으로는 언어 공동체 내의 다양한 집단들 때문에, 또 부분적으로는 인간들이 너무 창조적이기 때문에, 언어는 보통 동일한 것을 말하는 몇 가지 방법을 제공한다. 그러므로 우리는(만일 신경을 쓴다면) 동일한 것을 항상 동일한 방식으로 말함으로 생기는 권태로움을 피할 수 있다. 마찬가지로 우리는 보통 다른 형식으로 표현되는 내용들을 비전문적이고, 비학문적으로 표현할 수도 있다. 또한 우리는 우리의 말을 듣는 사람들이 긍정적으로 경청하기에 가장 적당한 표현을 할 수도 있다.

표면 수준에서도, 어떤 말들은 보다 개괄적이고 또 어떤 말들은 보다 구체적이다. 따라서 우리는 매우 추상적으로 말할 수도 있고 또는 보다 구체적으로 말할 수도 있다. 그러나 만일 우리가 추상적인 말에 더 치중하면(특히 기독교 커뮤니케이션에서) 위험할 수 있다. 예를 들어, 종종 우리는 존경, 헌신, 사랑하는 사람을 위해 최선을 추구하는 이타심, 자발적인 희생 등과 같은 사랑을 구성하는 부분들을 구체적으로 다루어 충분히 명백하게 설명하지 않고 사랑에 대해 이야기한다(이 문제에 대한 더 자세한 내용은 Kraft 1979a: 1.39-43를 보라).

Communication Theory for Christian Witness

제8장 사람들의 빈번한 오해를 어떻게 막을 수 있을까?

1. 너는 내가 의미하는 것을 알고 있다

환경이 적절할 때 다음과 같은 발언과 몸짓들은 쉽게 이해된다.
"그것을 가지고 왔니?"
"지금 당장!"
머리를 끄덕임(그 결과 한 사람이 방을 떠난다).
"(빌라도가) 물을 가져다가 무리 앞에서 손을 씻으며"(마 27:24b).
"그것은 도토리 키재기나 마찬가지다."
"이삭이 야곱을 불러…가로되…가서…너의 외삼춘 라반의 딸 중에서 아내를 취하라"(창 28:1a, c, 2a, c, e).
"여기야?" "아니, 저기."
어떤 본문에서 다섯 번째마다 나오는 단어들을 모두 지우고 누군가에게 읽게 했을 때, 그가 그 본문을 이해할 뿐만 아니라 지운 단어 대부분을 정확하게 메울 수 있다고 예상할 수 있다.
어떻게 이것이 가능할 수 있을까?

2. 인간의 경험에 확립되는 보호 장치들

나는 커뮤니케이션 과정에 있어 청중의 주권을 강하게 강조해 왔다. 나는 다음과 같은 몇 가지 사실들을 암시 또는 진술했다. 즉 커뮤니케이션 되는 내용에 대한 판단은 수령자에게 맡겨지며, 메시지를 받는 사람은 제시되는 내용을 가지고 자신이 원하는 대로 할 수 있으며, 커뮤니케이터가 일단 메시지를 말하든지 또는 다른 방법으로 제시할 때, 그 메시지는 그의 통제를 떠나 돌이킬 수 없으며, 수령자의 해석이 최종적인 말이 된다는 사실들이다. 그리고 나는 말에는 의미가 포함되어 있지 않고, 그 단어들을 해석하는 사람들이 그 말에 의미를 부여한다고 주장했다.

이런 요소들은 우리를 매우 놀랍고 불안하게 하며, 우리의 커뮤니케이션 노력의 결과들이 전혀 뜻밖으로 상당히 곡해되는 상상을 하게 할지 모른다. 그러나 때로 예상 밖의 곡해—의도된 메시지와 비교할 때 모순되게 보이는 곡해—가 일어나지만, 의도된 바를 전달하는 데 있어 매우 높은 비율의 커뮤니케이션 활동이 비교적 성공적이라는 사실은 놀랍지 않을 수 없다.

물론 종종 오해가 있다. 그리고 이 오해는 때로 갈등으로 이어지기도 한다. 그러나 진행되는 커뮤니케이션의 엄청난 양을 고려할 때, 심각하게 오해되는 커뮤니케이션의 양은 비교적 적으며, 커뮤니케이션 과정의 일상적인 요소들이라기보다는 대개 특별한 결과들이다. 그러나 커뮤니케이션으로 생겨나는 갈등을 고찰할 때, 우리는 그릇된 커뮤니케이션으로 발생하는 갈등과 커뮤니케이터가 의도한 바를 수령자가 매우 잘 이해했다는 사실에서 발생하는 갈등을 구분할 필요가 있다. 나는 개인들과 집단들 간에 일어나는 갈등 중 높은 비율이 비효과적인 커뮤니케이션의 결과라기보다는 효과적인 커뮤니케이션의 결과라고 주장한다.

어쨌든, 앞에서 말한 커뮤니케이션 과정의 특성들을 생각할 때, 많은 커뮤니케이션이 효과적이라는 사실은 매우 놀랄 만하다. 그 이유는 무엇일까?

첫째로 언급할 요인은 행동의 규칙 정연한 구조(rule-ordered structuring of behavior)를 좋아하는 인간의 성향이다. 인간과 집단은 규칙(합의)을 만들고 규칙에 따라 살고자 하는 뿌리깊은 충동을 갖고 있는 것 같다. 예를 들어, 어떤 집단이 경기를 하기 위해 함께 모일 때, 맨 처음 하는 토의는 규칙들을 어떻게 할 것인가에 대한 합의를 도출하는 것이다.

그리고 일단 합의가 이루어지면, 누군가가 그 규칙을 이해하지 못하거나 지키지 않는다는 것이 명백한 경우를 제외하고는, 거의 그 규칙에 대한 재론은 없다. 그 집단의 모든 사람은 규칙이 있어야 하고, 모두 그 규칙에 동의해야 하고, 경기에 효과적으로 참여하고, 또한 경기를 중심한 상호 활동에 효과적으로 참여하는 것은 그 규칙을 지키는 데 달려 있다고 가정한다.

합의된 규칙이 독단적이라는 사실에 대해서는 거의 아무도 염려하지 않는다. 사람들은 이런 합의가 없으면 경기가 있을 수 없다는 사실을 직관적으로 알고 있는 것처럼 보인다. 그러므로 사람들은 경기가 끝날 때까지 독단적인 규칙을 현실로 받아들인다는 허구(fiction)에 기꺼이 동의하며 대개 서로 이 합의에 따라 경기를 할 것으로 믿는다.

그러나 농구 경기에서 모든 참가자들은 반드시 동일한 규칙에 합의할 필요가 있다. 예를 들어, 모든 참가자들은 경기장 바닥 둘레에 그어놓은 선이 경계선 안팎을 구분한다는 사실에 반드시 합의해야 한다. 또한 모든 참가자는 정해진 시간에 공을 가지고 어떻게 하는 것이 적절한지에 대해 합의해야 한다. 그리고 만일 제한 구역 밖의 선에서 공을 갖고 있거나 드리블을 하거나 패스를 하면 심판이 경기를 중지시키고 규칙을 위반한 것에 대한 적절한 벌칙을 주는 것이 옳다고 모든 사람이 합의해야 한다.

모든 참가자들은 어떻게 점수를 채점하고 어떻게 표시할지에 대해서도 합의해야 한다. 대안적인 규칙(예를 들어, 미식 축구와 같이 한 골 당 여섯 점으로 평가하는 것)들을 생각할 수도 있지만 다른 규칙에 따라 점수를 계산할 필요는 없을 것이다. 이외에 모든 참가자는 심판들의 자격과 권위에 대해서도 합의해야 한다. 이런 규칙들과 그 밖의 많은 다른 규칙들에 동의

하지 않는 사람들은 경기를 하지 말거나 자격을 박탈당한다.

　인간의 모든 행동은 이와 유사하게 농구 규칙과 같이 독단적일 수도 있는 규칙들에 의해 지배 받는다. 문화적 행동, 즉 우리가 모태 속에서 불완전한 의식이 시작될 때부터 교육 받고 요람부터 무덤까지 습관적으로 따르는 그 행동은 이렇게 규칙 정연한 구조로 이루어진다. 이와 마찬가지로 커뮤니케이션 행동도 규칙 정연하다. 이 규칙을 좋아하는 성향과 규칙에 대한 열심은 커뮤니케이션의 이해로 이어지는 인간 상황의 첫 번째 특징이다.

　두 번째의 중요한 특징은 인간들이 스스로를 집단으로 편성한다(humans organize themselves into groups)는 사실이다. 인간이 되는 것은 하나 또는 그 이상의 집단의 일부가 되는 것이다. 6장에서 준거 집단들(reference groups)이라고 칭한 이 집단들은 규칙들이 어떠해야 하고 그 규칙들이 어떻게 신봉되어야 하는지에 대한 매우 강력한 합의에 의해 특징지어진다. 이 합의에 규칙을 위반한 사람들에게 어떤 처벌이 있을 것인지에 대해 동등하게 강력한 합의가 추가된다. 존속하기 위해 집단은 구성원들에게 신뢰, 적극적인 관심, 상호 보완, 독립심, 상호 의무, 그리고 물론 합의 등을 강력하게 권하고 강요한다. 만일 이와 같은 특성들이 약해지면, 그 집단은 붕괴된다.

　한 집단의 구성원들간에는 '우리'(we-ness)라는 의식과 외부인들을 '그들'(they)로 대하는 강한 경향이 있다. 그리고 외부인들의 실재 또는 상상의 위협에 응하여 집단의 모든 사람이 한 사람을 대표하고 한 사람이 모두를 대표하는 일치감이 종종 존재한다. 또한 다른 집단들에 대한 우월감에 동반하는 파벌 의식도 종종 존재한다.

　이 모든 특징들이 항상 좋다고 말하고 싶지는 않지만, 이 '우리' 의식은 커뮤니케이션의 강력한 촉진제이다. 그리고 인간들이 자신이 속한 집단의 다른 구성원들과 상호 활동을 하는데 자신의 시간 대부분을 사용하는 경향이 있다는 사실은 효과적인 커뮤니케이션의 비율을 크게 높인다. 왜냐하면 수령자들이 커뮤니케이터를 신뢰하고, 의심나는 점을 커뮤니케이터에게 유리하게 해석하고, 커뮤니케이터가 자신의 생각을 명료하게 표현했든지 그렇지 않든지 관계없이 커뮤니케이터를 이해하려고 노력하고, 커뮤니케이션을 정확하고 공감적으로 해석하는 데 필요한 모든 일을 할 가능성이 가장 많은 곳이 바로 배타적인 소집단 안이기 때문이다. 게다가 피드백과 수정을 촉진하는 방식의 커뮤니케이션 상호 활동이 일어나는 곳도 바로 서로를 신뢰하고 서로에 대해 긍정적인 감정을 갖고 있는 집단 안이다.

다시 농구 분석으로 돌아가 보자. 우리는 어떤 특정한 집단이 사용하는 커뮤니케이션 규칙들을 농구 경기 연맹이 사용되는 규칙에 비유할 수 있다. 이 연맹전에서 농구팀들은 동일한 규칙에 따라 경기하지만, 각 팀(배타적 소집단)은 약간 다른 방식으로 경기에 임할 것이다. 어떤 팀은 다른 팀들보다 더 거칠게 경기를 하여 더 많은 벌칙을 받을지 모른다. 그러나 그 팀이 적어도 한 가지 규칙을 다른 팀보다 약간 더 위반하지만, 그럼에도 불구하고 그 팀도 여전히 동일한 규칙에 따라 경기하고 있다. 다른 팀들의 전략이 단거리 투구를 선호하는 데 반해 어떤 팀은 주로 장거리 투구 전략을 세울 수도 있다. 어떤 팀들은 다른 팀들보다 더 공격적일지 모른다. 아마 그들은 실력 부족을 보상하기 위해 공세에 의존했을 것이다. 또 다른 팀들은 과도하게 공격적일 필요 없이 점수를 얻을 수 있는 보다 나은 실력을 가지고 있을 수도 있다. 그러나 비록 각 팀이 규칙을 이용할 뿐 아니라 규칙의 약점도 이용하지만, 모든 팀은 동일한 규칙에 따라 경기를 한다.

커뮤니케이션도 이러하다. 그러니까 동일한 연맹에 많은 집단들이 있는 것이다. 이들은 동일한 전체 하위 문화의 일부분일 것이다. 즉 그들의 연맹은 매우 유사한 생활관-공통적인 세계관-을 공유하는 사람들로 이루어진 동일한 사회경제 수준 출신 집단들로 이루어진다. 이들에게 여러 가지 차이들이 있으나 다른 연맹과 이 연맹 간의 차이들을 비교해 볼 때 작은 차이에 불과하다. 게다가 이 집단들은 동일한 가치관을 공유할 것이다. 농구팀들과 마찬가지로 이 집단들은 각각 약간 다른 방식의 경기 규칙을 사용할 것이다. 그러나 전반적으로 볼 때 다른 팀들의 구성원들간에도 합의가 있기 때문에, 팀들 간에 커뮤니케이션이 가능하다.

그러나 두 팀들 중 한 팀은 축구 연맹 출신인 두 팀 간에 농구 경기를 하기로 했다고 상상해 보라. 그래서 축구 연맹에 속한 팀은 농구 규칙을 이해하지 못하고 경기가 축구 규칙에 따라 벌어질 것으로 기대했다. 이 두 팀이 경기를 벌일 때, 농구팀은 손으로 공을 드리블하거나 패스를 하는 반면에, 또 한 팀은 발로 패스를 한다. 그러나 축구팀이 공을 찰 때마다, 심판은 호루라기를 불어 시합을 멈추고 다른 팀에게 공을 넘겨준다. 왜냐하면 농구에서는 공을 차는 것이 위법이기 때문이다.

농구 규칙이 축구 규칙과 일치하기 때문에 축구팀은 이 경기 목적이 코트의 상대편 쪽에 골을 넣어 득점을 하는 것이라는 사실을 이해한다. 그러나 그들은 바스켓에 볼을 던져 점수를 얻으려고 하기보다는 바스켓 밑에서 공을 발로 차서 점수를 얻으려고 한다. 축구 선수들은 경기장의 상대편 쪽에서 점수를 내야 한다는 규칙뿐만 아니라, 제한 구역선의 의미와 심판들의 중요성, 그리고 농구와 축구에 공통적인 유사한 규칙들도 이해한다. 그러나 축구팀이 경기 규칙을 따를 때, 다른 경기 규칙을 적용하는 심판들에게 계속 벌칙을 받는다.

규칙은 동일하지만 경기 방식은 다른 경기를 하는 농구팀들을 상상함으로 매우 훌륭하게 예증되는 상황은 다른 사회 출신(그러나 동일한 언어를 말하는) 집단들이 서로 커뮤니케이션을 하려고 할 때 일어나는 일이다. 이런 커뮤니케이션 상황의 외적 상태에는 종종 표면적인 유사성이 존재하기 때문에 각 집단은 다른 집단도 규칙을 동일한 방법으로 사용하고 있는 것으로 기대한다. 이런 커뮤니케이션 상황에서 언어는 종종 거의 일치하는 것처럼 들린다. 그러나 이렇게 들리는 언어는 내부적으로 각 집단이 그 언어를 다르게 해석한다는 사실을 은폐하고 있다. 이와 마찬가지로, 얼굴 표정도 다른 집단들에게 다른 의미를 나타낼 수 있다. 몸짓, 공간 사용, 억양 등의 변수들도 다른 내용을 전달한다. 이렇게 제한 구역선, 유사한 경기 임원들, 골포스트의 유사한 위치들은 동일한 것처럼 보인다. 그러나 규칙들은 많은 혼동을 일으키기에 족할 만큼 차이가 난다.

이상의 사실들은 집단의 동일성의 영향이 커뮤니케이션 과정에 큰 관련성을 가지고 있음을 분명하게 나타낸다. 따라서 우리가 속한 집단을 더 선호하고, 우리가 속하지 않은 집단에서 활동해야 할 때 긴장과 정서적 스트레스를 경험하는 것은 전혀 놀라운 일이 아니다. 문화적 스트레스(종종 '문화적 충격'으로 칭해지는)는 자신의 문화적 경기의 규칙들은 잘 알고 있는 사람들이 다른 경기에서 느끼는 불안에서 기인하는 것이다. 다른 문화적 경기에서 그들은 자신들이 알고 있는 규칙들에 대한 복종이 효과적인 상호활동이라는 결과가 될 것인지, 아니면 그들이 알지 못하는 어떤 규칙을 어김으로 벌칙을 받는 결과가 될 것인지 계속 불확실한 것이다.

우리 자신의 집단 내에 머물 때, 보통 우리는 우리의 사회와 같이 급격하게 변하는 사회에서 세대들 간에 일어나는 혼란을(규칙이 누군가에 의해 변경되지 않는 한) 피할 수 있다. 그러나 급격하게 변하는 사회에서 우리는 앨빈 토플러가 '미래의 충격'이라고 칭한 일종의 문화적 스트레스를 경험한다(Alvin Toffler 1970을 보라). 그리고 성인 집단들과 젊은 집단들이 서로 다른 커뮤니케이션 연맹에서 활동을 하고 있다. 이 결과 외부인에게 모든 점에 있어서 비교적 동질적으로 보이는 사회 경제적 계급들과 지리적 집단들 내에 존재하는 세대들 간에 커뮤니케이션 격차가 존재한다. 우리 사회에 이 격차가 커질 때, 사회 집단들은 계급이나 지리적 근접의 동질성으로 구분되기보다는 연령의 동질성에 의해 구분되는 결과가 나타난다.

효과적인 커뮤니케이션을 좌우하는 세 번째로 강력한 요소는 습관의 세력(the power of habit)이다. 심지어 탄생 전부터 우리는 문화적(언어를 포함하는) 패턴과 구조에 따라 반사적으로(습관적으로) 우리의 삶에 영향을 끼치는 법을 배운다. 이 문화적 패턴과 구조는 우리 조상들이 우리가 할 일의 많은 부분을 정리하고 수행하도록 물려주고 추천한 것이다. 이 문화적, 언어적 지침에 따라 생활한 성인들은 우리가 이 지침의 적절성에 대해 그의 이의를 제기하지 않을 정도로 주입하고 철저하게 가르쳤다. 그러므로 우리는 우리가 배워온 바를 거의 변경하지 않는다.

실제로, 우리의 문화적 시각은 이와 같이 특수하고 미묘한 영적 분위기로 우리에게 제시되어 왔기 때문에 우리는 보통 우리가 배운 것이 세상을 이해하는 유일하게 정확한 방법으로 추정해 버린다. 즉 우리는 우리의 주관적 현실관, 문화적으로 주입된 현실관을 객관적인 현실관과 동등시한다. 우리는 우리 사회 방식과 다른 방식이 존재한다는 사실을 깨닫기 오래 전부터 우리의 사회 방식만 유일하게 바른 방식이라고 확신하게 되었다. 우리는 우리 주위에서 수많은 다양한 행동들을 관찰한다. 그러나 그 다양성은 동일한 연맹에 속하여 동일한 규칙에 따라 동일한 경기를 하고 있는 사람들에 대해 위에서 설명된 바와 같은 종류의 유사성이다. 즉 그 다양성은 허용된 한계 내에 속한 것으로, 다른 규칙을 사용하여 완전히 다른 경기를 하고 있는 집단들간에 존재하는 차이와는 전혀 같지 않은 다양성이라는 것이다. 간혹 우리는 우리의 창조성을 사용하여 행동을 바꾸기도 하지만, 거의 예외 없이, 항상 우리의 사회에 의해 규정된 지침 내에서 행동하고 있다.

이런 인식과 우리 주제와의 관련은 관습들이 우리에게 갖고 있는 엄청난 지배력에서 알 수 있다. 훈련과 습관 형성의 과정은 너무 강력하기 때문에 우리는 우리의 습관의 정당성이나 이 습관들이 우리로 하여금 자동적으로 따르게 한 규칙들의 정당성을 거의 의심하지 않는다. 우리는 우리가 행하는 각각의 행동을 이성적으로 사고함으로 우리 사회의 지시들을 따르는 것이 아니라 거의 완전히 반사적으로 따르고 있다. 이런 반사 작용은 적어도 마치 운동 선수의 반사적인 행동처럼 우리 안에 깊이 스며든 것 같다.

위에서 나는 규칙에 따라 우리의 삶을 정돈하는 인간의 성향에 대해 말한 바 있다. 여기에서는 우리가 그 규칙들을 따르는 방법의 습관적인 성질에 초점을 맞추고자 한다. 이 습관들은 한 집단의 구성원들이 커뮤니케이션을 만들어내고 해석하는 방식을 일치시키는 힘을 가지고 있다. 그리고 이 습관들은 자동적이며 상당히 정확한 커뮤니케이션 과정 작용에 크게 영향을 끼친다.

우리는 우리의 행동 방식을 해석한다. 우리는 그렇게 해석하도록 교육을 받아 왔고 실천해 왔기 때문에 우리가 속한 집단이 옳다고 생각하는 일을 반사적인 습관으로 행한다. 그러므로 이 관습의 지배력은 우리가 이 관습들을 따르면서 붙이는 습관의 강도에 좌우된다. 습관은 변할 수 있지만, 이 습관 변화는 보통 많은 노력을 필요로 하기 때문에, 세대가 변해도 습관 변화는 매우 느리게 나타난다. 따라서 이 습관들의 효과는 커뮤니케이션의 정확성, 특별히 집단 내 커뮤니케이션의 정확성에 매우 긍정적인 영향을 끼친다. 또한 이 습관의 지배력은 동일 사회 내의 여러 집단들과 세대들 간의 커뮤니케이션으로 확장된다.

커뮤니케이션의 성공에 기여하며 우리의 문화적 행동의 습관적인 성질과 밀접하게 관련된 네 번째 요소는 우리의 행동과 말이 고도의 예측 가능성(predictability), 또는 보다 전문적으로는 장황성(redundancy)을 가지고 있다는 사실이다. 이 장황성의 한 국면은 우리가 대부분의 시간 동안 잘 알고 있는 주제들을 논하고 동일한 또는 유사한 일을 계속 반복하여 말하는 경향이 있다는 것이다. 사실상 많은 대화들과 수많은 책들은 내용은 고도로 예측 가능하기 때문에 어떤 대화의 반 정도만 들으면 중요한 내용 전부를 아는 것이 종종 가능하다. 또한 일부 책들은 대충 읽어도 내용을 통달할 수 있다. 실제로 속독 과정은 이 사실에 기초한 것이다.

이러한 예측 가능성은 우리가 정형화(stereotyping)이라고 칭하는 에너지 절약 성향으로 이어진다. 정형화에 대해 말하자면 많은 부정적인 면들이 있지만, 한 가지 긍정적인 면은 정형화로 인해 우리가 정확하게 해석하기 위해 알아야 할 필요가 있는 많은 사항들을 대부분 매우 정확하게 추정할 수 있다는 것이다. 정형화는 사람, 장소, 시간, 등을 분류하여 일정한 범주의 구성 요소들이 공통적으로 갖고 있는 요소들이 재론될 필요가 없게 한다. 이와 같은 예측 가능성과 이 예측 가능성에 대한 우리의 반사적인 반응은 커뮤니케이션 현상들을 정확하게 해석하는 우리의 능력에 중요한 역할을 한다.

예측 가능성에 이르는 한 가지 중요한 요소는 커뮤니케이션 사건들이 여러 가지 정황들(contexts)에서 일어난다는 사실이다. 종종 이 정황들은 적어도 커뮤니케이션 사건의 보다 가시적인 특징들 만큼의 정보를 전달한다. 예를 들어 교회 예배에서 사용되는 예수 그리스도라는 말은 망치로 손가락을 찧은 목수가 사용하는 동일한 말과 다르게 해석되어야 한다(역주: 후자의 경우는 '제기랄'이라는 의미이다). 이 두 가지 상황에서 우리로 하여금 이 말을 다르게, 그러나 정확하게 해석할 수 있게 하는 요인은 이 두 가지 정황에 따르는 특정한 예측 가능성을 아는 것이다. 단어, 어구, 그리고 그 밖의 커뮤니케이션 수단들은 종종 매우 넓은 의미 범위를 갖고 있다. 그러나 특별한 정황에서 사용되는 특정한 단어의 특정한 의미에 대한 예측 가능성은 그 범위를 매우 좁히고, 사람들로 하여금 다른 경우일 때보다 정확한 해석을 할 수 있는 기회를 준다(이 정황에 대한 더 자세한 논의는 10장에서 보라).

우리의 정확한 해석 능력과 많은 관계를 갖고 있는 다섯 번째 요소는 인간들이 갖고 있는 다른 사람들을 적응시키거나 다른 사람들에게 적응하는 능력이다. 우리에게는 이해하는 본능적 욕구, 즉 다른 사람들의 행동과 말에서 의미를 받아들이는 소질이 있는 것 같다. 그리고 우리는 이렇게 하기 위해 심지어 자신의 방식을 이탈하기도 한다. 종종 우리는 어떤 사람이 말하려고 하는 것 같은 내용을 추측함으로 하찮은 커뮤니케이션 시도들에까지 적응한다. 우리가 얼마나 자주 서로의 문장들을 완전히 마무리할 수 있는지 주목해 보라.

일치를 위해 우리의 사회와 집단이 우리에게 과하는 압박에도 불구하고 우리에게는 우리가 서로 다르다는 느낌이 있다. 개성은 삶의 현실인 것처럼 보인다. 그러므로 동일한 집단, 긴밀하게 결합된 집단의 개인과 개인간에도 커뮤니케이션의 차이가 있는 것이다. 이 점에 대한 중요한 근거는 우리 모두가 다른 생활사(life history)를 갖고 있다는 사실이다. 그리고 이 생활사의 차이는 사람들이 생활 경험의 차원에 있어서의 여러 가지 차이들로 이어진다. 또한 인식의 수준에도 차이가 있고, 따라서 해석의 수준에도 차이가 있다. 그러므로 우리가 이해하고 이해되고자 한다면, 우리와 다른 인식과 해석에 기초하여 활동하는 사람들에게 적응하는 법을 배우는 것이 절대로 필요하다. 그러나 다른 사람에게 적응하기 위해서는 동기와 욕구와 재능과 노력이 요구된다. 심지어 자신의 집단 내에서도 존재하는 모든 커뮤니케이션의 격차들을 극복하는 데 요구되는 노력을 가능하게 해 주는 이 특성들을 모든 사람에 충분하게 소유하고 있는 것은 아니다. 그럼에도 불구하고 대부분의 사람들이 적응을 하는 데 필요한 에너지를 사용하여 언제나 효과적인 커뮤니케이션이 자신들의 정상적인 경험이 되게 하려고 하는 것처럼 보인다.

커뮤니케이션의 효과에 기여하는 여섯 번째 요소는 인간의 커뮤니케이션 활동에서 우리가 정확성을 요구하기보다는 근사치(approximation)를 감수한다는 사실이다. 우리에게 우리 집단의 다른 구성원들과의 일치를 강요하는 사회 문화적 요소들의 인상적인 배치에도 불구하고, 사람들간이나 사람들이 만들어내는 것들 간의 철저한 동일성은 거의 없다. 예를 들어, 의미의 일치를 야기하는 문화적 훈련에 대해 토론을 할 때, 우리의 커뮤니케이션을 매개하는 상징들의 해석의 정확도는 실제의 경우보다 더 크게 추정되는 것 같다.

9장에서 논의될 바와 같이, 우리가 커뮤니케이션할 때 사용하는 언어 및 다른 수단들이 매우 예리한 도구는 아닌 것 같다. 예를 들어 단어들은 종종 매우 광범위한 의미를 포함하며, 또한 종종 모호하다. 그리고 단어들이 보다 광범위하게 사용될수록, 더 다양한 사람들과 집단들이 그 단어들을 사용하며, 의미가 포함하는 영역도 더 넓으며, 따라서 그 단어들의 모호함도 더 크다. 그러나 이 정확성 결여는 서로 커뮤니케이션 하는 사람들이 거의 정확성을 요구하지 않는 사실에 의해 보상된다. 만일 단어들을 화살에 비유한다면, 그 화살이 과녁의 아무 데나 맞기만 하면 수령자들은 화살이 반드시 과녁의 중심을 맞추기를 거의 요구하지 않는다.

이 일반적인 법칙의 한 가지 예외는 과학과 같은 영역이다. 과학과 같은 영역의 언어는 비교적 작은 집단에 의해 발전되며 매우 제한된 정황에서 상당히 의도로 사용된다. 그러므로 이런 용어들이 사용되는 집단과 정황의 제한성과 그들이 새로운 구성원들에게 자신들이 사용하는 용어들의 의미를 가르치는 매우 격렬한 주입식 교육으로 인해 이런 종류의 언어는 다른 언어보다 더 고도로 정확해질 수 있다. 평범한 언어는 전문적인 언어에 비해 훨씬 덜 정확하다. 그러므로 기독교 커뮤니케이터들은 학자들과 이야기할 때가 아니면 전문적인 언어를 사용하는 것을 삼가라는 조언을 받는다. 앞에서 언급한 바와 같이 성경과 예수께서는 말씀을 듣는 사람들에 맞추어 전문적인 언어를 좀처럼 사용하지 않는다.

사람들이 커뮤니케이션에서 정확성을 요구하기보다는 근사치에 만족한다는 사실은 우리의 적응하는 능력, 우리의 이해하고자 하는 본능적 욕구, 예측 가능한 요소, 그리고 대부분의 커뮤니케이션이 참가자들간에 상당히 효과적으로 통용되는 것을 가능하게 하는 그 밖의 많은 다른 요소들과 연결된다.

3. 그러면 어떻게 해야 하는가?

본 장은 수령자들에게 너무 많은 것을 떠맡기는 커뮤니케이션 과정의 비참한 결과들을 생각하며 잃을 수 있는 안정감을 우리가 되찾는 데 도움을 주고자 하는 목적으로 설계되었다. 우리에게 커뮤니케이션을 받는 사람들이 그 커뮤니케이션으로 무엇인가를 할 수 있다는 가능성을 생각할 때 정말로 놀라운 일이 아닐 수 없다. 우리는 수령자들이 고의적으로 우리의 메시지를 오해한 충분한 실례들을 발견함으로 수령자들의 주권에 대해 올바르게 두려워해야 한다. 여기에서 수령자들이 이 능력을 항상 멋대로 파괴적인 방법으로 사용하는 것이 아니라는 사실을 지적할 필요가 있을 것이다.

그럼에도 불구하고 만일 우리가 본 장의 논의로 인해 커뮤니케이션 과정에서 수령자들이 행사하는 권세의 중요성을 축소하려고 한다면 정말로 불행한 일이 될 것이다. 그보다 우리는 그 권세를 충분히 인식하여 우리의 행동과 말이 정확하게 해석될 것이라는 더 큰 확신을 얻기 위해 본 장에서 지적된 요소들을 사용하고자 노력해야 한다.

예를 들어, 우리는 사람들이 규칙에 따라 경기를 하고 정확하게 해석하려고 애를 쓴다는 사실을 인정할 수 있다. 따라서 만일 사람들이 부정확하게 해석하고 있다면 그들이나 우리 중 한쪽이 우연히 또는 의도적으로 중요한 규칙들을 위반하고 있을 것이다.

만일 의도적으로 규칙들이 위반되고 있다면, 사람들간에 중대한 집단적인 경계선(group boundary)이 있을 것이다. 왜냐하면 의도적으로 그릇된 해석을 하는 사람들은 대개 자신들이 그릇되게 해석한 사람들을 '우리'라고 부르지 않고 '그들'이라고 부르기 때문이다. 그러므로 우리가 그들에게 커뮤니케이션을 하려고 할 때, 그들이 우리의 준거 기준의 규칙들을 배울 필요가 있거나, 아니면 우리가 그들의 준거 기준의 규칙들을 배울 필요가 있을 것이다. 그리스도를 본받기 위해 노력하는 사람에게 있어서는 후자가 행할 길이라고 나는 믿는다. 집단성(groupness)은 효과적인 커뮤니케이션을 용이하게 한다. 그리고 우리의 커뮤니케이션을 받는 사람들의 일원이 되는 것이 내집단(in-group)과 외집단(out-group)간의 간격을 넘는 커뮤니케이션을 하려고 할 때 고유적인 문제들을 극복하는 가장 확실한 방법이다.

이 인식은 우리로 하여금 커뮤니케이션에 있어 집단성의 중요성을 주목하게 한다. 집단들에 의해 그 구성원들 간에 발생되는 신뢰 관계는 커뮤니케이터의 시도들이 매우 숙련되지 못할 때에도 사실상 구성원들이 최대한의 배려와 호의와 인내를 서로 베푼다는 것을 보장한다. 하나님께서 그리스도인들이 교회라고 칭하는 봉사와 친교의 집단으로 조직되기를 기대하신다는 것은 우연이 아니다. 또한 이 집단이 동질적이 아니라 사회학적인 경향이 있다는 사실도 이상한 일이 아니다. 분명히 하나님께서는 성취될 수 있는 많은 건강한 성장을 초래할 가능성들을 위해 이런 집단들의 많은 위험한 가능성들(예를 들어 당파심, 배타성)을 기꺼이 무릅쓰신다.

인간의 집단성 욕구를 가정할 때, 모든 커뮤니케이션(기독교 커뮤니케이션을 포함하는)이 완전히 동질적인 집단들 내에서 가장 효과적이라는 사실은 놀라운 일이 아니다. 따라서 커뮤니케이션 시도들은 어떤 집단의 대표자들이 다른 집단의 대표자들에게 커뮤니케이션을 시도할 때 오해될 가능성이 가장 많을 것이다.

이 사실을 예증하기 위해, 우리는 그리스도인들이 기독교 공동체의 구성원의 자격으로 비기독교 공동체의 구성원들에게 증거를 하려고 할 때 가장 중대한 문제가 일어난다고 지적할 수 있다. 회심을 할 때, 우리는 비기독교 집단의 구성원들로부터 기독교 공동체의 일원으로 옮겨 간다. 그 다음에 그리스도 안에서 성장하면서 우리는 다른 그리스도인들과 더 비슷해지는 한편, 과거의 비그리스도인 친구들과는 더 달라지는 경향이 있다. 이 차이는 우리와 우리의 옛 친구들간의 커뮤니케이션 간격을 넓게 만든다. 그러므로 성숙한 그리스도인들로서 우리는 비그리스도인들에게 도달하기 위해 이문화(異文化)적으로 커뮤니케이션하는 법을 배울 필요가 있다. 그러나 가장 최근에 외집단에서 회심한 사람들이 비그리스도인의 외집단 구성원들에게 증거할 때 가장 쉽게 전달될 수 있다. 왜냐하면 새로운 회심자들은 과거 집단의 언어와 사고 패턴을 아직 잃지 않았기 때문이다. 따라서 효과적인 커뮤니케이션을 보장한다는 것은 집단의 동일성과 관련된 요소들에 확실한 주의를 기울이는 것을 의미한다.

  우리는 우리와 다른 사람들이 태어날 때부터 배워온 습관과 풍습의 힘을 인정해야 한다. 왜냐하면 성장을 향한 그리스도인의 성장 과정에서 내부 집단(intra-group)의 커뮤니케이션을 용이하게 하는 바로 그 습관들(예를 들어, '나의' 집단에 우선권을 두거나, 오직 "나와 같은 종류의 사람들하고만 교제하는 것")이 종종 바뀌어질 필요가 있기 때문이다. 그럼에도 불구하고 그 습관들은 강력하고 집요하기 때문에 우리는 그런 습관들을 처리함에 있어 인내를 가질 필요가 있다.

  마찬가지로 우리는 기독교 커뮤니케이션에 있어 예측 가능성이 차지하는 위치에 주의를 기울이는 것이 좋다. 앞에서 나는 설교의 의례적인 성질에 대해 이야기한 바 있다. 설교를 의식화하는 것이 바로 예측 가능성이다. 참가자들은 종종 이 설교의 예측 가능성을 매우 필요로 한다. 만일 커뮤니케이터들이 이 이 사실을 인식하지 못하고 자신들이 상당히 다른 일을 하고 있다고 믿고 있지 않다면, 대개 여기에는 문제가 없다. 이 사실을 이해함으로 기독교 커뮤니케이터들은 자신들의 의도와 그 의도를 전달하는 데 사용되는 수단들과 보다 잘 조화시킬 수 있어야 한다.

  적응성(adaptability) 요소에 대한 이해는 커뮤니케이션의 인격성

(personalness)에 대한 우리의 인식에 기여한다. 사람들은 상당히 넓은 격차를 극복하고 적응할 수 있다. 문제는 수령자들이 우리를 이해하기 위해 필요한 모든 적응을 하는 노력을 하도록 우리가 어떻게 그들에게 동기를 부여할 수 있는가 하는 것이다. 우리의 내집단에서 사람들에게 말할 때, 보통 우리는 그들이 적응을 하기 위한 노력을 할 것이라고 추정할 수 있다. 그러나 외집단의 구성원들에게 말할 때, 그들에게 적응의 동기를 부여하는 문제는 중대한 문제가 된다.

언어의 대략적인 성질에 대한 논의에서 우리는 너무 과하게 정확성을 기하려고 하지 않겠다는 교훈을 얻어야 할 것이다. 그 대신 우리는 결정적으로 중대한 요점들에 효과적으로 초점을 맞추기 위해 더 많은 예화를 들고 더 많이 반복을 하겠다는 동기를 부여받아야 한다. 왜냐하면 이것이 이해를 높이는 정상적인 방법이기 때문이다. 대중적인 청중에게 전문적인 언어를 사용하는 것은 전혀 훌륭한 착상이 아니다. 심지어 학구적인 청중들에게도 전문적인 언어를 사용하는 것이 효과적이라고 가정할 수 있는지도 의문을 가져볼 수 있다. 아마 우리는 성경이 평범하고 비전문적인 언어라는 사실에서 교훈을 얻을 수 있을 것이다. 하나님의 목적들에 가장 잘 어울리는 언어는 바로 그런 언어인 것이다.

Communication Theory for Christian Witness

제9장 우리가 사용하는 전달 수단들

1. 전달 수단은 도움이 되는가 아니면 방해가 되는가?

전달 수단의 목적은 무엇인가를 전달하는 것이다. 커뮤니케이션의 전달 수단은 메시지를 전달하고자 하는 것이다. 이런 전달 수단이 자기 역할을 잘 할 때, 눈에 띄지 않고 메시지를 향상시킨다. 반면에 부적절한 또는 어색하게 적용된 전달 수단은 메시지의 자연스러운 흐름을 어지럽히거나, 왜곡하거나, 또는 방해한다. 다음의 전달 수단들이 전달되는 메시지에 어떤 일을 행하는지 주의해 보라:

"나는 살이 찐 것이 아니다. 단지 건장한 배를 갖고 있을 뿐이다"
(Charlie Brown)

하나님이 세상을 이처럼 사랑하사 너에게 벌을 주신다.

길르앗 사람이 에브라임 사람 앞서 요단 나루턱을 잡아 지키고 에브라임 사람의 도망하는 쟈가 말하기를 청컨대 나로 건너게 하라 하면 그에게 묻기를 네가 에브라임 사람이냐 하여 그가 만일 아니라 하면 그에게 이르기를 십볼렛이라 하라 하여 에브라임 사람이 능히 구음을 바로 하지 못하고 씹볼렛이라면 길르앗 사람이 곧 그를 잡아서 요단 나루턱에서 죽였더라 (삿 12:5b-6a)

요한이 와서 먹지도 않고 마시지도 아니하매 저희가 말하기를 귀신이 들렸다 하더니 인자는 와서 먹고 마시매 말하기를 보라 먹기를 탐하고 포도주를 즐기는 사람이요 세리와 죄인의 친구로다 하니
(마 11:18, 19a)

(다윗이) 여호와 앞에서 힘을 다하여 춤을 추는데 때에 베 에봇을 입었더라…사울의 딸 미갈이 창으로 내다보다가 다윗왕이 여호와 앞에서 뛰놀며 춤추는 것을 보고 심중에 저를 업신여기니라
(삼하 6:14, 16b)

미국인 남성이 운전을 하는 차의 앞좌석에 앉은 한 미국 여성이 빈번히 마주치는 문제에 대해 생각해 보자. 그 여성이 중간에 앉아 있는가? 남성 쪽에 가까이 앉아 있는가? 창문 쪽에 붙어 앉아 있는가? 분명히 여기에는 어떤 암호가 존재하며, 분명히 그 암호는 운전사와 그 여성의 관계에 대한 커뮤니케이션과 공통적인 이해에 기초하고 있다…이런 암호들은 기술되는 것이 아니라 터득되는 것으로…우리는 이런 암호들을 거의 의식하지 못한다(Keesing and Keesing 1971:21-22).

시간은 말을 한다(Hall 1959).
공간은 말을 한다(Hall 1959).

"하나님께서는 나바호족(Navaho; 역주: 미국 뉴멕시코, 애리조나, 유타주에 사는 원주민)의 말을 하신다"(한 나바호인이 자기 말로 번역된 성경을 보고 외친 감탄; Walis 196을 보라).

"교회에서 우리가 독백극을 사용한다면 장로 여러분들이 한 사람도 교회에 나오지 않는 이유가 될 수 있을까요?" "물론, 우리는 그런 모든 것을 멀리해 왔습니다"(작가와 나이지리아 교회 지도자들간의 대화 중 일부).

2. 암호

우리는 커뮤니케이션 과정과 커뮤니케이션 과정에 나타나는 일부 요소들의 특징을 살펴보았다. 이제 우리는 우리가 커뮤니케이션을 하며 사용하는 전달 수단들을 고찰해 보고자 한다.

암호(code)라는 말로 우리는 "어떤 사람에게 의미심장한 방식으로 구성될 수 있는 상징들의 집단"을 의미한다(Berlo 1960: 57). 언어는 가장 중요한 암호이다. 그러나 또 다른 무수한 암호들이 있다. 그리고 이 모든 중요한 암호들은 스미스가 "열두 가지 기본 신호 체계"(Smith 1984)라고 칭한 것에 기초하고 있다. 이 열두 가지 신호 체계(signal systems)는 언어(verbal) 체계, 문자(written) 체계, 숫자(numerical) 체계, 그림 체계, 청각(audio) 체계, 운동(kinetic) 체계, 예술(artifactual) 체계, 시각 체계, 촉각 체계, 시간(temporal) 체계, 공간 체계, 그리고 후각 체계이다.

홀로 또는 공동으로, 이 요소들의 문화적으로 정해진 구조는 우리가 음악, 미술, 조각, 연극, 춤, 몸짓, 어조, 공동 식사, 꽃, 성교, 의식, 등으로 칭하는 해석 가능한 암호들을 만들어 낸다. 이보다 분명한 암호들 외에, 냄새, 접촉, 거리 조절, 시간 조절, 색깔, 온도, 조명, 심지어 침묵과 같은 종종 우리가 거의 인식하지 못하는 암호들을 통해 보내지는 구조적 메시지들도 있다.

예를 들어, 한 미국인 젊은 여성이 젊은 남성에게 자신이 그에게 열렬한 사랑의 관심을 갖고 있음을 커뮤니케이션하려고 할 때, 그녀는 이런 암호들 중 몇 가지를 신중하게 사용할 것이다. 그녀는 아마 후각적 인식을 통해 그의 관심을 끌기 위해 향수를 사용할 것이다. 그리고 그녀는 신중하게 자신의 행동과 말을 좋은 시기에 맞출 것이다. 그녀는 자주 몸짓으로 자신의 말을 강조하고 둘이 함께 있을 때 다양한 접촉의 상징들을 사용할 것이다. 그 외에, 그들은 춤을 추거나, 음악을 듣거나, 함께 식사를 하거나, 미술, 조각, 등을 감상하기도 할 것이다. 젊은 여성은 자기 아파트 벽에 그림들을 배치할 때나 함께 이야기할 때 들릴 음악을 고를 때, 매우 의도적으로 이런 상징적인 기호를 조절할지 모른다. 그러나 젊은 남성이 그녀가 보내고 있다고 믿는 비언어적 메시지들을 해석할 때 그의 마음에 진행되고 있는 많은 내용의 대부분을 젊은 여성은 의식하지 못할 수도 있다. 즉 이 암호들을 사용하고 있다는 의식의 수준이 높을 수도 있고 낮을 수도 있으며 또한 이 암호들이 해석되는 방법에 대한 인식의 수준도 클 수도 있고 적을 수도 있다는 것이다.

물론 특정한 암호가 사용되는 환경이나 상황은 그 암호를 통해 전달되는 메시지의 해석에 크게 기여한다. 이런 환경 조정은 시간과 공간의 암호를 사용한다. 부부가 영화를 함께 보고 돌아와서 저녁때에 틀어놓는 조용한 음악은 교회에서 예배 전에 듣는 조용한 음악과 매우 다르게 해석될 것이다(환경에 대한 더 자세한 논의는 다음 장을 보라).

환경을 암호화하는 시간과 공간을 해석하는 우리의 능력 외에, 우리는 종종 암호의 선택을 해석할 수도 있다. 예를 들어, 완전히 언어적 암호에 사용된 설교의 단어들과 노래의 결합된(즉 단어들과 음악의 결합) 단어들의 동일한 배치는 거의 동일한 메시지를 전달하지 않는다. 마찬가지로 동일한 "사랑합니다"라는 말이 구두로 말해질 때와 접촉으로 전달될 때, 또는 크리스마스 카드를 통해 전달될 때에도 동일한 메시지로 받아들여지지 않는다. 이 차이는 주요 메시지에 있는 것이 아니라 수령자들이 주요 메시지를 해석할 때 그 메시지가 전달되며 사용되는 암호도 함께 해석한다는 사실에 있다. 메시지가 전달되며 사용된 암호의 해석 자체가 파악되는 메시지의 일부분이 되는 것이다. 따라서 유능한 커뮤니케이터가 되려고 하는 사람은 전달되는 메시지에 맞추어 선택되는 암호의 영향을 함부로 무시하지 않는다.

메시지 전달에 도움이 될 수 있는 암호에 대한 첫 번째로 중요한 필요 조건은 그 암호가 전달되는 메시지의 정확한 해석을 용이하게 한다는 것이다. 만일 메시지가 의도하는 수령자들이 메시지를 해석할 수 없게 만드는 암호를 통해 제시된다면 그 메시지는 아무런 쓸모가 없게 될 것이다. 예를 들어, 외국어 메시지는 그 언어를 모르는 사람의 해석 능력을 분명히 벗어난 것이다. 마찬가지로 춤과 같은 암호를 통해 전달되는 메시지는 그런 암호를 이해하지 못하는 사람에게 무익한 메시지이며, 또한 수령자들이 불쾌하게 여기는 음악 형태의 암호를 통해 전달되는 메시지도 같은 결과를 낳는다(아래의 요점 2를 보라).

커뮤니케이션의 모든 면들과 마찬가지로 암호의 사용은 계약으로, 의도된 의미의 적절한 해석에 대해 커뮤니케이터와 수령자 간의 합의에 기초한다. 따라서 집단들 간의 다른 조건이 암호 해석 능력에 중요한 요소가 된다. 예를 들어, 미국 사회에서 여성과 남성은 종종 개인적 공간의 암호를 다르게 해석한다. 즉 남성은 격의 없는 대화에서 자기에게 가까이 다가서는 여성이 자기와 더 친밀해지자고 청하는 메시지를 보내고 있는 것으로 이해할 수 있다. 특별히 그 여성이 그 공간 사용과 미소 등의 우호의 몸짓들을 함께 결합시킬 때 그러하다. 그러나 그녀는 그런 메시지를 의도하지 않았고 자신이 왜 그렇게 해석되는지 의아하게 여길지 모른다.

마찬가지로, 특정한 세대로 이루어진 집단이나 사회 계급의 구성원들이 사용하는 암호가 다른 세대나 계급에 의해 다르게 해석되는 경우는 흔히 있는 일이다. 옷을 입는 방식, 모발의 길이, 음악, 그리고 심지어 생활 양식들도 미국 사회에서 세대간에 종종 그릇되게 해석된다. 그러나 젊은이들이 과거 세대의 가치관에 대한 불만이나 반항으로 이런 암호들을 사용할 때, 나이 든 세대들은 그 메시지를 매우 정확하게 해석한다. 종종 젊은이들은 그런 메시지들을 커뮤니케이션하기 위해 이 메시지들을 어떻게 사용해야 하는지를 매우 잘 알고 있다. 그러나 나이 든 사람들이 단지 동배 집단에 속한다는 것을 알리는 음악이나 옷을 입는 방식이나 모발의 길이의 암호를 사용하는 젊은이들을 세대적인 반항의 메시지를 보내는 것으로 그릇되게 이해하는 일은 드물지 않다. 마찬가지로 하층 사회 계급에 속하는 사람이 동배 집단에게 성공을 커뮤니케이션하기 위해 큰 차나 화려한 집을 샀을 때에도 상류 사회 계급에 속한 사람들은 그 메시지를 잘못 해석한다.

다른 청중들의 틀린 해석이라는 문제들이 항상 거의 해석될 수 없는 것이지만, 암호 사용자들은 의도하는 청중의 해석 능력을 신중하게 고려하고 또한 그들에 대한 충격을 명확하게 유념하고 암호를 선택할 필요가 있다. 예를 들어, 어떤 상황에서 꽃을 준다거나 너무 가깝게 앉거나 서는 것이 의도보다 더 많은 메시지나 의도와 다른 메시지를 전할 수 있다. 또 다른 상황에서는 말의 사용이 전혀 먹히지 않고, 꽃이나 공간, 심지어 침묵의 암호들이 의도한 메시지를 전달하는 적절한 암호가 되기도 한다. 어쨌든 간에, 적절한 암호는 수령자들이 의도된 메시지를 정확하게 전달하는 것으로 가장 빨리 해석할 수 있는 암호이다.

두 번째의(그리고 밀접한 관계가 있는) 암호의 특징은 메시지와 암호 방식 간에 어울리는 조화의 필요성이다. 7장에서 우리는 언어와 의미를 다루었다. 그러나 우리는 동일한 언어 암호가 다른 방식으로 사용된 메시지를 동일한 대상 집단에게 사용될 때의 결과들에 대해서는 다르지 않았다. 예를 들어, 수령자들이 어떤 메시지에 부적합한 것으로 판단하는 언어 방식으로 그 메시지를 제시할 수 있다. 설교에 불경한 표현이 많이 포함되었거나 또는 교수가 어린이의 말투로 강의를 할 때 이런 판단이 내려질 것이다.

수령자들이 커뮤니케이션을 하는데 사용된 암호와 메시지 간에 적절한 조화의 결여를 인식할 때 그 조화 결여의 모순은 메시지 전체에 관련되어 메시지 전체를 완전히 바꾸어 버리게 되는 법이다. 그 이유는 수령자들이 암호, 그리고 암호와 메시지의 조화를 전체 메시지의 일부분으로 해석하기 때문이다. 의도하는 메시지와 사용되는 언어(또는 다른) 암호 간의 조화가 훌륭할수록 수령자의 정확한 해석의 가능성은 더 커진다.

예를 들어, '저주를 주시는 하나님'이라는 제목의 설교를 상상해 보라. 만일 주요 메시지만 해석되었다면 이 제목은 '돌보시는 하나님'이라는 제목보다 더 큰 감동을 주는 매우 훌륭한 제목이었을지 모른다. 그러나 최선의 경우일지라도 많은 사람이 벌이라는 단어의 사용이 부적절하다고 판단할 것이고 최악의 경우에는 참람하다고 판단할 것이다. 그러므로 설교를 듣는 사람들에 끼치는 부정적인 충격은 이와 같은 제목의 잠재적인 긍정적 가치를 무효로 만들 것이다. 왜냐하면 부적절하게 적용된 암호(듣는 사람들의 관점으로 볼 때)가 불유쾌한 방식으로 전체 메시지에 관련되기 때문이다.

찰리 브라운의 "나는 살이 찐 것이 아니다. 단지 건장한 배를 갖고 있을 뿐이다"라는 말에서도 역시 암호(즉 언어 방식)는 주요 메시지에 관여하지만 대부분의 사람들이 동의할 수 있는 교묘한 방법으로 관여한다. 이 경우에 주요 메시지와 암호 간의 조화는 전체 메시지일 수도 있는 내용이 강요되는 결과를 낳는다. 그러나 이 강요는 고의적으로 전체 메시지를 현학적인 메시지에서 보다 충격적인 메시지로 바꾸기 위한 의도로 하는 것이다.

유능한 커뮤니케이터들은 수령자들로 하여금 주요 메시지와 부가 메시지(암호의 메시지를 포함하는)를 자신들의 의도와 일치하게 해석하도록 인도한다. 예를 들어, 목사의 경우에, 만일 전체 메시지에 상승 효과를 준다면 특정한 교회 상황에서 고풍스러운 용어를 사용하는 것이 좋다고 생각할 수 있다. 현대의 언어가 부적절하게 들릴 수 있는 나이든 신도들을 위한 기도나 성경 봉독의 경우가 그럴 것이다. 그러나 젊은이들이나 여러 세대가 혼합된 청중의 경우에, 목사는 고풍스러운 언어 암호가 전체 메시지를 도울지 아니면 방해할지 숙고할 필요가 있다. 만일 청중이 하나님이 적어도 삼 천 년 전에 계시는 분이라는 인상을 가지고 있다면, 목사는 반대적인 메시지로 청중들에게 경계를 주기 위해 고의적으로 다른 형태의 언어를 사용해야 할 것이다.

　설교를 위한 언어 암호는 고풍스럽다기보다는 오히려 비인간적이거나 지적으로, 하나님과 하나님의 사자들이 비인간적이고 학구적이라는 인상을 줄 수 있다. 예를 들어, 하나님의 사랑과 관심과 같은 가장 상관적인 주제들이 그런 개념들에 대한 정상적인 해석을 방해하는 암호를 통해 제시될 수 있다(그리고 종종 그런 암호로 제시된다). 그러므로 설교는 종종 사용되는 암호 때문에 연기(performance)로 해석된다. 본 장의 뒤에서 나는 이 모순을 벗어나는 방법을 제시할 것이다.

　이제 우리는 메시지를 전달하는 수단으로 언어 이외의 몇 가지 암호들을 고찰하고자 한다.

　그 중 첫 번째는 음악(music)이다. 벨로가 지적한 바와 같이, "음악은 암호이다. 음악은 어휘(음표)와 구문론을 가지고 있다. 즉 음표들을 조직하여 듣는 사람에게 의미를 주는 과정을 갖고 있다. 만일 음악을 이해하고자 한다면 우리는 암호를 배울 필요가 있다"(Berlo 1960:57).

　대부분의 사람들은 복잡한 언어를 알고 있는 것 만큼 음악 암호의 전문적인 면들에 대해서는 알지 못한다. 그러나 모든 사람들이 어느 정도 음악 암호를 사용하거나 해석하는 법을 배운다. 노련한 커뮤니케이터는 음악 암호를 노련하게 사용하는 법을 배울 필요가 있다. 왜냐하면 다른 전달 수단들보다 특별히 음악을 통할 때 더 잘 전달되는 메시지들이 있기 때문이다. 그리고 계속하여 음악을 통해 커뮤니케이션 되는 메시지들, 바르게 인식하여 방지할 필요가 있는 음악 메시지들이 있다.

　후자의 메시지들 중에, 우리는 교회라는 정황에서 케케묵은(또는 심지어 불쾌하기까지 한, 예를 들어 '피로 가득찬 샘물') 비유나 은유가 전통적인 곡조와 결합된 우리의 찬송가들에서 솟아나오는 하나님의 엉뚱함(irrelevance)에 대한 강력한 음악 메시지를 찾아 내어 폐기시킬 필요가 있다. 우리 교회의 음악 연주가들 중 많은 이들이 사용하는 음악 암호를 통해 강력하게 발표되는 "나에게 귀를 기울이라. 내가 얼마나 노래를 잘 부르는지/악기를 잘 연주하는지 보라"는 메시지에 우리가 찬성할 수 있을까? 만일 교회의 커뮤니케이션이 단순하게 공연이 아니라면 그리고 만일 우리가 그렇게 엉뚱한 파라메시지에 대해 우려한다면, 우리는 음악이 사용될 때마다 확인하여 해석을 바꾸기 위한 조치를 취할 필요가 있다.

외우기 쉬운 곡조로 표현된 사람의 마음을 끄는 메시지의 노래가 어떤 기회에 터득되어, 이후 오랫동안 사람들의 마음에 머무르며 반복하여 불려질 때 그 강력한 영향력은 아무리 크게 평가해도 과하지 않다. 예수의 가르침 중 많은 부분은 시 형태이기 때문에 이런 식으로 전해졌을 것이다 (Toyotome 1953을 보라). 40 퍼센트가 운문으로 말해지는 구약성경도 마찬가지이다(Klem 1982). 나는 만일 성장을 촉진하는 노래를 머리에 담아 사람들을 파송하는 것을 목표 삼는 교회의 예배가 대부분의 설교보다 암호와 메시지 간의 성경적인 조화를 더 밀접하게 본받는 것이 아닐까 생각한다.

연극(drama)은 또 한 가지의 암호이다. 아마 연극은 기독교 커뮤니케이터들이 더 자주 더 효과적으로 사용해야 하는 암호들의 결합일 것이다. 만일 메시지가 공연의 차원에서 공중 분해되거나 모호해지지 않는다면 성경이나 그 밖의 행사들을 연극화하는 대규모 연출은 매우 유익할 수 있다. 아마 다른 암호와는 달리, 드라마에서는 기독교 메시지의 인격적이고, 생기 있고, 경험적인 차원들을 돋보이게 하는 것이 가능하다.

그러나 모든 교회의 연극이 대규모일 필요는 없다. 종종 목사는 성경의 인물 역할을 함으로 메시지와 연극 암호 간의 매우 효과적인 조화를 이룰 수 있다. 한 목사는 근동의 의상을 입고 "내 이름은 가룟 유다이다" 라는 말로 이런 방식의 표현을 시작했다. 그 다음에 메시지가 일인칭으로 제시되었고 그 메시지를 경험한(단순히 들은 것만이 아니다) 사람들에게 오랫동안 기억되었다. 쓰레기로 덮인 성찬대에 의해 강조된 '생태학의 신학' 이라는 설교를 한 또 다른 목사의 이야기를 들은 적이 있다. 이 설교에는 성찬대를 그런 식으로 사용하는 것의 타당성에 대해 신도 두 사람이 나와 미리 연출된 논쟁이 수반되었다. 그 다음에 쓰레기통을 든 한 작은 소녀가 나와 묵묵히 쓰레기를 치움으로 생태학 문제에 참여하는 적어도 하나의 접근법을 증명함으로 요점이 제시되었다.

뉴기니아(New Guinea)의 한 재치 있는 목사는 예수의 심문과 재판에 대해 설교하는 동안 경찰이 체포를 하는 연극을 하는 연출을 하기도 했다. 그러나 내가 들은 바에 의하면 그는 약간 도를 지나쳤다고 한다. 왜냐하면 놀란 교인들에게 누군가 설명을 해 주는 순서가 없었기 때문에 이 행사는 실재적으로 의도되었으나, 실재적이 되지 못했다. 교인들은 분명히 목사가 정말로 체포되었다고 생각하여 그를 위해 기도했고 예배가 마친 다음 그를 석방시키려는 시도를 했다. 이 경우에 수령자들은 연극을 현실과 혼동하였고, 아마 목사에 대한 걱정 때문에 그리스도의 사건에 대한 메시지의 의도된 충격은 많이 상실되었을 것이다. 그러나 약간 수정했더라면 이 의도된 메시지는 보존될 수 있었을 것이다.

성경 봉독의 연극화는 종종 교회 예배에서 성경 봉독 부분의 효과를 높일 수 있다. 이에 대한 한 가지 실험은 복음서 기자 누가와 같이 옷을 입은 연기자가 강단 앞 정면에 놓인 탁자에 앉아 편지를 쓰는 연기를 하는 동안 보이지 않는 낭독자가 누가복음의 서언을 읽는 것을 스피커로 내보내는 것이었다. 또 다른 경우는 다니엘서 5장에 손이 나와 글을 쓰는 내용을 다루는 설교였다. 보이지 않는 낭독자가 25절을 읽을 때, 보이지 않는 손이(OHP를 사용하여) 벨사살 왕을 당황하게 한 메네 메네 데겔 우비르신 이라는 글자를 성전 벽에 쓰는 것이었다. 성가대도 성경 봉독을 극화할 수 있다.

공동 식사(eating together)와 그 밖의 다른 참여 활동들(예를 들어 영화를 보며 데이트를 하는 것)은 친교, 관심, 희생의 의향(예를 들어, 식사비가 비싼 경우), 함께 있고 싶은 열망, 등과 같은 의미를 전달하는 강력한 암호가 될 수 있다. 사람들이 공동 식사에 일종의 신성한 의미를 부여하는 경향(심지어 다른 문화권에서도)이 널리 퍼져 있는 것으로 보인다. 이 사실은 아마 성찬식을 기독교 내에서 통례적으로 사용되는 가장 잠재적으로 의미 심장한 암호들로 만든다(적어도 성찬식이 식사로 실행될 때 그러하다).

그러나 성찬식이 (대부분의 서구 기독교에서 그러한 것처럼) 고귀한 식사 참여의 외형은 거의 없이 뼈대만 남은 의식으로 실행될 때, 커뮤니케이션의 가치는 완전히 달라진다. 이런 암호의 지나친 의식화는 그 암호가 갖고 있는 가치를 파괴한다. 즉 목사가 예배 동안 감옥에 끌려간 위의 인용된 예와는 완전히 정반대 방향의 경험이 되는 것이다. 위의 경우에서 연극이 실제로 해석되는 방법으로 연출됨으로 암호의 가치가 손상을 입었다.

그러나 성찬식이 지나치게 의식화되는 경우, 성찬식이 참여자들의 경험에 아무런 유사점도 주지 않기 때문에 그 커뮤니케이션 가치가 상실된다(또는 적어도 완전히 변한다). 이 말은 다른 생활 경험의 유추를 통해 이 사건을 해석하려는 우리의 시도가 좌절된다는 의미이다. 그러나 우리는 하나님께서 이의 실행을 명하셨다고 배웠기 때문에 이 이상하고 독특한 일을 신성하고 신비하게 해석하는 경향이 있다. 즉 우리는 이 무의미한 의식을 다른 무의미한 의식(예를 들어 할머니에게 입을 맞추는 것)으로 해석하는 식으로 참여의 경험으로 해석하기보다는 명령을 하는 누군가가(이 경우에는 하나님) 요구하기 때문에 참여하는 것으로 해석한다.

그러나 뉴기니아의 목사가 끌려간 연극의 경우처럼, 성찬식의 커뮤니케이션 가치를 회복하는 것은 중요한 일이 아닐 것이다. 공동 식사가 이미 사회적으로 의미 심장한 암호로 존재하기 때문에 해야 할 일은 성찬식을(초대 교회가 했던 것처럼) 실제 식사처럼 실행하는 것이다. 그렇게 함으로 한편으로 성찬식과 실제 생활 간의 관계로부터, 그리고 다른 한편으로는 성찬식과 예수의 제자들과 나누셨던 역사적 경험 간의 관계로부터 자연스럽게 발전하는 신성한 의미가 인식될 것이다.

그러나 교회의 성만찬은 대개 보통 실행되는 의식에 비해 최초의 성찬식과 더 많은 공통점(형식과 의미에 있어서)을 갖고 있다. 현대적인 의미를 갖고 있지 않은 의식은 죽은 암호로, 그 의식이 재현하도록 설계된 역사적 사건과 동일시하는 수령자의 능력을 마비시키는 경향이 있다. 비록 일부 수령자들은 죽은 암호에 대해 의미 있는 경험을 창조적으로 구성할 수 있지만, 대부분의 수령자들은 여기에 수반되는 많은 노력을 경주하지 않을 것이다. 유감스럽게도 중요한 개신교의 의식들인 성찬식과 세례식은 죽은 암호이다. 이 의식들은(조잡한 성경 번역들처럼) 강을 반만 건너가는 다리와 같이, 수령자들에게 그들이 건설된 다리를 사용하려면 반대편 쪽에서 스스로 나머지 반을 건설하라고 요구한다.

공간, 조명, 춤, 미술, 조각 등과 같은 다른 암호들은 종종 언어, 음악, 또는 연극과 결합하여 가장 효과적으로 사용된다. 춤의 움직임의 의미 또는 미술과 조각의 복잡하게 얽힌 의미에 대해 구성원들 모두가 동의하는 제한된 집단들 내에서 이 암호들은 극히 효과적인 커뮤니케이션 전달 수단이 될 수 있다. 그러나 암호의 요소들이 무엇을 커뮤니케이션하려고 의도하는지에 대해 수령자들과 연출가 간의 동의가 불완전할수록 그 암호가 또 다른 메시지를 전달하는 수단으로 여겨지기보다는 목적 자체로(즉 연기나 의식으로) 보여질 가능성이 더 크다.

위에서 말한 바와 같이, 의식의 커뮤니케이션 가치는 종종 책임을 맡은 사람들의 의도한 바와 상당히 다르지만 의식도 하나의 암호 형식이다. 의식의 언어(예를 들어 인사)와 마찬가지로 실제 의미의 해석은 의식적(또는 언어적) 행동의 표면 구조를 넘어 수령자들의 대인 관계의 깊은 구조 속을 들여다봄으로 도달되는 것이다. 예를 들어, 예배 의식은 설교나 찬송의 단어들이나 다른 표면적인 행동의 분석을 통해서보다는 참여자들의 동기와 관계에 대한 분석을 통해서 가장 잘 이해된다. 의식은 표면적으로 죽은 암호이기 때문에, 해석자는 참여자들의 의식적인 행동과 실제 생활 간의 교차점들을 발견하기 위해 표면 밑을 관찰할 필요가 있다.

그러나 예배 의식에 함께 참여하는 사람들은 종종 사용되는 형식들에 다른 의미를 부여한다. 어떤 사람들(아마 소수파)은 예배 의식의 역사적 배경에 대한 지식이 있기 때문에, 한편으로는 하나님과 그들 자신간에, 그리고 다른 한편으로는 함께 예배드리는 사람들과 그들 자신간에 의미 있는 현재의 상호 활동을 구성하는 자료들을 제공받는다. 그들에게 있어 이 활동은 의식을 발전시킨 성경적 또는 역사적 유사물들과 대충 동등할 것이다.

그러나 역사를 모르는 사람들(그리고 역사를 아는 많은 사람들)이 할 수 있는 최선은 의식의 원래의 의도와 크게 다를 수 있다. 그들은 기껏해야 주일 예배(설교를 포함해서)를 동료 신자들과, 그리고 하나님과의 통합에 대한 개괄적인 의식으로 경험할 것이다. 그리고 최악의 경우 그들은 모든 일을 마술 또는 무의미한 일로 여길 수도 있다. 왜냐하면 교회 의식이 비교회적인 정황에서 생활하는 참여자들에게는 마술과 같은 영역에 속한 일들과 가장 밀접하게 닮았기 때문이다.

3. 매체로서의 사람

커뮤니케이션 과정에서 사용되는 두 번째 종류의 전달 수단은 우리가 매체(media)라고 칭하는 것이다. 여기에서 나는 두 종류의 매체, 인간 매체와 확대(extending) 매체를 다루고자 한다. 커뮤니케이션 목적에 사용되는 가장 중요한 매체는 커뮤니케이션 과정에 관련된 인간이다. 이 인간을 넘어 기술적 장치(technological devices)가 존재한다. 이 기술적 장치는 모든 과학 기술적 장치들과 마찬가지로 시간과 공간과 같은 요소들을 적어도 어느 정도 지배하는 인간의 능력을 확대한다.

이미 말한 내용에서 알 수 있는 바와 같이 커뮤니케이션 과정에 있어 인간들의 장소가 절대적으로 중요하다는 사실을 명백히 해둘 필요가 있다. 인간들은 메시지를 창작하여 보낸다. 인간들은 복잡한 방식으로 메시지를 받아 해석한다. 그리고 인간들은 적어도 자신들의 메시지의 특정한 부분과 매우 밀접하게 동일시함으로 정확하게 그 메시지들의 전달 수단뿐만 아니라 그 메시지들의 창작자로 보일 수도 있다. 우리가(특별히 그리스도인들이 전하고자 하는 메시지들에 대해) 커뮤니케이터들을 그들이 전하고자 하는 메시지라고 말할 수 있는 의미가 있다. 왜냐하면 그 메시지들은 삶에 영향을 미치는 것으로 예상되기 때문이다. 그리고 삶은 다른 삶과 접촉을 함으로 영향을 받는다.

물론 커뮤니케이터들이 전달하고자 하는 메시지들은 아마 최소한도 인간의 관련을 요구할 것이다. 예를 들어, 보통 신문 기사나 과학적 사실이 전달될 때 전달되는 사실에 기자의 관련을 요구한다고 생각되지 않는다. 그러나 심지어 그런 기사에도 해석자가 전달되는 내용과 전달되는 방식을 선택하는 해석 차원이 존재한다. 이 사실은 우리가 예상할 수 없었던 내용에 대한 인간적인 관련을 증명한다. 그럴 때에 우리는 커뮤니케이터들이 항상 그들의 내용에 관련하는데, 수령자의 메시지 해석의 어느 부분이 커뮤니케이터라는 인간의 해석이 되는 방법으로 관련한다고 말할 것이다. 전달된 메시지는 절대로 전달자와 무관하게 버려지지 않는다.

그러나 다른 사람들을 설득하려고 의도된 메시지는 순수하게 정보적인 메시지들보다 커뮤니케이터라는 인물에 의해 훨씬 더 크게 영향을 받는다. 전달된 말과 전달자 간의 불일치가 인지되는 것이 가장 크게 해롭다는 말이 바로 이런 종류의 메시지에 대한 것이다. 왜냐하면 사람의 삶의 메시지는 대개 말의 메시지보다 더 큰 무게를 전하는 것 같기 때문이다. 나를 가르친 교수는 "내가 행하는 대로 행하지 말고 내가 말하는 대로 행하라"고 말하고 했다. 그는 자신이 다른 사람들에게 살라고 권하는 방식대로 살 수 없는 자신의 무능을 인정하는 것 같았다. 그러나 우리는 그의 말이나 그의 모범을 따르는 선택을 하지 않았다. 단지 우리는 그에게서 정보를 얻으려고만 했는데 그 이유는 우리가 그 정보에 따라 점수를 얻었기 때문이었다. 비록 그 교수의 삶은 나쁘지 않았으나 슬픈 삶이었던 것 같이 보였다.

사도 바울의 권고는 그의 권고와 크게 달랐다: "내가 그리스도를 본받는 자 된 것 같이 너희는 나를 본받는 자 되라"(고전 11:1). 나의 교수는 예수를 진지하게 받아들이고 있지 않았다. 왜냐하면 우리 주님께서는 내가 여기에서 자세히 설명하고 있는 원리가 진실임을 인식하셨기 때문에, 자신을 받아들이는 것이 하나님을 받아들이는 것과 같은 의미일 뿐만 아니라 우리가 주님을 따르는 사람들을 받아들이는 것은 주님 자신을 받아들이는 것과 같은 의미라고 보셨다. 마태복음 10:40에서 예수께서는 이 원리를 다음과 같이 진술하셨다. "너희를 영접하는 자는 나를 영접하는 것이요 나를 영접하는 자는 나 보내신 이를 영접하는 것이니라". 그 다음에 누가복음 10:16

에서, 예수께서는 열두 제자들을 파송하시며 다시 "너희 말을 듣는 자는 곧 내 말을 듣는 것이요 너희를 저버리는 자는 곧 나를 저버리는 것이요 나를 저버리는 자는 나 보내신 이를 저버리는 것이라"라고 말씀하셨다.

따라서 적어도 삶에 영향을 끼치는 메시지에 대해, 커뮤니케이터들이 그들이 전하는 메시지의 중요한 부분이라고 말해도 아마 틀림이 없을 것이다. 커뮤니케이션을 효과적으로 하고자 하는 사람들의 행동과 말은 일치해야 한다. 예를 들어, 사랑하지 않는 사람에게서 사랑을 배울 수 있을까? 또는 영적으로 불건강한 사람에게서 영적 생기를 배울 수 있을까? 또는 의심하는 사람에게서 믿음을 배울 수 있을까? 또는 불평하는 사람에게서 기쁨을 배울 수 있을까? 또는 어리석은 사람에게서 지혜를 배울 수 있을까? 이에 대한 대답은 간혹 있을 수 있을 뿐이며, 수령자들이 불균형적으로 수정과 재해석을 하여 자신들에게서 메시지가 다르게 나타나게 할 때만 그렇게 될 수 있다는 것이다.

커뮤니케이터의 대부분의 행동을 수령자의 시야로부터 효과적으로 격리시키는 교육과 설교와 같은 구조들이 있다. 교사들과 설교자들은 자신들이 원할 때 자신들의 행동을 가장 유리하게 나타내는 부분의 경험들만 말할 수 있다. 특별히 우리는 현대의 대중 사회에서 이 매우 편파적이고 거의 비인간적인 방식의 많은 수의 커뮤니케이터들에게 영향을 받기 쉽다. 그들이 우리에게 선택하여 말하는 작은 일들과 결부된 그들의 명성이 종종 우리가 그들에 대해 알고 있는 전부이다. 그들이 집에서 어떻게 살고 있는지, 그들이 그들과 가까운 사람들을 어떻게 대우하는지, 그들이 정말로 그들이 설교하는 대로 실천하고 있는지는 종종 완전히 우리에게 은폐된다. 그러므로 우리는 종종 그런 사람들에게 매우 비현실적인 기대들을 발전시키고, 그들이 이 기대에 달하지 못한다는 사실을 발견할 때 크게 실망을 한다. 그러나 이런 문제는 적어도 부분적으로 종종 비실재적으로, 그리고 부분적으로 커뮤니케이션하는 목사들이나 교사들의 책임이다.

이 스펙트럼의 다른 한쪽에는 삶과의 관계에서 매일 충실한 경험을 하는 사람이다. 믿음과 소망과 사랑, 영적 활력 등과 같은 영역에서 이 사람의 행동은 감추는 것이 불가능하다. 이 사람은 선에 있어서 또는 악에 있어서, 우리를 위한 변화하는 삶의 메시지이다. 예수께서는 자신이 전략으로 삶의 연루를 채택하심에 있어 하루 24시간 자신과 가까이 있는 사람들에게 하나님의 본성에 대한, 그리고 사람이 하나님과 어떻게 관계를 가져야 하는지에 대한 메시지가 되셨다. 나는 예수의 접근법이 예수의 메시지를 효과적으로 커뮤니케이션하려고 하는 사람들을 위한 규범이라고 믿는다.

개인적인 사람들만이 우리가 커뮤니케이션하려고 하는 메시지의 중요한 전달 수단이 아니라 사람들의 집단도 커뮤니케이션 매체의 역할을 한다. 교회와 같은 집단의 하나님의 목적을 위한 헌신은 그 목적에 대한 가장 강력한 메시지이다. 따라서 전달 수단으로서 교회는 하나님의 본성과 목적에 대한 하나님의 계속적인 메시지이다. 그 자격으로 교회는 선악에 대한 메시지인 것이다. 따라서 개인들에 대해서와 마찬가지로 집단들에 대해서도 인간 매체의 메시지는 말로 전달되는 메시지보다 훨씬 더 강력하다.

4. 확대 매체

확대 매체(extending media)라는 말은 커뮤니케이션을 하고자 하는 사람들의 통상적인 공간과 시간의 한계를 넘어 커뮤니케이션의 가능성을 확대하는 전달 수단을 의미한다. 초점을 맞출 세 가지 중요한 확대 매체의 유형들은 (1) 출판물, (2) 라디오/녹음 카세트, 그리고 (3) 텔레비전/영화이다. 이 각각의 확대 매체는 커뮤니케이션을 하고자 하는 사람과 커뮤니케이션을 받는 사람 사이에 존재하는 장치 또는 기술이다. 이 확대 매체들은 어떻게 사용되는가에 따라 참가자들간에 수립될 수 있는 관계를 강화하기보다는 손상시키는 비인격적인 매체가 될 수도 있다.

한 참여자에게서 다른 참여자(들)에게 전해지는 메시지의 효력에 영향을 끼치는 세 가지 중요한 요소들이 있다. 첫째는 매체를 사용하는 커뮤니케이션의 기술이고, 둘째는 전달되는 메시지에 대해 수용자들이 느끼는 필요성의 강도이며, 셋째는 수용자들의 주목을 얻기 위한 경쟁의 양이다.
　이 중 세 번째 요소는 다른 두 가지 요소와 상호 작용을 하고 종종 다른 두 가지 요소를 유린하기도 한다. 만일 수용자들의 주목을 얻기 위한 경쟁이 거의 또는 전혀 없다면, 필요성을 거의 느끼지 않음에도 불구하고 서툴게 커뮤니케이션 되는 메시지들이 상당히 잘 전달될 수도 있다. 예를 들어, 외부 세계로부터의 정보가 거의 허용되지 않거나 입수될 수 없는 지역(예를 들어, 전체주의 통치 하에 있는 국가들이나, 아프리카의 고립된 지역)에서 외부로부터 들어오는 모든 종류의 메시지들은 미숙하게 제출되더라도 정보에 굶주린 수용자들에 의해 크게 환영받을 수 있다. 그러나 정보를 얻을 수 있는 출처들이 엄청나게 많은 지역(예를 들어 유럽과 미국)에서는 수용자들에게 더 큰 호소력을 갖고 있는 다른 출처들이 있기 때문에 미숙하게 제출되는 정보들은 수정되거나 또는 회피될 것이다. 물론 수용자들이 그런 메시지들에 대해 욕구를 크게 느낀다면 상황은 달라질 것이다.
　많은 정보 출처들을 이용할 수 있는 곳에서 수용자들이 행동의 변화에 대한 강한 욕구를 느끼지 않고 있다면, 대개 확대 매체를 통해 효과적으로 변화를 주장하는 상당한 기술이 요구된다. 수용자들이 정보 자체에 대해, 커뮤니케이터에 대해, 또는 정보가 전달되는 방법에 대해 부정적이 아닐 때, 단순하게 정보를 커뮤니케이션하는 데에는 보통 거의 기술이 필요하지 않다. 따라서 커뮤니케이터에게 요구되는 기술의 정도는 수용자들이 느끼는 욕구에 비례한다. 만일 느끼는 욕구가 높다면, 거의 기술이 필요하지 않고, 어떤 매체라도 목적에 기여할 것이다. 그러나 느끼는 욕구가 낮다면, 적절한 매체를 선택하여 고도의 기술로 그 매체를 활용하는 것이 성공에 있어 절대적으로 중요하다.
　다른 모든 요소들과 마찬가지로 확대 매체도 수용자들에 의해 해석된다. 그리고 수용자들의 그 매체에 대한 태도는 전체 메시지의 중요한 부분이 된다. 그러므로 우리는 이 매체들이 어떤 점에 있어 최선인지, 그 매체들을 어떻게 잘 사용해야 커뮤니케이션의 목표와 내용과 정황에 맞는지, 그리고 각각의 매체는 가장 적합한 목적 외의 여러 가지 목적들에 얼마나 적응할 수 있는지 다시 질문해 볼 필요가 있다(Rogers 1983:19ff., 273).
　세계 인구 중 약 70퍼센트가 문맹자이기 때문에(Klem 1982), 인쇄물은 많은 지역에서 크게 유용하지 않다. 그리고 내가 믿기로는 심지어 지식인들 중에서도, 인쇄물은 너무 과대 평가되는 커뮤니케이션 전달 수단이다. 예수께서 글을 쓰지 않으셨다는 사실은 나에게 전혀 놀라운 일이 아니다. 인쇄물은 커뮤니케이터를 비인격체로 변형시키거나 또는 수용자들이 상상하는 인물로 변형시키는 경향이 있다. 또한 인쇄물은 독자에게 고도의 심리적 세련을 요구한다. 왜냐하면 인쇄물에서 독자들은 저자가 의도한다고 느끼는 것을 구성하고, 그 다음에 자신의 관점에서 거기에 대해 반응을 해야 하기 때문이다. 그러나 만일 심리적 세련을 가지고 독서를 하는 기술을 개발한 사람들로 이루어지는 매우 제한된 집단에서, 인쇄물은 상당히 효과적일 수 있다. 특별히 전달되는 정보에 대해 높은 욕구를 느낄 때에 그러하다.
　인쇄물은 다른 시간 또는 다른 장소에서 온 요점만의 정보를 보존하는 데 가장 좋다. 그러나 그런 정보는 정지 사진과 같이 고정적이며 영리한 독자가 재공급할 수 있는 생명 외에 모든 생명을 상실한다. 그러나 인쇄된 자료는 널리 퍼질 수 있고 정밀하고 반복적인 분석을 할 수 있다.
　한편으로 인쇄물은 커뮤니케이션의 일부를 생략하여 줄이지만, 다른 한편으로는 커뮤니케이션을 보다 넓게 이용할 수 있게 한다. 따라서 시험과 점수와 결합할 때, 생략된 커뮤니케이션도 사람들의 사상에 영향을 끼치는 데 유효할 수 있다. 인쇄된 메시지가 우리 사회에서 가지고 있는 큰 세력은 물론 이와 같은 영향과 관계가 있다.
　그러나 인쇄된 자료의 광범위한 살포는 의도된 청중의 범위를 지나치며, 또한 분명히 그 자료를 해석하는 데 필요한 많은 정보를 가지고 있었던 최초의 상황의 범위를 지나친다(10장을 보라). 인쇄물의 이 특성은 그릇된 해석의 가능성을 크게 증대시킨다. 인쇄된 자료가 계속하여 다시 읽힐 수 있고 끊임없이 분석될 수 있다는 사실도 여러 가지 문제로 이어질 수 있다. 인쇄된 자료는 여러 가지 종류를 가지고 있다. 어떤 자료는 비공식적인 자료이고, 어떤 자료는 공식적인 자료이고, 어떤 자료는 시적이고, 또 어떤 자료는 전문적이다.

비공식적인 편지, 또는 심지어 공식적인 편지를 마치 전문적이며, 과학적인 논문처럼 다룰 때, 그러니까 극히 중요한 어떤 내용이 모든 단어의 정확한 해석에 좌우되는 것처럼 다룰 때, 그 자료에 대한 심각한 오류가 발생한다. 그럼에도 불구하고 성경 연구자들은 통례적으로 이런 실수를 범하고 있다. 우리는 "바울 서신들, 시편, 예수의 비유들, 그리고 요한계시록이 실제로 이런 식으로 상세히 분석 비평되는 것을 의도했는가?"라는 질문을 해 볼 수 있다.

따라서 대중 매체와 마찬가지로 인쇄물은 행동의 변화를 일으키는 데보다는 정보를 퍼뜨려 수용자들의 자각을 일으키는데 더 유용하다. 이 말은 독서로는 행동의 변화가 절대로 일어나지 않는다는 말이 아니다. 실제로 많은 사람들이 자신이 느끼는 욕구와 성경(또는 다른 책들)의 메시지가 합치하기 때문에 독서로 인해 중요한 행동 변화를 이루었다. 물론 이 변화는 독서 능력에 좌우된다. 독서 능력이 전제될 때, 인쇄물은 저자가 수요자들이 실제로 느끼는 욕구를 다루는 데 가장 성공할 수 있다. 그러므로 서적, 잡지, 신문 등이 가장 유용하려면(다른 커뮤니케이션 방식들과 마찬가지로) 구체적인 문제들과 관련하여 구체적인 청중을 목표로 해야 한다.

구체적인 정황에 있는 구체적인 사람들을 적절하고 삶과 깊이 관련된 방식으로 지향하는 문서 자료들은 단순하게 정보 전달의 차원을 넘어 동기부여와 행동에 영향을 끼칠 수 있는 가장 큰 잠재력을 지니고 있다. 전기식의(biographical) 자료는 가장 효과적인 문서이다. 특별히 독자들로 하여금 주제와 동일시할 수 있으면 더욱 효과적이다. 소설체의 자료들도 믿을 수 있고, 진실에 가까운 형식으로 기록되었고, 수령자들이 느끼는 욕구와 일치하면 강한 감화력을 가질 수 있다.

성경은 고도의 감화력을 가진 문헌이고-사실을 정확히 모방한(예를 들어, 비유들) 많은 소설체의 줄거리들로 이루어진 전기체이고-독자들이 현실적으로 느끼는 욕구들을 계속하여 다룬다. 훌륭한 전기체 기록과 사실에 가까운 소설체의 기록은 종종 독서를 잘하는 사람들에게 극적인 감동에 접근한다.

라디오와 녹음 카세트는 기록의 표현이 아니라 음성의 표현이기 때문에 인쇄물보다 강점을 가지고 있다. 예를 들어, 대개 수령자는 기록으로 표현되는 극적인 행동보다 음성으로 표현되는 극적인 행동에 끌리기가 더 쉽다. 그러나 인쇄물과는 달리, 보통 라디오의 표현은 정밀한 분석을 위해 거듭하여 들을 수 없다. 이 문제는 녹음 카세트의 사용으로 해결된다(녹음 카세트의 가치에 대한 전문적인 논의에 대해서는 Sogaard 1975를 보라). 인쇄물이나 강의와 마찬가지로, 이 매체들은 정보를 확산시켜 자각을 강화하는 데 특별히 효과적이다. 그러나 강의와 같이 이 매체들은 정서적인 특성을 전달하는 데 있어 인쇄물보다 약간 더 효과적이다.

라디오와 녹음 카세트는 듣는 사람들이 말하는 사람을 볼 수 없다는 의미에 있어 비인격적이다. 그러나 이 매체들은 다른 매체들에 비해 듣는 사람들의 상상을 더 많이 끌어들이는 것 같다. 예를 들어, 동일한 커뮤니케이터의 메시지를 반복적으로 듣고, 거기에 듣는 사람의 상상력이 추가될 때, 커뮤니케이터에게 매우 매력적인 인격이 부여될 수 있다. 따라서 만일 메시지가 적절하다면 매우 높은 감화와 영향에 이를 수 있다.

라디오와 녹음 카세트는 다양하게 사용될 수 있다. 강의나 설교가 이 매체들을 통해 전달될 때, 독백의 제한성(5장을 보라)들이 활동하기 시작한다. 즉 라디오와 녹음 카세트 강의가 사람들에게 변화의 동기를 주기 위해 사용될 때 다른 강의들과 동일한 한계성들을 경험한다는 것이다. 그러나 이 매체들이 보다 매력적인 커뮤니케이터의 인격을 '창조한다'는 사실로 인해 본인이 직접 동일한 강의를 할 때 전달되는 것보다 더 큰 감화력이 주어질 수도 있다.

그러나 창조적으로 진행되는 토론, 논쟁, 대담 등은 듣는 사람들의 상상력에 의해 강화된 감화력을 나타낼 수 있다. 이 경우에 라디오나 녹음 카세트를 통해 전달되는 다른 모든 메시지들과 마찬가지로, 열쇠는 표현의 창조성이다. 창조적인 발표가 듣는 사람들의 상상력을 자극할 수 있는 것처럼, 비창조적인 표현은 듣는 사람의 상상력을 마비시킬 수 있다.

　미국의 라디오 방송국들은 오늘날 '토크' 프로들을 통해 큰 '효율'(mileage)을 얻고 있다. 이 프로들에서 청취자들은 전화를 통해 질문을 하고 마이크 앞에 앉아 있는 사람들에게 논평을 할 수 있다. 유능하고 창조적인 진행자에 의해 다루어질 때, 이 접근법은 확대 매체의 큰 약점들 중의 하나-즉각적인 피드백의 결여-를 적어도 부분적으로 극복했다는 점에 있어 매우 효과적이다. 비록 제한된 수의 전화 통화자들만이 실제로 진행자와 말할 수 있지만, 그들의 대화는 종종 청취자들로 하여금 진행자와 공감할 수 있게 하며 보통 라디오 프로를 통해 느낄 수 있는 것보다 더 많이 자신들의 욕구가 충족되는 것을 느끼게 할 수 있다. 이런 라디오와 전화의 상호 활동의 녹음 카세트도 원래의 방송을 듣지 못한 사람들에게 유익할 수 있다.

　광고주들이 라디오를 사용하여 자신들의 제품을 팔 수 있는 방법은 창조성의 영향을 잘 예증해 준다. 그들은 라디오가 사람들에게 새로운 취사 선택을 할 마음이 일어나게 하는 수단으로 암시의 힘을 이용하기 위한 훌륭한 매체라는 사실을 발견했다. 유감스럽게도 기독교 방송가들은 그렇게 창조적이지 못했다. 사람들이 무엇을 들을지를 선택할 권리가 있는 영역에서 기독교 프로그램들은 이미 제공되는 메시지에 동감하는 사람들만을 끌어당기는 경향이 있다. 동감하지 않는 사람들은 다른 방송으로 돌려 버린다. 기독교 라디오 방송은 이미 차지한 기독교의 위치를 강화하는 장치로 유효성을 입증했으나 사람들을 새로운 위치로 끌어들이는데는 거의 효과가 없었다.

　앞에서 주지한 바와 같이, 이 일반화의 예외들은 세계 가운데에서 라디오가 새롭거나 라디오가 사실상 외부 세계와의 유일한 접촉으로 일종의 생명선의 기능에 기여하는 지역들에서 일어난다. 그러한 상황에서 새로운 정보에 의해 제공되는 자극들, 특별히 수령자들이 느끼는 욕구들과 특별히 존경을 받는 출처로부터 오는 정보들이 결합하여 변화를 위한 높은 감화력을 만들어 낸다. 또한 모든 대중 매체 커뮤니케이션과 마찬가지로, 매체를 통한 커뮤니케이션에 출처와 수령자들간의 개인 대 개인의 접촉이 더해질 경우, 높은 감화를 줄 수 있는 잠재력은 엄청나게 증가된다.

    텔레비전, 비디오, 영화는 라디오에 시각적 차원이 추가된 것으로 라디오의 강점과 약점 대부분을 가지고 있다. 이들은 연극을 표현하여 시청자를 화면에서 일어나는 행동에 관여시키는 데 있어 특별히 효과가 있다. 청중의 관심에 호소하는 다큐멘터리 유형의 프로그램들도 이 매체를 사용하여 매우 유효할 수 있다. 예배 프로는 동기 부여가 높은 사람들에게는 훌륭하게 전달되지만, 종종 매우 높은 동기를 빼앗고 설교 부분에 대한 흥미에 머무르게 한다. 높은 동기 부여를 받은 학습자에게 비디오는 유익하게 사용될 수 있다. 특별히 비디오가 문서들과 함께 사용될 때 그렇다.

    텔레비전, 비디오, 영화 매체의 표현들이 권태를 피하는 방법으로 이루어질 때, 이 매체들을 통해 커뮤니케이터들과 수령자들간의 일종의 연출된 또는 의사(疑似) 인격적인(pseudopersonal) 관계가 생겨날 수 있는 높은 가능성이 있다. 이런 매체들을 통한 강연의 경우, 시청자가 메시지에 개방적일 때, 시선의 마주침, 성실성을 나타내는 외모, 등의 흥미를 돋구는 독특한 인격적 습관들은 삶의 변화를 위한 비교적 높은 감화를 일으킬 수 있다. 그러나 지루함과 싸우기 위한 충분한 다양성이 있어야 할 필요가 있다. 그렇지 않으면 많은 시청자가 "도중에 꺼버릴 것이다".

    모든 확대 매체들과 마찬가지로, 이 매체들도 제시되는 내용과 그 매체의 적절성 간에 조화될 때에만 효과적이다. 시각 매체들은 연극과 오락에 특별히 적합하고 강의 유형의 프로들에는(동기 부여가 높은 사람들을 제외하고) 매우 부적합하다. 그러나 이런 강의 유형의 프로들은 강의자에 대한 시청자의 인격적 친밀감을 상당히 강화할 수 있다. 화면의 대부분을 클로즈업하여 시청자들이 촬영되는 행사에 직접 참석했을 경우보다 강의자와 더 가깝게 앉아 있다는 느낌을 주는 이유가 이 때문이다. 그러나 이 강점에도 불구하고 영화에 나오는 강사는 영화에 나오지 않는 강사가 갖고 있는 것과 동일한 제한들 대부분을 경험한다. 그리고 영화의 강의는 직접 참석한 강의보다 지루하기가 더 쉽다.

이 매체들을 통해 연극이 효과적으로 연출될 수 있지만, 배경 또는 무대, 의상, 몸짓 등의 모든 세부 사항에 상당한 주의를 기울여 정말로 잘 연출되지 않으면 커뮤니케이션에 있어 손해를 본다. 비교적으로 볼 때, 라디오/녹음 테이프를 통해 발표되는 연극은 세부 사항에 훨씬 덜 주의가 요구되며, 게다가 시각 표현들보다 청취자의 상상에 더 큰 호소력을 갖고 있는 것 같다. 라디오의 세력에 비해 텔레비전의 세력이 훨씬 큰 미국과 같은 국가들에서, 기독교 커뮤니케이터들은 어느 정도의 발언 기회를 얻기 위해 가외의 비용과 노력이 요구된다고 느낄지 모른다. 그러나 라디오가 최고의 매체인 지역들에서는 이런 가외의 비용과 노력이 거의 없다. 그리고 심지어 미국에서도, 그리스도인들에게 영향을 주고자 할 때, 대개 라디오가 더 나은 선택이다. 왜냐하면 미국의 그리스도인들은 자주 라디오를 들으며, 특별히 차를 타는 경우 라디오를 듣기 때문이다.

시각 매체들이 갖고 있는 중요한 문제는 이 매체들이 주로 오락의 목적에 널리 사용된다는 사실에서 나온다. 커뮤니케이션 매체는 제시되는 메시지와 함께 해석되기 때문에, 심각한 발표 내용의 해석에 오락에 대한 무의식적인 기대가 끼여드는 경향이 있다. 즉 오락을 기대하는 데 길든 사람들이 이런 매체들을 볼 때 종종 적절한 주의력을 유지하여 심각한 내용에 적절하게 반응하는 것을 매우 어려워한다. 공영 방송국들은 심각한 내용의 프로들의 외적 요소들이 넓게 퍼진 문제들을 다룸으로 사람들로 하여금 그 프로를 보도록 하는 동기를 부여하지 않을 때, 그런 프로들은 거의 시청되지 않는다는 사실을 발견하고 놀랐다고 한다.

미국에서 기독교의 전도(또는 전도를 다루는 다른 프로그램들)는 믿음을 가지지 않은 사람들은 거의 보거나 듣지 않는다. 그러나 세속 프로그램과의 경쟁이 거의 또는 전혀 없는 세계의 지역들의 상황은 상당히 다르다(이 주제를 보다 자세히 다루는 Engel 1976을 보라).

평균적인 미국인들의 생각에 대중 매체를 통한 커뮤니케이션의 신뢰도는 높다. 그리고 방송을 하는 사람들이나 책을 저술한 사람들에 대한 신뢰도도 높다. 이 이유는 아마 대부분의 사람들이 방송되는 내용이나 출판된 내용에 대해 실제로 이루어지는 것보다 더 나은 질적 관리가 이루어진다고 추정하기 때문일 것이다. 그러나 자신에게 필요한 자금을 모을 정도로 교활한 말재주가 좋은 설교자나 저자들이(그들이 커뮤니케이션할 가치가 있는 무엇인가를 갖고 있든지 그렇지 않든지 간에) 이런 전달 수단에 접근할 수 있을 때, 우리는 그 신뢰도에 대해 의문을 제기할 필요가 있다. 많은 기독교 커뮤니케이터들이 이런 전달 수단들을 사용하여 그들에게 호감을 갖고 있는 사람들을 진정으로 도우려고 한다기보다는 단순히 자신들의 신뢰도(그리고 심지어 자신들의 재산까지도)를 높인다는 인상을 버리기 어렵다. 그리고 그 대가는(특별히 텔레비전에 있어) 결과와 비교할 때 터무니없이 높은 것 같다.

때때로 기독교의 텔레비전 명사들이 정치에 끼치는 잠재적인 감화력에 대한 토론이 벌어진다. 매체 애호자들을 연구하는 사람들은 그들의 감화력이 매우 극미하다는 결론을 내리는 경향이 있다. 그러나 내가 생각하는 의문은 실제로 그런 인물들의 행동들이 청취 결과에 대한 연구들이 계산하는 것보다 더 많이 시청자들의 행동에 영향을 끼치지 않을까 하는 것이다. 만일 그렇다면, 어째서일까?

내가 보는 바에 의하면 텔레비전 명사들이 이용하는 기본적인 커뮤니케이션 원리는 다수의 수령자들이 욕구를 느낄 때 사실상 모든 커뮤니케이션 수단이 상당히 잘 먹혀든다는 사실이다. 이들은 전반적인 세계와 특별히 미국 사회에 대해 두려움을 갖고 있고 설득력 있는 지도자들의 영적 해결의 약속을 매우 금방 받아들이는 경향이 있는 상당히 동질적인(homogeneous) 시청자들에게 호소함으로 설득의 매체로서의 텔레비전이 갖고 있는 약점을 보상한다. 텔레비전 명사들이 텔레비전을 사용하는(그리고 텔레비전의 사용을 증가하는) 재능에 의해 그들이 얻는 신뢰도 강화는 그들의 시청자들을 지배하여 자신들의 재정적 지원을 얻는 재능에 있어 중요한 요소인 것 같다.

비록 이러한 커뮤니케이션에 의해 수용자들에게 약간 행동 변화가 일어날 수도 있지만, 두드러진 감화는 집단의 강화일 것이고 이미 그들에게 중요한 헌신의 강화와 심화가 될 것이다. 그럴 때에 텔레비전 현상은 그 집단의 집합점이 되고, 또한 그 집단 정체성의 상징이자 텔레비전 프로그램이 진행되는 데 필요한 자금을 모으는 수단이 된다. 이 집단이 느끼는 욕구, 그리고 관련된 문제들에 대한 세속적인 접근법들에 대해 이 집단이 갖고 있는 두려움의 강도를 가정할 때, 이런 커뮤니케이터들은 경청을 확인하기 위해 자신들의 신뢰도와 가시도(visibility)를 유지하는 이상의 일을 할 필요가 거의 없다.

　기독교 커뮤니케이션에 확대 매체를 사용하는 것에 대한 나의 태도가 아마 너무 부정적인 면들에 너무 많이 초점을 맞추었는지 모른다. 그 이유는 확대 매체가 앞으로도 계속 사용될 것을 내가 알고 있고, 또한 우리가 종종 발견하는 것보다 더 많은 의식을 가지고 그 매체들이 사용되기를 원하기 때문이다. 기독교 커뮤니케이션의 확대 매체 사용은 불안을 주고 종종(의식적으로 또는 무의식적으로) 부당하게 이용되는 면만 발달하고 있다. 매체 커뮤니케이터들은 성실하게 들리거나 보이는 한, 또는 능란한 말로 글을 쓰는 한, 대부분의 관중을 위해 자신들이 진실로 무엇인가에 이바지하고 있음을 입증할 필요가 없다. 수정을 요구하는 즉각적인 피드백의 기회가 전혀 없다. 그러므로 (1) 커뮤니케이터들은 바로 자신들이 말했기 때문에 그 말은 분명히 정확하다고 믿으며, (2) 수령자들은 커뮤니케이터들이 신뢰할 수 없는 사람들이라면 텔레비전, 라디오 또는 출판을 통해 그런 메시지를 발표하는 것이 허용되지 않았을 것이라는 가정 하에 그들이 말하는 것을 무엇이나 무비판적으로 받아들인다.

　나는 지금 앉아서 글을 쓰면서도, 사람들이 내가 말하는 것을 무비판적으로 받아들임으로 내 말이 의도하는 바를 손상시킬지도 모른다는 생각으로 불안하다. 확대 매체를 사용하는 사람들의 그릇된 인도를 우려함으로, 나는 내가 입증할 수 있든지 없든지 관계 없이 무비판적으로 생각을 전달하는 나의 경향을 깨닫게 되었다. 그러나 기독교의 확대 매체 사용에 대한 나의 신중함은 단순한 우려가 아니라, 적어도 세 가지 근거에서 나온다. 첫째로, 나는 하나님의 우리와의 관계와 상호 활동의 인격성을 중시한다. 두 번째로 나는 매체 자체들을 중시한다. 그리고 세 번째로 나는 현재 그리스도인들이 매체들을 사용하는 방법의 많은 부분에 대해 실망감을 갖고 있다. 왜냐하면 교회에 이미 존재하는(그리고 종종 부족함이 발견되는) 것을 확대 매체들에 집어 넣으려고 하는 열심히 너무 큰 것 같기 때문이다. 그럼에도 불구하고 특별히 이 매체들에 적합하고 또한 이 매체들을 필요로 하는 청중에게 적합한 자료들을 창조적으로 생산할 수 있는 가능성은 있다.

예를 들어, 비그리스도인들에게 전도하기 원한다고 말하는 그리스도인들이 음성과 시각 매체들에 훌륭하게 적응되는 전달 수단인 연극을 경멸하는(또는 적어도 바르게 사용하지 않는 것은 창피한 일이다. 그리고 비그리스도인들을 주님께 인도하는 것에 가장 관심이 많다고 고백하는 사람들이 종종 현대 음악과 춤, 즉 세상이 매우 효과적으로 사용하고 있는 전달 수단들을 극히 심하게 매도한다. 하나님께서 독백 형태의 전도를 정하셨고 모든 훌륭한 전도자들이 라디오/녹음 카세트, 그리고(또는) 텔레비전/비디오로 설교를 하기 원하신다는 확신이 이런 집단에 너무 충만하여 건설적인 삶의 변화를 위한 진정한 가치와 높은 잠재력이 창조되기가 거의 불가능해 보인다. 그럼에도 불구하고 퍼시픽 가든 선교회(The Pacific Garden Mission)의 장기간에 걸친 '속박이 풀린'(Unshackled), 또는 루터교의 "이것이 인생이다"(This is the Life)와 같은 연극은 아마 비그리스도인들을 위해서나 그리스도인들을 위해서나 수많은 설교들보다 더 나은 커뮤니케이션의 가치가 있을 것이다. 많은 설교조의 성경 공부들은 기독교 연속 홈 방송극으로 바뀌어야 할 것이다. 그리고 일반 방송에서 기독교 록 음악을 통해 전달되는 복음의 메시지는 지금까지 한 모든 설교보다 특정한 시청자들에게 그리스도에 대해 이해할 수 있는 더 많은 말을 하고 있을 것이다. 찰스 웨슬리가 우리에게 가르쳐 준 바와 같이, 심지어 그리스도인들도 강단에서보다 음악을 통해 만일 음악의 전달 수단이 시청자들의 마음을 끈다면 더 많은 가르침을 받는다.

확대 매체를 통해 보내지는 메시지의 힘은 대단한 반면에, 오용의 가능성도 높다. 매체들을 사용할 때에는 반드시 메시지를 받는 수령자들에 끼칠 충격에 대해 최대한의 관심이 병행되어야 한다. 즉 참된 기독교 메시지의 인격성이 확대 매체들을 통해 제시되는 많은(아마 대부분의) 메시지들의 인격성 결여로 인해 손상되지 않도록 해야 한다는 것이다. 그리고 메시지 제시가 의도된 수령자들에게 뿐만이 아니라 선택된 매체의 장점들과 약점들에도 적합한지에 대해 훨씬 더 많은 진지한 주의를 기울여야 한다. 이 점에 있어서는 엔젤(Engel 1979)과 휘튼 대학(Wheateon College)의 그의 과거의 동료들과 학생들의 청중에 대한 분석 연구들을 보다 진지하게 살펴볼 필요가 있다.

앞에서 언급한 바와 같이, 성경은 비록 인쇄된 것이지만, 하나님의 커뮤니케이션 활동이 인간 지향적이며 행동 변화에 초점이 맞추어져 있다는 사실을 극대화하는 문학이다. 성경은(대부분의 성경 주해서들과 같이) 비인격적이며 지성적이며 학구적인 교과서라기보다는 삶과 관련된 사례집이다(Kraft 1979a:198-202를 보라). 따라서 대중 매체 형식에 있어서도 성경은 본질적으로, 하나님께서 수령자들의 인격적으로 그리고 행동적으로 응답하는 능력을 강화함으로 추천하시는 커뮤니케이션을 향한 접근법을 증명한다.

대중 매체(전자 매체이든지 또는 인쇄 매체이든지 간에)를 사용하는 사람들에 대한 나의 한 가지 소망은 그들이 성경의 하나님께서 출판물을 사용하시는 방법으로 그들의 매체를 사용하는 법을 배우는 것이다. 여기에는 메시지를 비인격화하고 지적으로 처리하는 전달 수단들(예를 들어, 독백, 죽은 예식, 학구적이고 전문적인 저술)의 사용을 크게 축소하고 상대적으로 인격적인 상호 활동과 동일시를 증대하고 행동의 성장을 자극하는 전달 수단들(예를 들어, 삶의 연루, 살아있는 의례, 연극, 전기체[biographical]의 사례집 저술)의 사용을 증가하는 것이 포함된다. 그 외에 대중 커뮤니케이션과 매체 커뮤니케이션을 삶의 연루와 소집단 대화와 같은 보다 인격적인 방법들에 결합함으로 각각의 기술이 갖고 있는 가장 유익한 면들을 극대화하는데 크게 효과가 있을 수 있다.

5. 커뮤니케이션으로서의 번역

여기에서 대개 출판 형태로 제시되는 또 한 가지 전달 수단이 여기에서 다루어질 수 있다. 왜냐하면 이 전달 수단이 기독교 사회에서 매우 널리 사용되며 크게 오해되고 있기 때문이다. 많은 사람들이 성경 번역에 대해 매우 기계적인 견해를 가지고 있다. 그들은 번역을 마땅히 커뮤니케이션 형태로 보아야 함에도 불구하고 가능한 한 우리의 믿음을 기초하고 있는 고대 원문 형태로 보존하기 위한 기계적 과정으로 본다. 게다가 그들은 이러한 보존이 하나님께서 이런 형식들을 통해 전달하려고 의도하신 의미와 관련되는 것으로 보지 않고 본문의 언어 형태들과 주로 관련된 것으로 보는 경향이 있다. 그들은 하나님께서 자신의 메시지를 전달하시는 전달 수단들에 너무 집착하며, 또한 고어, 융통성이 없이 과도하게 산문적인 표현, 과도하게 전문적인 표현, 또는 그 밖에 장애가 되는 표현에 의해 사라진 의미들로 번역을 마감한다.

그러나 번역은 다른 시대에 다른 언어로 표현된 메시지를 또 다른 시대에 새로운 언어로 가능한 한 거의 상당하는 형태로 이해될 수 있도록 하는 수단을 통한 커뮤니케이션의 한 형태로 보는 것이 적절하다. 유능한 번역자는 가능한 원래의 커뮤니케이터가 원래 고무했던 효과에 동등한 효과를 오늘날 고무하기 위해 현대의 표현으로 원래의 의미를 훌륭하게 해석하는 사람이다(Nida and Taber 1969; Kraft 1979a).

번역의 목적은 기계적인 것이 아니다. 그리고 개념 대 개념으로 번역하기보다는 단순하게 단어 대 단어로 번역하는 번역자들은 정확한 것이 아니라 무책임한 것이다. 외국어를 말하는 사람의 강의나 대화를 번역하려고 하는 사람의 입장에서 우리는 그런 번역을 받아들일 수 없다. 문자적인 번역은 다른 조잡한 커뮤니케이션과 마찬가지로 전달 수단들이 전달에 개입하여 수령자들에 의해 구성된 의미들이 부정적인 영향을 받고 종종 서투르게 변경된다.

예를 들어, 자료가 부적절하기 때문이 아니라 서투르게 번역되었기 때문에 성경을 읽는 것에 대해 종종 일어나는 반응에 대한 부적절한 생각이 있다. 만일 젊은이들이 기독교가 비록 수백 년 전의 구식은 아니지만 다른 세대에 속한 것이라고 느끼기 때문에 기독교를 거부한다면 그들을 비난해야 할까? 아니면 자신들 일을 무책임하게 행한 서투른 번역자들과 사용자들을 비난해야 할까? 하나님께서 최초의 상황에서 자신의 메시지를 커뮤니케이션하기 위해 사용하신 언어 수단과 다른 전달 수단들은 그 메시지 자체와 마찬가지로 적절했다. 그 수단들은 하나님의 목표와 그 메시지의 내용과 그 메시지가 표현되는 상황들에 적합했다. 여기에 있어 우리는 하나님을 본받아야 한다. 성경 번역에 있어, 오늘날의 하나님은 수백 년 전에 하나님이 죽었다는 인상을 주는 번역(흠정역)에 의해 영광을 받지 못하신다. 또한 학자들만이 하나님을 이해할 수 있다는 인상을 주는 번역들(American Standard Version, New American Standard Bible, Revised Standard Version과 같은 번역들, 그리고 New International Version도 어느 정도 그러하다)에 의해서도 영광을 받지 못하신다. 원래 성경은 보통 사람들의 언어, 대학 학위를 요구하거나 역사를 이해하는 지식을 요구하지 않는 언어였다. 이런 종류의 영어 번역들(예를 들어, The Good News Bible, Phillips' New Testament, The Living Bible, The New English Bible)은 하나님의 메시지를 하나님께서 원래 택하신 전달 수단들과 가장 유사한 오늘날의 전달 수단들에 가장 효과적으로 조화시킨다. 기독교 커뮤니케이터들은 하나님의 메시지를 커뮤니케이션하면서 모든 다른 면에서 하나님을 본받으려고 해야 할 뿐만 아니라 성경 번역의 사용에 있어서도 하나님을 본받으려고 해야 한다.

6. 요점

의미의 구성에서 전달 수단은 커뮤니케이션의 다른 국면들과 함께 해석되기 때문에, 커뮤니케이터는 의도하는 메시지와 그 메시지를 전하기 위해 택한 전달 수단 간의 조화에 확실한 주의를 기울여야 한다. 그러나 조화가 맞지 않을 때, 부적절한 전달 수단은-다윗에게 맞지 않았던 사울의 갑옷처럼-사실상 전투에 패배할 것을 보장한다. 그러므로 우리는 전달 수단들이 메시지에 정확하게 어떤 영향을 끼칠지를 확인하기 위한 시각을 가지고 커뮤니케이션 전달 수단들을 연구해야 한다. 그리고 그리스도인들에 의해 자주 사용되는 전달 수단들 중 일부(특별히 설교와 대중 매체들)는 그들에게 위임된 메시지를 종종 방해하고 왜곡하는 것으로 의심된다.

제10장 환경이 담당하는 역할

1. 전도를 위한 다섯 가지 환경

당신이 아래에 설명할 몇 가지 환경에서 특별한 수령자 집단에게 다음과 같은 메시지를 제시하고 있다고 상상해 보라.

메시지. 수령자들은 자신들의 삶이 지향하고 있는 방향을 진지하게 평가하고 그들의 시각을 변경하고 하나님에게 헌신하라는 하나님의 초청을 숙고해야 한다.

당신이 각 환경을 상상하면서 질문할 문제들:
1. 그 환경에서 나는 어떻게 이 주제를 소개할 것인가?
2. 나에 대해, 나의 메시지에 대해, 그리고 그 장소와 시간에 있어 그 메시지의 적절성에 대해 수령자들의 마음에는 어떤 종류의 의식이 존재할까?
3. 나는 어떤 종류의 어휘를 사용해야 할까?

4. 수령자들이 그 시간에 그 장소로 왔다는 사실을 고려할 때, 나는 그들에 대해 어떤 추측을 할 수 있는가?
5. 이 메시지를 제시하는 데 그 환경의 이점들과 약점들을 무엇이며, 그 이점들과 약점들은 어떻게 이용되거나 극복될 수 있을까?

환경 ①
당신은 주일 아침에 교회에 있다. 비록 회중은 적지만, 당신은 당신 앞에 주의 깊게 준비된 원고를 가지고 강대상 위에 서 있다. 회중은 막 찬송가를 부르고 이제 기대를 가지고 설교를 하려고 하는 당신을 주시하고 있다. 당신은 위의 질문들에 어떻게 답할 것인지 상상해 보라.

환경 ②
여러분의 생각의 장면을 바꾸라. 동일한 메시지를 가지고 희미한 조명이 비치는 한 식당에서 소수의 친구들과 함께 한 식탁으로 간다. 식당에는 조용한 음악이 들리고 거의 옷을 입지 않은 여종업원들이 이 식탁 저 식탁으로 음료와 음식을 나르고 있다. 이제 당신은 위의 질문들에 어떻게 대답하겠는가? 어떤 가정들이 달라지겠는가? 그리고 당신은 그 차이들을 어떻게 조절해야 하겠는가?

환경 ③
이제 당신의 동행들과 메시지를 폭동에 휘말린 한 도시의 개인 가정으로 옮기라. 지금은 밤이다. 경찰과 소방차의 사이렌, 총성, 그리고 작은 폭탄들의 폭음을 당신이 앉아 있는 곳에서 들을 수 있고, 인근에 일어난 화재의 반사광이 벽에서 춤추듯 흔들리며 비추고 있다. 임박한 비극과 마주하고 있는 이런 배경에서 당신의 커뮤니케이션 상호 활동을 어떻게 시작할 것인가? 어떤 가정들이 당신을 지배할 것인가?

환경 ④
이제 또 다른 가정 환경을 떠올리라. 교외에 위치한 이 가정에는 외견상의 위급한 상태가 없다. 이 가정은 중년의 부유한 부모와 그들의 십대 자녀들로 이루어진 가족이다. 그들은 당신의 교회의 정규 구성원이다. 당신은 그들의 영적 복지에 대한 관심으로 불시에 그들에게 전화를 걸었다. 당신은 위의 질문들에 어떻게 답하여 이 상황을 효과적으로 다룰 수 있겠는가?

환경 5

마지막으로 TV 화면을 통해 미지의 청중에게 방송하는 텔레비전 카메라 렌즈를 통해 당신의 메시지를 전하고 있는 자신을 상상하라. 그 상황에서 당신은 위의 질문들을 어떻게 다루겠는가? 비인격적인 전달 수단이 당신과 당신의 청중 사이에 개입할 때 무엇이 달라져야 하겠는가?

2. 환경/배경의 영향

이 각각의 환경에서 제시되는 메시지가 정말로 동일한 메시지인가? 그렇기도 하고 아니기도 하다. 커뮤니케이터들의 생각에서 메시지는 동일하다. 그래서 그들은 각 상황에서 동일한 어휘를 많이 사용할 것이다. 그러나 만일 식당에서의 표현이 교회에서의 표현과 형식에 있어 정확하게 동일하다면 너무 많은 전달 장해 요인들로 인해, 결과적으로 전혀 다른 메시지로 인식될 것이다.

물론 그 이유는 환경 또는 배경이 복잡한 종류의 전달 수단이라는 것이다. 제9장에서 다룬 바 있는 전달 수단들과 마찬가지로 환경도 메시지에 영향을 끼친다. 또는 다른 식으로 말해서, 수령자들이 환경에서 얻는 정보가 그들이 주요 메시지를 이해하는 방법에 영향을 끼친다. 이 환경에서 얻는 정보는 종종 주요 메시지를 강화하기도 하지만, 또한 종종 주요 메시지를 왜곡시키는 것으로 파악된다.

수령자들은 환경 내에서 전달되는 메시지만 해석하는 것이 아니라 환경도 해석한다. 그러므로 커뮤니케이터들은 설명할 필요가 없는 소량의 정보를 제공하기 위해 환경에 의지한다. 어떤 사람이 갑자기 "저 트렁크(trunks)를 봐"라고 외칠 때, 그는 어떤 종류의 트렁크가 초점의 대상인지에 대한 무언의 정보를 제공하기 위해 수령자의 환경을 해석하는 능력에 의지한다. 만일 배경이 기차역이라면 수령자들은 한 가지 종류의 트렁크(철도의 간선)를 찾을 것이다. 해변에서 그들은 다른 종류의 트렁크(남자 수영복)를 찾을 것이고, 동물원의 코끼리 우리 근처에서는 또 다른 트렁크(코끼리의 코)를 찾을 것이다. 각각의 경우에 있어 해석자로 하여금 이 명령을 정확하게 해석할 수 있게 하는 것은 바로 이 진술이 제시되는 물리적 환경 또는 배경이다.

위의 각각의 다섯 가지 배경에서도, 우리는 메시지의 해석에 작용하는 물리적 배경의 영향을 본다. 환경의 가장 과격한 영향은 폭동 상황에서 볼 수 있다. 이 상황에서 커뮤니케이터와 수령자들은 모두 자신들의 대화만이 아니라 자신들의 생명까지 어느 순간에 끝장날지도 모른다고 생각할 것이다. 그들이 대화를 하며 상호 작용의 수준을 심화시킬 때, 이 상황의 위급성은 그들의 의식에 강하게 영향을 미친다. 커뮤니케이터는 가능한 한 가장 짧은 시간에 요점들을 전달하기 위해 단어들을 보다 더 신중하게 선택하고, 보다 더 요점에 초점을 맞추고 가능한 모든 방법을 다하여 형식과 모호한 표현들을 삼가할 것이다. 이 때에 수령자들은 극히 중요한 문제들만을 생명이 위험에 놓인 커뮤니케이터가 제기할 것이라고 추측하기 때문에 덜 혼란된 처지에 있을 때보다 메시지를 더 소중하게 평가할 것이다. 이것은 다른 메시지인가? 그렇기도 하고 아니기도 하다.

교회에서 이 메시지는 매우 예측 가능하기 때문에, 교회 환경에서 제시되었다는 사실로 인해 메시지의 날카로움이 무디어진다고 말할 수 있다. 교회라는 환경에서 제시되는 메시지는 예측 가능하며, 전형적인 문구에 대해 공통적으로 합의된 부분이다. 그러나 식당에서는 어떠한가? 식당의 상황에서 이 메시지는 충분히 주목을 끌만큼 뜻밖이다. 그러나 만일 수령자들이 문제를 제기하지 않고 토론이 사적인 대화의 범위를 넘는다면(즉 절대로 공적 발표가 된다면), 이 메시지는 매우 부적절한 것으로 판단될 것이다. 그리고 만일 커뮤니케이터가 수령자들의 허락 없이 문제를 제기하여 그 문제를 부적절하게 다룬다면, 그 사랑의 증거는 오만과 비난을 드러내는 것으로 해석될지 모른다.

사람들은 기대하는 것들을 찾으면서 해석한다. 기대하는 것들이 나타날 때, 사람들은 해석 과정에 더 열심을 내지 않을 수 없게 된다. 종종 그들은 표면 밑의 동기들을 찾아내고 커뮤니케이터의 동기들이 자신의 동기들과 매우 유사하고, 만일 자신들도 그 상황에서 말을 한다면 그런 말을 할 것이라고 생각한다. 그러나 환경이 부적절하게 보일 때, 보통 그런 해석이 수령자의 마음의 개방으로 이어지지는 않는다.

9장에서 주지한 바와 같이, 사람들은 대개 텔레비전 프로그램에서 오락을 기대한다. 텔레비전이 오락을 위해 압도적으로 사용되는 것을 고려할 때, 이런 기대는 놀라운 것이 아니다. 기독교 프로그램들 중 가장 재미있는 프로그램들만 시청자를 얻고, 기독교 프로그램에 채널을 맞추는 사람들은 거의 이미 그리스도인들인 사람들인 이유가 아마 이 때문일 것이다(Engel 1979를 보라). 설교자는 "하나님은 여러분을 사랑하십니다"라고 속삭일 때에도 매체는 종종 '부적절하다'라고 외친다.

3. 어떻게 환경이 의미를 수립하는가?

다른 전달 수단들, 그리고 그런 전달 수단들을 통해 흘러나오는 말, 몸짓, 등과 마찬가지로 환경/배경도 무엇인가를 의미한다. 왜냐하면 환경/배경은 무엇인가를 의미하는 것으로 해석되기 때문이다. 그리고 모든 다른 상징들과 마찬가지로 해석은 해석자들의 공동체에 의해 합의된 것이다. 그러니까 교회와 식당 간의 객관적인 차이들이 두 환경에서 한 메시지의 의미에 큰 차이를 강요하는 것은 아니다. 강제는 이 두 환경에 대해 사회적으로 조건화된 주관적인 해석을 부여하는 사람들에게 있는 것이다.

따라서 커뮤니케이션 사건의 환경은 참여자들의 의미 해석에 중요한 구성 요소가 된다. 즉 커뮤니케이션 상호 활동을 위한 소재인 정보의 일부분이 환경으로부터 나온다는 것이다. 앞에서 예증한 것처럼 환경이 수령자들에 의해 해석될 수 있다면, 거기에 소용이 되는 정보는 환경으로부터 '추출된다'. 술집에서 전도가 부적절하다는 사실에 대한 사회적인 합의를 아직 알지 못하는 어린이나 외국인들은 술집과 같은 곳에서 전도를 받을 때 그들을 당황스럽게 하는 정보를 환경에서 끌어내지 않을 것이다. 또한 지난 세대의 미국 그리스도인들 중 대다수처럼 특정한 음악, 춤, 의상 등에 대해 부정적으로 조건화가 이루어지지 않은 최근에 개종을 한 사람도 마찬가지일 것이다.

말, 몸짓 등과 마찬가지로 환경도 역시 사회적 합의에 기초하여 메시지를 용이하게 하기도 하고 한정하기도 한다. 모든 다른 커뮤니케이션 전달 수단들처럼(9장을 보라), 환경은 가장 적게 인식될 때 가장 도움이 된다. 그리고 환경은 가장 어울린다고 생각될 때 가장 적게 인식된다. 수령자들은 메시지와 환경 간의 조화가 적절한지 아니면 부적절한지, 메시지의 흐름을 용이하게 하는지 아니면 방해하는지를 직관적으로 해석한다. 환경이 메시지를 방해하는 것으로 인식될 때, 환경을 통해 전달되는 메시지 전체가 의도된 메시지와 완전히 달라질 것이다.

기독교 메시지가 술집에서 표현될 때가 이러한 경우가 될 것이라고 추측할 수 있다(그러나 틀에 박힌 형식이 아니고 수령자들의 부탁으로 하는 것이라면 결과가 다를 것이다). 위에서 상상했던 폭동 상황에서 적절성에 대한 느낌은 환경에 의해 강화되었을 것이다. 사람들이 다른 일을 하고 있어야 할 때 커뮤니케이터가 말을 하고 있다고 생각되었지만, 그 생각이 달라질 수 있었다. 마찬가지로 교외의 가정도 메시지의 흐름을 강화할 수도 있고 두절시킬 수도 있다. 그러나 만일 커뮤니케이터와 수령자들간에 좋은 인격적인 관계에 커뮤니케이터가 진정으로 관심을 가지고 있다는 수령자들의 느낌이 더해지는 것과 같은 관계적인 요소들이 이 상황에 추가되면, 기독교 메시지의 효과적인 커뮤니케이션을 위한 기회는 크게 증대된다. 기독교 커뮤니케이션에 대한 텔레비전의 영향은 제9장에서 논의되었다.

교회 예배와 관련하여 또 한 가지 요소가 작용한다. 위에서 제시한 메시지를 위한 교회 환경의 적절성에 대해서는 의심의 여지가 없다. 그러나 환경과 메시지 간의 조화는 종종 너무 예측 가능하기 때문에 이 환경과 메시지의 결합이 큰 감동을 전하지 못한다. 메시지의 정보 가치에만 초점을 맞출 때, 예측 가능은 커뮤니케이션에 딱딱하고 답답한 영향을 미친다. 그러나 사람들이 적어도 메시지를 통해 제시되는 도전들 정도의 예측 가능의 확보를 필요로 한다는 것을 우리가 인정한다면, 우리는 그런 상황을 사실적으로 평가할 준비를 더 잘 할 수 있다.

교회 상황에서 환경은 대개 설교를 방해하고 설교를 의식의 일부분으로 변질시킨다. 설교가 일부분이 되지 않을 때, 이 의식은 집단의 결속과 헌신을 표현하고 강화할 수 있는 매우 의미 있는 의식이 될 수 있다(또한 그렇게 되어야 한다). 많은 다른 경우들과 마찬가지로 이 경우에도 환경은 커뮤니케이션 사건의 전체적인 해석에 메시지 자체보다 더 많은 기여를 한다.

이 요소를 다루는 또 다른 방법은 메시지 자체에서 얻어지는 정보의 양과 환경에서 얻어지는 정보의 양의 차이에 초점을 맞추는 것이다. 그 비율은 사건에 따라, 그리고 환경에 따라 다르다. 예를 들어, 인사 의식에서 "안녕하세요?"(How are you?)라는 말에 어떤 사람이 마치 이 질문이 정말로 건강의 자세한 사항에 대해 묻는 질문인 것처럼 대답을 한다면 그 사람은 이상하게(그리고 심지어 무례하게) 생각된다. 영어를 모국어로 말하는 사람들은 이 질문이 인사라는 사실을 설명해 주는 환경의 정보를 반사적으로 해석한다. 그러므로 그들은 기분이 좋든지 좋지 않든지 간에 "좋습니다"(Fine)라고 대답한다. 이 상호 활동의 의도는 말에 있는 것이 아니라 환경에 있는 것이다(Edward T. Hall 1976:91ff). 이것이 에드워드 홀이 고환경 상황(high-context situation)이라고 칭한 것이다. 이 고환경 상황에서 참여자는 효과적으로 참여하기 위해 구두 메시지의 의미보다 환경의 의미를 훨씬 더 많이 알아야 한다.

그렇다면 저환경 상황(low-context situation)은 정확한 해석을 위해 필요한 정보의 대부분이 메시지 자체의 표면에 제시되는 상황이다. 환경에 대한 이해는 수령자에게 거의 요구되지 않는다. 메시지의 저환경화의 극단적인 예는 부모나 교사가 어린이들이 배경 정보를 거의 또는 전혀 알지 못하기 때문에 모든 것을 명백하게 해 줄 필요가 있다고 가정하고 교화된 어린이를 만들기 위해 메시지를 구성하는 것이다. 메시지의 고환경화는 커뮤니케이터와 수령자가 이미 동일한 사고 방식을 하고 있으므로 수령자는 환경 정보를 명백히 할 필요가 거의 없다고 추정하는 것이다.

결혼 상대자들과 친밀한 친구들이 서로 하는 말은 많은 내용이 고환경 메시지이다. 예를 들어, 남편이 저녁에 집으로 돌아왔을 때 아내가 남편에게 하는 첫 번째 말은 "그거 가져왔어요?"와 같은 말일 것이다. 그녀는 남편이 전에 그들이 몇 시간 대화했던 것을 기억하고 상세한 정보가 필요 없이 그녀의 질문에 대답할 수 있을 것이라고 가정하는 것이다. 이것이 고환경 질문이다. 왜냐하면 이 질문은 수령자가 '그거'라고 언급한 항목에 대한 토론을 했던 정황에 대한 기억으로 '그거'라는 말을 해석하기 위해 필요한 정보를 삽입할 수 있기를 요구하기 때문이다.

고환경화는 주로 내집단의 구성원들과 상호 활동을 하는 사람들 중에서 종종 일어난다. 예를 들어, 그리스도인들은 특정한 의미를 갖고 있는 수많은 단어들과 어구들을 사용한다. 그들은 다른 사람들이 자신들과 같은 방식으로 이해할 것이라고 그 단어들과 어구들을 이해할 것으로 가정한다. 그런 단어들과 어구들은 죄, 십자가, 구원받다 또는 중생했다, 예수를 개인적인 구주로 영접하다 등등이다.

우리의 내집단 밖의 사람들과 관계를 가질 때 우리는 종종 우리의 말을 듣는 사람들에게 유효한 환경 정보의 양과 유형에 대해 너무 많은 것을 가정하고 (1) 수령자의 언어를 사용하지 않고 (2) 우리의 내집단 내에서 훌륭하게 작용하지만 집단 밖에서 사용될 때에는 해석 불가능한 고환경 상징들이 되는 표현들을 적절하게 설명하지 않는다.

다른 시대와 장소에 살았던 다른 사람들의 언어들과 문화들로 표현된 성경은 많은 고환경 자료를 담고 있다. 그러므로 성경 해석자의 과제는 최초의 커뮤니케이터들과 수령자들이 그들의 환경과 그들이 그 환경 내에서 주고받았던 메시지들을 해석했던 표현에 의해 그들의 문화적 합의들을 발견하려고 노력하는 것이다. 성경 해석자로서 우리의 과제는 성경의 저자들이 인간의 경험(환경을 포함하는 경험)이 사회적으로 상당히 유사한 영역들을 주로 다룬다는 사실에 의해 도움을 받는다. 그러나 성경에는 여전히 많은(중요하지 않은) 문제들이 있다. 그런데 우리는 고대의 환경들 속에 묻힌 정보들을 완전히 파낼 수 없기 때문에 이 문제들은 우리에게 명확하지 않다. (성경 해석의 환경적 요소들이 내포하고 있는 것들에 대한 자세한 논의는 아래와 Kraft 1979a:134-43을 보라.)

경솔한 해석자들은 종종 성경의 발언을 다른 사회에서 다른 사람들의 발언으로 이해하지 않고 마치 자신들의 환경에서 말한 것으로 이해하려는 시도를 함으로 빗나간다. 한 젊은 여성이 흠정역의 고린도전서 11:5의 "무릇 여자로서 머리에 쓴 것을 벗고 기도나 예언을 하는 자는 그 머리를 욕되게 하는 것이니 이는 머리 민 것과 다름이 없음이니라", 또 11: 13의 "너희는 스스로 판단하라 여자가 쓰지 않고 하나님께 기도하는 것이 마땅하냐"을 읽은 후에 침대에 앉아 요 위에 까는 천을 머리에 덮고 기도하기 시작한 것이 바로 이런 해석이다. 또한 서양의 해석자들은 사무엘상 11-12장에서 권세를 가진 사람이 권세를 사용하는 방법에 초점을 맞추기보다는 다윗과 밧세바의 성 문제에 초점을 맞추어 왔다. 분명히 후자의 문제가 최초의 참여자들의 초점이다(삼상 12에서 나단의 비유와 예언을 보라). 그러나 이런 기사를 읽을 때 우리는 자동적으로 마치 그 사건이 우리 자신의 문화적 상황에서 일어난 것처럼 해석한다. 그래서 우리는 그 사건이 일어났던 상황에서 나온 환경적 정보를 보충하기보다는 우리의 환경에서 나온 환경적 정보를 보충한다. 그리하여 저자가 의도한 의미는 사라지고 또 사라지거나 왜곡된다.

주어진 커뮤니케이션 상황 내의 환경에 초점을 맞추기 위해, 요한복음 4장에 나오는 우물가의 여인 기사를 살펴보자. 5절과 6절a에서 저자는 예수께서 계신(사마리아에 있는 수가에서 야곱의 우물 곁에 앉으셨다) 장소를 설명함으로 저환경화한다. 그는 야곱, 요셉, 사마리아, 유다, 갈릴리가 그의 말을 듣는 사람들에게 알려졌음을 가정한다(고환경 방식). 그러나 그는 요셉이 야곱의 아들이고 사마리아가 유다에서 갈릴리로 가는 길에 있음을 설명한다(저환경 방식). 그러나 그는 예수께서 왜 랍비들이 통상적인 습관과 반대로 '사마리아로 통행하여야' 했는지(4절), 또는 왜 여인이 통상적인 관습과 반대로 정오에 우물에 왔는지 설명하지 않는다. 이것은 고환경 항목들로서 아마 원래의 수령자들에게 명약관화했거나 아니면 저자가 판단하기에 자신의 강조점과 무관했을 것이다. 예수께서 여인에게 물을 달라고 청하셨을 때, 우리는(우리의 문화적 경험의 시각에서 해석할 때) 왜 예수께서 직접 물을 푸지 않으셨는지 의아해 할지 모른다. 저자는 이에 대해 설명하지 않는다. 왜냐하면 그의 모든 독자들이 (1) 보통 남자는 직접 물을 푸지 않는다는 사실과 (2) 예수께서 아마 물을 퍼담을 항아리나 사발을 갖고 계시지 않으셨을 것이라는 사실을 알고 있었기 때문이다. 그러나 저자는 예수께서 유대인과 사마리아인 사이의 상호 활동을 금하는 금기를 깨셨기 때문에 여인이 놀랐다는 사실을 분명하게 설명한다.

요점은 커뮤니케이터와 수령자가 필요로 하는 정보의 일부는 메시지에 있고 일부는 환경에 있다는 것이다. 따라서 고환경 상황이나 또는 어떤 환경 내에서의 고환경 발언에 있어, 필요한 정보의 대다수는 환경에 대한 해석에서 나오며, 메시지 자체에서 얻을 수 있는 정보는 보다 적다. 반면에 저환경 상황이나 저환경 발언에 있어, 필요한 대부분의 정보는 메시지 자체에 명백하게 제시된다. 다음의 도포는 이 사실을 묘사하는 한 가지 방법이다. 〈시소〉(seesaw) 선은 한 가지 출처에서 얻는 정보가 높을 때, 다른 출처에서 얻는 정보는 상대적으로 보다 낮다는 사실을 나타내고자 의도된 것이다.

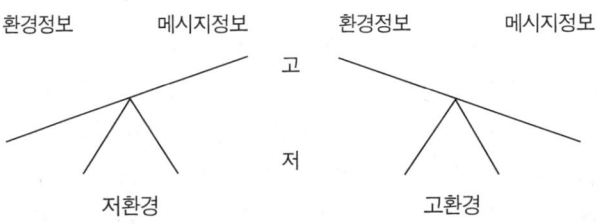

그림 6) 고환경 대 저환경(Kraft 1979a: 135을 보라)

그렇다면 환경은 항상 그 환경이 의미하는 것으로 해석되는 바를 의미한다. 그러나 일정한 커뮤니케이션 상호 활동에서 환경이 담당하는 역할은 그 환경이 상호 활동에 기여하는 정보의 유형과 양에 있어 다르다. 환경은 메시지에 적절하다고 판단될 수도 있고 부절절하다고 판단될 수도 있다. 만일 적절하다면, 메시지와 환경 간의 조화는 보통 커뮤니케이션을 용이하게 한다. 그러나 관계의 예측 가능성이 높으면 높을수록 그 상호 활동은 변화의 자극으로 해석되기보다는 의례(예를 들어, 인사)로 더 많이 해석될 것이다.

특정한 환경은 특정한 메시지를 제한하거나 금지한다. 현명한 커뮤니케이터는 자신의 메시지와 잠재적 환경 간의 조화를 평가하고 적절하지 않은 배경에 자신의 메시지를 결합시키려는 시도를 삼간다.

커뮤니케이터와 수령자 모두가 말하지 않고 당연한 일로 추정하는 문제들은 환경에 간직된 정보 또는 함축적 정보(information embedded in the context or implicit information)라고 말할 수 있을 것이다. 우리는 커뮤니케이션을 할 때, 우리의 수령자들이 이러한 정보를 알고 있거나 추론할 것으로 기대한다. 다른 언어와 문화로부터의 번역이 잘 이루어질 때, 그 번역은 최초의 수령자들이 이해했던 것처럼 현대의 수령자들도 충분히 이해할 수 있게 하는 데 필요한 만큼 이 함축적 정보를 명백하게 제시한다. 만일 그렇게 하지 않으면, 현대의 수령자들은(원래의 문화가 아니라) 자신의 문화에서 필요한 정보를 보충하여 그릇된 해석을 한다.

수령자들은 커뮤니케이션의 의미가 통할 수 있게 하기 위해 항상 충분히 함축적인 정보(그 정보가 원저자의 의도와 정확하게 일치하든지 그렇지 않든지 관계없이)를 보충한다. 이 때에 그 함축적 정보는 메시지에 제시된 명백한 정보에 따라 해석될 것이고 주관화된 의미로 구성될 것이다. 앞에서 논의한 바와 같이, 이 때에 환경에 간직된 정보의 비율은 메시지에 의해 전달된 정보보다 때로 높기도 하고 때로는 낮기도 한다. 현명한 커뮤니케이터는 자신들의 수령자들에게 적절한 균형에 이르는 법과 적절한 균형을 사용하는 법을 배운다.

4. 환경의 선택과 사용

만일 메시지와 환경 간의 조화가 그처럼 중요하다면, 우리가 환경을 선택하고 사용하는 방법에 대해 어떤 고려를 해야 할까? 우리는 커뮤니케이션의 이 국면을 단순하게 되는 대로 묵인할 수 있을까? 만일 우리가 그렇게 한다면, 우리는 우리가 참여하는 커뮤니케이션 사건을 인도하는 우리의 능력을 상당히 포기하는 것이 될 것이다.

환경의 선택에 대해 나는 '소유권'(ownership)의 문제를 제기하고자 한다. 특정한 환경들은 사람들에게 '속하는 것'으로 이해된다. 교회는 하나님, 목사, 그리고 교인들에게 속한다. 그렇지 않은가? 외부인, 즉 이 '소유자들'과 아무 관련이 없는 사람이 거기에서 마음 편하게 느낄 수 있을까? 다른 사람들의 땅에서 다른 사람들에 둘러싸여 있는 느낌으로 무슨 커뮤니케이션이 이루어지겠는가?

물론 여러 종류의 환경들이 있고 여러 등급의 소유권이 있다. 지금까지 나는 주로 물리적 환경에 초점을 맞추어 왔다. 이 물리적 환경들은 집단들에 의해, 그리고 심지어 개인들에 의해서도 쉽게 소유된다. 그러나 언어, 문화, 사회 계급 등과 같은 비물질적인 환경(또는 준거 기준)도 있다. 이런 비물질적 환경들과 심지어 개개의 단어들도 종종 그것들을 사용하는 사람에게 속한 것으로 이해된다.

우리의 영역에서 일어나는 상호 활동과 타인들의 영역에서 일어나는 상호 활동 간에는 커뮤니케이션의 차이가 있다. 위에서 언급한 교외에 사는 가족을 목사가 심방했을 때와 그들이 '그 목사의' 교회에 출석했을 때의 차이를 가족의 시각에서 상상해 보라. '목사의' 장소에서는 목사가 지배하고 있는 것으로 생각되지만, 그가 교외에 사는 가족의 손님이 되었을 때에는 그렇게 생각되지 않는다. 어떤 사람들에게 목사의 지위는 그들의 집에서도 우세할 수도 있으나 힘의 관계가 다르다. 그럼에도 불구하고 높은 위치에 있는 사람이 다른 사람들의 영역인 그들의 집을 방문한다는 사실에 구현되는 메시지는 강력한 메시지이다. 여기에는 그 높은 지위에 있는 사람이 자신이 방문한 사람의 집까지 자신에게 속한 것처럼 행동하지 않는다는 전제가 따른다(그러나 유감스럽게도 일부 목사들은 그렇게 행동한다).

마찬가지로 수용자가 선호하는 언어나 어휘를 사용하는 상호 활동과 다른 언어 또는 은어 또는 전문어로 가득한 언어를 사용하는 상호 활동 간에도 커뮤니케이션의 차이가 있다. 목사들과 다른 그리스도인들은 종종 그들이 설득하려고 하는 사람의 언어가 아니라 그리스도인들에게 속한 언어(종종 신학적인 언어)로 비그리스도인들에게 전도를 한다. 사람들은 자신들이 익숙한 말하는 방법에 대해 일종의 소유 의식, 즉 '우리의 것' 또는 '그들의 것'으로 간주하는 커뮤니케이션이 표현되는 언어적 매트릭스(모체, matrix)를 향한 태도를 가지고 있다. 그리고 이 태도는 그 매트릭스에서 일어나는 모든 커뮤니케이션에 부정적으로 영향을 미친다. 내집단(in-group) 언어를 다른 집단에게 사용할 때 다른 집안은 거의 흥미를 느끼지 않는다.

언어적 환경이든지 또는 물리적 환경이든지 간에, 사람들은 비위를 맞추어 주는 것으로 느낄 때 가장 잘 반응을 하는 경향이 있다. 아마 약간의 예외가 있겠지만, 비위를 맞추어 주는 것으로 생각되는 것이 바로 수용자의 언어를 사용하는 것이다. 현명한 커뮤니케이터는 그들의 수령자가 선호하는 어휘를 배워 분별 있게 사용함으로(겉꾸미는 식으로 사용하지 않고) 그들에게서 긍정적인 응답을 얻는다.

그러나 물리적 환경에는 한 가지 이상의 가능성이 있다. 나는 높은 신분의 사람들이 방문을 할 때 낮은 신문의 사람들이 종종 호의적인 반응을 보인다는 사실을 언급한 바 있다. 나는 만일 높은 신분의 사람이 그들의 수령자들의 집을 방문하면 호의적인 방문을 받을 것을 예언할 수 있다. 그러나 동등한 신분의 사람들의 커뮤니케이션(특별히 기독교 전도를 목적한 커뮤니케이션)은 수령자의 영역에서 더 호의적으로 이해될 것이라고 나는 예상한다. 모든 경우에 소유권과 신분 관계와 같은 요소들이 커뮤니케이션 목적을 위해 효과적으로 사용될 수 있으려면, 이런 요소들을 주의 깊게 분석할 필요가 있다.

물리적 환경의 공적 또는 사적 특징은 커뮤니케이션 효과와 관련된 또 다른 요소이다. 교회 커뮤니케이션이 갖고 있는 한 가지 문제는 시설(facilities)이 공공적이고 따라서 차갑게 인식된다는 것이다. 사사롭고 따뜻한 느낌을 주는 시설은 작은 집단이나 개인적인 커뮤니케이션을 위한 환경으로 보다 더 호의적으로 느껴진다. 식당과 같은 공공 장소도 따뜻한 느낌을 주는 것으로 인식될 수 있는데, 특별히 판매대나 식탁이 개인용일 때 그러하다. 함께 식사를 하는 사사롭고 따듯한 느낌을 주는 활동도 공적 배경에서 중요한 역할을 한다.

하나님께서는 인간의 영역에서, 인간의 언어로, 그리고 대체로 따뜻한 느낌을 주는 사적인 환경에서 인간들과 커뮤니케이션을 하시기로 결정하셨을 때, 이런 요소들을 사용하셨다. 예수께서 삭개오의 언어뿐만이 아니라 그의 집도 기꺼이 사용하셨다는 사실에 의해 삭개오에게 하신 예수의 메시지에 중요한 무엇인가가 추가된다(눅 19:1-10). 예수의 나사로, 마리아, 그리고 마르다와의 관계도 마찬가지이다. 또한 예수께서는 자신과 가까운 사람들을 교훈하기 위해 적합한 장소로 사람이 거하지 않는 곳이나 산을 주의 깊게 선택하셨다. 그러나 청중과 섞이는 공공 장소들은 정죄를 선언하는데 어울렸다(예를 들어, 마 23장). 예수께서는 자신의 커뮤니케이션 목적에 맞게 환경을 택하셨다. 기독교 커뮤니케이션들은 예수의 사역의 이런 면들을 연구하여 본받을 수 있고 또한 그렇게 해야 한다.

그러나 우리는 항상 자유롭게 우리가 전하고자 하는 메시지에 가장 적합한 장소를 택할 수 있다. 종종 우리는 더 큰 공간을 가진 장소가 필요할 때 복잡한 장소로 임시 변통할 수밖에 없고, 이동 의자가 더 나을 때 정면을 바라보는 고정된 좌석들로 이루어진 형식적인 환경에서 적당히 변통해 나갈 수밖에 없고, 조용하고 사적인 장소가 바람직할 때 공공 장소의 시끄러운 환경에서 임시 변통할 수밖에 없다. 그럴 때에 효용성과 실행 가능한 개선에 대한 문제가 제기된다.

그럴 때에 비결은 환경 정보와 메시지 정보 간의 상호 작용을 부적합하게 하고, 수령자의 생각을 정지시키는 물리적 또는(그리고) 비물리적 환경에 자신이 사로잡히지 않게 하는 것이다. 예를 들어, 우리는 물리적 환경을 사용하여 우리가 친밀하고 따뜻하게 생각되도록 계획하기보다는 책상이나 탁자 또는 강단 뒤에 자신의 위치를 정함으로 멀고 냉정하게 생각되도록하지 않는가? 또는 보다 더 효과적으로 성경의 개념들을 커뮤니케이션할 수 있는 현대에 일반적으로 사용되는 용어들이 아니라 칭의, 거룩, 개종, 신앙 등과 같은 '신학적인' 용어들을 통례적으로 사용함으로 무관계하고 학구적으로 생각되게 하고 있지 않는가? 또는 우리는 비형식적인(그리고 대부분의 형식적인) 상호 활동에서 우리의 메시지를 전혀 부적절하게 만드는 융통성이 없고 형식적인 또는 연기 형식의 화법을 채택하고 있지 않은가?

홀이 지적하는 바와 같이, "공간은 말을 한다"(space speaks; Hall 1959, 1966). 또한 가구도 말을 한다. 공간과 가구가 말을 하는 이유는 수령자들이 그것들을 해석하기 때문이다. 커뮤니케이터는 장소, 가구, 거리, 높이, 자세 등이 자신의 노력을 무력하게 만들지 않고 강화하도록 효과적으로 사용해야 한다. 현명한 커뮤니케이터는 자신이 활동하는 환경에 세심한 주의를 기울인다. 여기에는 가구의 배치, 자신과 수령자들 간의 거리, 자신의 자세 등이 포함된다. 커뮤니케이터가 탁자나 강대 뒤에 서는 대신, 탁자 위에 앉거나, 성가대 지휘대 옆이나 앞에 설 때, 매우 형식적이었던 환경이 상당히 비형식적으로 변할 수 있다. 공간 환경을 이렇게 사용할 때 커뮤니케이션이 강화될 것이다. 대부분의 상담자들은 자신과 피상담자 사이에 책상을 놓고 앉는 것보다 두 사람 사이를 막는 것이 아무것도 없을 때 더 효과적이라는 사실을 인정한다. 많은 의사들도 환자 앞에 서 있는 것보다 환자 옆에 앉는 것이 치료 과정에 보다 긍정적인 영향을 끼친다는 사실을 발견하고 있다. 이 요소들의 더 자세한 논의는 홀(Hall 1959, 1966)을 보라.

우리가 사용하는 언어를 비전문화함으로 언어 환경을 보다 효과적으로 만들 수 있다. 커뮤니케이션 과정에 있어 수령자들의 위치와 중요성을 고려할 때, 기독교 커뮤니케이터인 우리가 성경의 개념들은 특정한 영어 단어들과 어구들에 의해서만 적절하게 커뮤니케이션될 수 있다는 가정 하에 전문적인 또는 고풍의 언어에 집착하는 것은 매우 어리석은 일이 아닐 수 없다. '성경의' 개념들은 그런 영어 단어들이나 어구들이 아니라, 그 단어들과 어구들의 기초가 되는 개념들이다. 그리고 성경 메시지의 효과적인 커뮤니케이션에 자신을 쏟아 넣으신 하나님께 대한 충성은 우리에게 성경의 개념들을 우리의 수령자들에게 전하기 위해 환경과 전달 수단을 마음껏 사용할 것을 요구한다.

우리는 사람들에게 '거룩한' 어휘를 배우라고 요구하지 않아야 한다. 왜냐하면 그런 어휘는 그들에게 속한 것이 아니기 때문이다. 그들에게 그런 요구를 할 때, 전문적인 단어들과 어구들, 그리고(또는) 고풍의 단어들이나 어구들에 신성함 또는 마술이 존재한다는 부가 메시지가 끼여 든다(그리고 유감스럽게도 이런 부가 메시지는 종종 주요 메시지를 애매하게 만든다). 칭의, 그리스도의 피, 구원, 중생, 구원받다 등과 같이 특수한 사람들끼리만 통하는 전문적인 단어들과 어구들은 드러내는 것보다 많은 것을 가린다. 왜냐하면 이런 단어들과 어구들은 그 이면에 존재하는 메시지를 전달하는 수단으로 사용되기보다는 마치 그 단어들과 어구들 자체가 가치 있고 귀중한 것처럼 숭배되는 경향이 있기 때문이다. 이렇게 말을 숭배할 때 환경은 해석자의 주의를 메시지의 관련성과 응용성으로부터 떠나 비현대적이고 비대중적인 전달 수단을 사용하는 상호 활동의 의례적인 특성으로 향하게 하는 경향이 있다.

5장에서 언급한 19세기 영국의 가장 위대한 웅변가들 중의 한 명인 윌리암 글라드스톤에 대한 빅토리아 여왕의 불평은 메시지 제시 방법이 대화의 본질에 부적절하다는 인식을 나타낸다. 이런 일이 일어날 때, 그 환경은 공간이나 언어가 잘못 사용될 때와 동일하게 주요 메시지를 왜곡시키는 영향을 끼친다. 유능한 커뮤니케이터는 자신의 메시지 제시 방법을 상황에 적응시키는 법을 배운다. 그러나 글라드스톤과 같이 공적 집회의 화법에 익숙한 많은 목사, 교사 등은 심지어 일 대 일의 환경에서도 설교 식의 또는 독단적이며 권위적으로 말하는 태도가 습관화된다. 그들의 사역에 있어 이런 습관은 매우 해롭다.

5. 환경과 성경 해석

성경 해석은 우리가 다루어 온 모든 영역과 마찬가지로 커뮤니케이션이다. 이 주제의 두 가지 차원이 우리에게 중요하다.

첫 번째 중요한 사항은 성경의 환경들 가운데에서 커뮤니케이션이 일어난 방법을 관찰하고, 분석하고, 배우는 것이다. 하나님의 커뮤니케이션 활동에 대한 제2장 및 그 이후 장들의 언급들은 이 방향으로의 출발을 준비한다(또한 Kraft 1973a와 b, 1979a와 b를 보라). 그러나 해야 할 일은 훨씬 더 많다.

본서의 기초를 이루는 한 가지 가정은 이 시대에 우리가 우리의 커뮤니케이션 활동에 있어 성경의 환경들에서 관찰되는 역학(dynamics)을 본받아야 한다는 것이다. 성경의 인물들(선지자들, 왕들, 사도들 또는 우리 주님 자신)이 자신의 메시지를 받는 사람들에게 큰 감화를 끼쳤던 영적인 이유들만 있는 것이 아니라 커뮤니케이션적인 이유들도 있다고 나는 확신한다. 또한 우리는 우리 시대에 있어 역학적으로 동등한(Kraft 1979a를 보라) 커뮤니케이터들이 되라는 요구와 기대를 받는다. 본서 전체는 이 결과를 지향한다.

두 번째 중요한 사항은 "미국인들이 성경을 읽거나 성경을 읽는 것을 들을 때 발생하는 커뮤니케이션 불통 과정에 성경의 환경들은 어떤 역할을 하는가?"라는 질문에서 비롯한다. 물론 이 문제는 전문적으로 성경 해석학(hermeneutics)으로 분류된다. 그러나 이 문제도 모든 다른 커뮤니케이션 활동에 적용할 수 있는 동일한 규칙들의 지배를 받는다.

성경의 문화적 배경은 성경 해석에 있어 적어도 단어와 문장에 못지않게 중요하다. 문제는 환경들에 대한 해석적 판단을 확인하는 데 필요한 정보를 갖고 있지 못하다는 것이다. 여기에 있어 한 가지 어려움은 우리가 알고 싶어하는 내용의 많은 부분이 역사의 안개 속에서 사라졌다는 것이다. 또 한 가지 어려움은 성경 해석이 다른 언어와 사회에 속한 사람들과 커뮤니케이션을 하는 사람들이 직면하는 것과 같은 타문화의 문제(cross-cultural problem)라는 것이다. 그러므로 우리는 성경의 언어와 문화를 배우지 않으면 최초의 참여자들이 그들의 해석에 이를 수 있었던 근거를 제공한 합의에 이르지 못한다는 것이다.

성경 해석에 있어 환경 정보의 중요성과 사용에 관련된 원리들은 우리가 전반적인 커뮤니케이션에 대해 논했던 원리들과 동일하다(이 중요한 영역의 보다 자세한 논의에 대해서는 Kraft 1979a: 134-43을 보라).

6. 잡음과 전달 장해

환경은 전형적으로 혼란스러운 요소들을 포함하고 있다. 이 요소들은 종종 '잡음'(noise) 또는 '전달 장해'(static)로 칭해진다. 커뮤니케이터는 중심 메시지를 전달하면서 잡음을 부가 메시지로 전달할 수 있다. 이는 모든 상호 활동자들의 외부적 환경의 여러 부분들에서 진행되는 다른 활동들로부터 기인하거나 수용자의 내적 환경일 수도 있다. 어쨌든, 이러한 잡음과 전달 장해는 종종 커뮤니케이션의 해석에 있어 중요한 역할을 담당한다.

커뮤니케이터가 의례적인 상황에서 야한 또는 비의례적인 의상을 입을 때 수용자들은 부적절한 인상을 받음으로 주요 메시지에 집중하지 못할 수 있다. 부적절하게 생각되는 어조(예를 들어, '설교자의 어조', 주제가 고요함을 요구하는데 고함을 지르거나, 엄숙하고 진지한 태도가 어울리는데 껄껄 웃는 것)는 종종 전달 방해가 된다. 마찬가지로 억양, 틀리게 발음된 단어, 이상한 자세, 어울리지 않는 몸짓 등도 전달 방해가 된다.

또한 외부 환경도 잡음을 일으키는 요소들이 될 수 있다. 냉난방 장치의 윙윙거리는 소리, 망치 소리, 자동차나 전철이 지나가는 소리, 전화벨 소리나 사이렌 소리, 어린 아이가 울거나 칭얼거리는 소리, 라디오 소리, 심지어 정적이나 다른 사람의 존재에 대한 의식도 전달 장해로 작용할 수 있다. 종종 어떤 사람이 함께 있다는 단순한 사실이 토의 되는 주제, 사용되는 언어, 그 밖에 상호 활동의 여러 국면들을 제한하는 역할을 할 수 있다. 또한 자주 움직이거나, 말을 하는 식으로 자신에게 주의를 끄는 사람도 주요 메시지에 주의를 집중시키지 못하게 하는 전달 장해가 될 수 있다. 앞에서 나는 따뜻한 느낌을 주는 공간과 차갑게 느껴지는 공간에 대해 말했다. 공간 환경의 이런 특징들과 그 밖의 다른 특징들도 상호 활동에 부적절하다고 판단될 때 전달 방해의 원인이 될 수 있다. 가구가 이상하게 배치되었거나 커뮤니케이터가 수용자들에게 너무 가깝게(또는 너무 멀리) 서 있을 때 전달 방해가 인지될 것이다.

수령자의 내면에서도 많은 일들이 진행되고 있다. 그리고 이 수령자의 내면에서 진행되는 일들은 종종 잡음으로 커뮤니케이션 상호 작용에 끼여든다. 수령자에게 긴급한 걱정거리가 있어서 메시지를 들으려고 하면서도 그 걱정거리에 대한 생각이나 우려를 떨쳐버릴 수 없을지 모른다. 원인이 무엇이든지 간에 역시 수령자의 생각이 가장 중요하다. 왜냐하면 잡음 또는 전달 장해는 수령자의 마음에 있기 때문이다. 잡음으로 인식되지 않는 것은(의식적으로 또는 무의식적으로) 잡음이 아니다. 반면에 커뮤니케이션 과정에 혼란을 일으키는 것으로 인식되는 것은 모두 잡음이다. 커뮤니케이터가 전달 장해로 인식될 수 있는 모든 것을 통제할 수는 없지만, 현명한 커뮤니케이터는 앞에서 열거한 잡음들 중에 적어도 처음의 두 가지를 통제하기 위해 할 수 있는 모든 일을 한다.

만일 그런 통제가 효과가 없으면, 의도된 메시지는 종종 공중 분해되고 수령자들은 커뮤니케이터가 의도한 바와 전혀 다른 것을 가지고 돌아가게 된다. 예를 들어, 노래 가사로 메시지를 커뮤니케이션하려고 생각하는 가수가 커뮤니케이션으로 노래를 부르기보다는 전문가로 노래를 부르고 싶은 유혹에 굴복할 때 어떤 일이 일어날지 생각해 보라. 그는 전문가와 커뮤니케이터가 모두 될 수 있다. 그러나 만일 그가 완벽한 음악적 표현에 주로 주의를 기울인다면, 그 과정에서 그는 가사를 음악에 종속하게 만들고, 결과적인 메시지는 가사의 의도보다는 가수의 전문적인 재능에 대해 더 많은 커뮤니케이션을 할 것이다. 웅변적으로 설교를 하고 싶어하고 통상적으로 화려한 미사여구를 사용하고 싶은 유혹에 굴복하는 목사들도 마찬가지로 그들의 말이 나타내는 메시지를 효과적으로 커뮤니케이션하기보다는 자신을 자랑하는 것이다. 이 경우, 커뮤니케이션의 초점에서 공연의 초점으로 사건을 바꾸는 것은 선택된 방식에 의해 생겨난 전달 방해이다.

7. 적용

환경에 대한 고려는 커뮤니케이션 과정에 있어 극히 중요하다. 그러므로 자신의 커뮤니케이션 노력들을 관찰하고 분석하여 자신이 참여하는 환경의 현실들에 적응시키는 법을 배우는 것은 유능한 커뮤니케이터가 되고자 하는 모든 사람의 주요 초점이 되어야 한다. 모든 환경 요소들을 통제하는 것은 비록 불가능하지만, 종종 커뮤니케이터들은 주의 깊은 분석을 통해 보다 큰 통제력을 얻어 그 통제력의 범위를 넘는 많은 요소들에 효과적으로 적용할 수 있다.

예수께서는 자신이 커뮤니케이션하는 환경들을 택하고 통제하심에 있어 뛰어난 분이셨다. 유대의 촌부로 인간 실존에 들어오셔서 독실한 갈릴리 목수에게 태어나실 때, 예수께서는 자신을 둘러싸게 될 수많은 환경 요소들을 택하셨다. 그 다음에도 예수께서 활동하시는 매트릭스를 제공하는 장소와 시간과 사람들로 이루어지는 셀 수 없이 많은 추가적인 요소들이 예수의 사역을 특징짓고 있다. 예수께서는 단순히 우연에 복종하지 않으셨다. 그는 커뮤니케이션 과정의 모든 다른 부분들뿐만 아니라 환경 요소들도 지배하셨다. 예수께서는 항상 물리적 환경 요소, 사회적 환경 요소, 언어적 환경 요소, 그리고 그 밖의 환경 요소들을 자신이 전달하고자 하는 메시지와 조화시키셨다. 예수의 모범을 본받고자 하는 우리는 당연히 첫째로 예수의 접근법을 연구하고 그 다음에 그 접근법을 따라야 할 것이다.

제11장 유능한 커뮤니케이터는 어떻게 활동할까?

1. 유능한 커뮤니케이터이신 예수

예수께서는 자신의 청중을 선택하셨다. 그리고 이 선택 과정에서 다른 집단의 청중들을 '배제하셨다.' 이 다른 집단에 속한 한 여인이 자기 딸의 병을 고쳐달라고 청하기 위해 예수께로 온 일이 있었다. 예수께서는 그 여인이 자신이 선택한 청중이 아니기 때문에 그 여인을 물리치려고 하셨다. "그 여자는 헬라인이요 수로보니게 족속이라 자기 딸에게서 귀신 쫓아 주시기를 간구하거늘 예수께서 이르시되 자녀로 먼저 배불리 먹게 할지니 자녀의 떡을 취하여 개들에게 던짐이 마땅치 아니하니라"(막 7:26-27).

세례 요한과 예수는 다른 생활 방식을 가지고 있었고, 따라서 다른 집단에게 커뮤니케이션하셨다. 그러나 예수께서는 그 시대의 사람들이 세례 요한의 생활 방식과 마찬가지로 자신의 생활 방식에도 반응을 나타내기를 거부했기 때문에 실망하셨다. 예수께서는 그들이 서로의 음악에 반응을 나타내기를 거부하면서 놀고 있는 어린이들과 같다고 주장하셨다. 이어 예수께서는 이렇게 말씀하신다:

> "요한이 와서 먹지도 않고 마시지도 아니하매 저희가 말하기를 귀신이 들렸다 하더니 인자는 와서 먹고 마시매 말하기를 보라 먹기를 탐하고 포도주를 즐기는 사람이요 세리와 죄인의 친구로다 하니 지혜는 그 행한 일로 인하여 옳다 함을 얻느니라"(마 11:18-19).

커뮤니케이션의 효과가 항상 커뮤니케이터의 메시지를 수용하는 것으로 끝나는 것은 아니다. 왜냐하면 수령자들은 의지를 가지고 있어서 종종 그들이 이해한 것을 거부하기로 결정하기 때문이다. 메시지가 이해될 때, 커뮤니케이션 과정은 기술적으로 종결된다. 그러나 커뮤니케이터의 목적은 성취될 수도 있고 성취되지 않을 수도 있다. 다음의 구절에서 예수께서 부자 청년에게 자신의 메시지를 이해시키는 데 성공하시는 것을 보라. 그러나 이 기사는 메시지가 거부되며 슬프게 끝이 난다.

> 어떤 사람이 주께 와서 가로되
> "선생님이여 내가 무슨 선한 일을 하여야 영생을 얻으리이까?"
> "네가 생명에 들어가려면 계명들을 지키라"
> 그 청년이 가로되
> "이 모든 것을 내가 지키었사오니 아직도 무엇이 부족하니이까?"
> 예수께서 가라사대 "네가 온전하고자 할진대 가서 네 소유를 팔아 가난한 자들을 주라 그리하면 하늘에서 보화가 네게 있으리라 그리고 와서 나를 좇으라" 하시니
> 그 청년이 재물이 많으므로 이 말씀을 듣고 근심하며 가니라
> (마 19:16, 17b, 20-21)

예수의 사역 전체에 나타나는 그의 메시지의 특징은 예수 자신께서 활동하시는 상황들에, 그리고 특별히 예수께서 관계하시는 사람들에게 적절했다는 것이다. 예수께서는 자신이 하는 모든 일에 거부를 고집하는 자들에게 가혹하실 수 있으셨다. 이 사실은 마태복음 23장에 다음과 같은 반복

구를 가지고 있는 유대교 지도자들에 대한 긴 탄핵 설교에서 볼 수 있다: "화 있을찐저 외식하는 서기관들과 바리새인들이여"(23:13a, 15a, 23a, 25a, 27, 29a).

그러나 다른 사람들에게 예수께서는 친근하고 다정다감하셨다. 예를 들어, 예수께서 병을 고쳐 주신 사람들(예를 들어, 요 5장; 막 10:46-52), 우물가의 여인(요 4장), 간음하다 잡혀온 여인(요 8:1-11), 도마(요 20:24-28)와 베드로(요 21:15-19). 이 마지막 구절은 예수의 다정함을 예증할 뿐만 아니라 수령자들에게 자신이 전달하시고자 하시는 바를 이해시키기 위해 질문을 사용하시는 능력도 예증한다. 예수께서는 제자들에게는 그들을 깨달음으로 인도하는 수단으로 사용하셨고, 적들에게는 그들을 침묵시키는 수단으로 사용하셨다(예를 들어, 마 12:18; 21:23-27).

2. 인도하는 커뮤니케이션

커뮤니케이션 과정에 끼치는 수용자들의 영향에 대해 많은 말을 한 다음에, 커뮤니케이션 과정을 인도하는 커뮤니케이터의 능력에 대해 말하는 것은 무익해 보일지 모른다. 분명히 우리는 우리가 커뮤니케이션 과정을 지배한다고 말할 수 없다. 왜냐하면 커뮤니케이터로서 우리는 공개적으로 커뮤니케이션 활동을 완전하게 인도하는 일을 거의 할 수 없기 때문이다.

이에 대한 훌륭한 분석은 한 여성이 자신에게 구혼하는 남성은 무슨 일이 일어나고 있는지 모르게 구혼을 인도하고 심지어 지배까지 하는 경우일 것이다. 그녀는 단순히 치밀하게 활동하고, 전혀 지시하지 않고 인도하고, 표면보다는 이면에서 작업을 하는 법을 터득했다. 또한 그녀는 자신의 독자성을 주장함으로 구혼자에게 이의를 제기하는 대신 완전히 의존적으로 보이면서 구혼자에게 듣기 좋은 말을 하고, 자기 주장을 하기보다는 질문을 함으로 결론을 내리고, 자신의 유익을 희생하고 오직 구혼자에게만 관심이 있는 것처럼 보였다. 그러나 사실상 그녀는 완전히 자신의 유익을 간접적으로, 또한 우회적으로 추구하고 있었다. 이 분석은 유능한 커뮤니케이터가 되고자 하는 사람에게 많은 것을 말해 준다. 왜냐하면 치밀한 인도 과정은 상황에 대한 상당한 통제력을 그에게 부여하기 때문이다.

물론 목표는 본질적으로 커뮤니케이터가 의도한 바와 동일한 방법으로 수령자가 의미를 이해하게 되는 것이다. 이상적으로 이 목표는 커뮤니케이터와 수령자들간의 계속적인 상호 활동 과정(피드백과 수정을 위한 적절한 기회를 부여하는 과정)의 일부분으로 일어난다. 이와 같은 친밀한 상호 활동이 불가능하면, 커뮤니케이터가 효과적으로 과정을 인도할 수 있는 범위가 축소된다. 커뮤니케이터들이 과정을 인도하는 것이 중요할수록, 그들은 상호 활동을 위한 이상적인 조건들을 확보하기 위해 더 노력해야 한다. 앞에서 본 바와 같이, 단순한 정보 제시는 많은 상호 활동을 요구하지 않는다. 그러나 특별히 수령자들이 매우 냉담하거나 부정적일 때 설득은 가능한 한 이상적인 상황을 필요로 한다.

효과적인 커뮤니케이션은 본서에 제시되는 성공적인 커뮤니케이터의 원리들을 최선을 다하여 사용한다고 말할 수 있다. 만일 내가 예수의 모범을 정확하게 묘사했다면 유능한 커뮤니케이터들은 예수께서 커뮤니케이션을 위해 하셨던 노력들을 본받아야 할 것이다. 나는 이 원리들을 여러 가지 시각으로 제시하려고 노력했다. 이제부터 나는 복음의 메시지를 받아들이고 싶어하지 않는 사람들의 마음을 끌 수 있는 방법으로 복음의 메시지를 인상적으로 제시하기 원하는 커뮤니케이터들을 위해 이미 말했던 내용을 요약하고자 한다.

유능한 커뮤니케이터들이 해야 할 첫 번째 일은, 예수님과 마찬가지로 자신의 청중을 구분하는 것이다. 구분(segment)이라는 말로 우리는 잠재적으로 다수의 청중 속에 존재하는 집단을 우리가 우리의 메시지를 전할 사람들로 확인하는 것을 나타낸다(Engel 1979:45-46). 예수께서 그렇게 행하셨다는 사실은 마가복음 7:25-30에 기록된 예수와 수로보니게 여인의 대화에 명백하게 나온다. 수로보니게 여인이 예수에게 도움을 청했을 때 예수의 대답은 냉정하게 들린다. 그러나 27절에서 예수께서는 무정함을 나타내시는 것이 아니다. 오히려 예수께서는 그 여인이 자신의 주된 청중의 일원이 아니므로 그녀에게 사용하는 시간은 특별히 자신이 얻으려고 오신 사람들을 위한 시간을 희생하는 것이라는 사실을 지적하고 계시는 것이다.

청중을 택하는 것은 미국의 커뮤니케이터들이 하기 매우 어려운 일이다. 미국인들은 모든 사람에게 공정해야 한다고 철저하게 교육을 받았다. 그리고 미국인들에게 있어, 공정하다는 의미는 그들이 가지고 있는 것을 모든 사람이 이용할 수 있도록 하는 것을 나타낸다. 따라서 미국인들은 다른 구분에게 불공정하게 될까봐 청중의 한 구분에게 특별하게 되기를 주저한다. 그러나 예수의 접근법을 본받기 위한 예증은 이 한 가지 사건에만 나오는 것이 아니다. 예수의 전체적인 전략에는 적어도 두 면이 있다.

첫째로, 예수께서는 특별한 시기에 특별한 지리적 장소에 특별한 사람들 중에 성육신하시기로 결정하셨다. 그리고 그의 메시지는 모든 시대의 모든 사람을 위한 것이었으나 예수께서는 충실하게 자신의 활동을 자신이 택한 집단에 제한하셨다. 예수와 하나님 아버지께서는 그의 사역 장소를 이곳 저곳으로 왔다 갔다 하게 예정하여 많은 언어, 사회, 지리적 장소의 사람들과 접촉하도록 할 수도 있었으나, 예수께서는 자신의 소년기를 보낸 고향에서 약 200마일 이상을 여행하지 않으셨던 것 같다.

둘째로, 예수께서는 유대인 사회의 모든 구분의 사람들에게 접촉하려고 하시는 대신, 주로 평민들과의 상호 활동에 자신을 제한하셨다. 예수께서는 시골 사람들에게 접촉하시기 위해 시골 사람으로 양육을 받으셨고, 갈릴리 사투리를 쓰는 사람들에게 접촉하시기 위해 그 사투리를 사용하셨고, 또한 공인된 교육 기관에서 교육을 받지 않으신 이유는 그의 주된 청중이 교육적 격차가 있는 영역에 속한 커뮤니케이터와 공감을 갖기 어렵기 때문이었다. 사실상 많은 유대 지도자들이 예수에게 매력을 느꼈고, 그 중 몇 사람은 추종자가 되었다(요 12:42). 그러나 그들은 일종의 부차적 결과였다. 즉 한편으로는, 매력적인 메시지를 갖고 있는 매력적인 커뮤니케이터로 말미암은 결과였고, 다른 한편으로는, 심지어 준거 틀의 장벽까지도 기꺼이 조정하기를 사양하지 않은 진실하고 가난한 사람들로 말미암은 결과였다(고전 9:21-22을 보라). 따라서 우리도 마땅히 그렇게 해야 한다.

두 번째 원리는 일단 청중을 택하면, 수령자들의 준거 틀 안에서 가장 훌륭하게 커뮤니케이션 상호 활동을 인도할 수 있다는 것이다. 메시지가 수령자들의 준거 틀(환경) 안에 있지 않으면, 그들이 그 메시지를 정확하게 해석할 것이라는 보장이 없다. 나는 10장에서 환경의 중요성에 대해 말했다. 그 논의, 특별히 사람들의 환경에 대한 애착에 대한 부분은 여기에 적절하다. 효과적으로 커뮤니케이션 상호 활동을 인도하고자 하는 커뮤니케이터들은 수령자들이 쉽게 정이 들 수 있는 영역에서 활동할 필요가 있다. 만일 그 영역이 수령자들의 영역이라면 금상첨화이다. 만일 그 영역이 다른 환경 또는 준거 틀이라면, 수령자들은 적어도 그들의 환경 해석이 부정적으로 주요 메시지에 끼여들지 않을 정도로 편안해질 필요가 있다. 수령자들에게 낯익은 환경은 그 가운데에서 진행되는 모든 커뮤니케이션에 긍정적이고, 종종 따뜻한 느낌을 추가한다. 커뮤니케이터는 이 사실을 인식하고 이용해야 한다.

이 시점에서 조종(manipulation)의 문제에 대해 한마디 해야 할 것이다. 모든 설득, 사실상 모든 상호 활동이 조종적이라는 느낌이 있다. 사람들은 설득 및 다른 종류의 대인 상호 활동의 결과로 전혀 의도하지 않았던 일을 하게 된다. 그러나 비록 설득적 커뮤니케이션의 결과라도 수령자들 자신의 자유 의지에 의해 이루어진 변화들은 조종의 결과로 생각되지 않는다. 조종이라는 용어는 수령자들이 자신들을 지배하는 어떤 능력이나 영향력을 가지고 있다고 생각하는 커뮤니케이터의 영향력으로 이루어진 변화들에 국한한다. 수령자들은 그런 변화들은 조종의 결과라고 간주할 수 있다. 어떤 일이 조종으로 여겨질 때 그 일은 실제로 조종이다.

커뮤니케이터들은 자신들이 추천하는 것에 대해 수령자들이 찬성하거나 반대할 수 있는 수령자들의 권리를 보호하기 위해 최선을 다해야 한다. 이것은 사랑으로만 할 수 있는 일이다. 왜냐하면 사랑은 우리가 수령자들에게 하기를 바라는 일을 그들이 하든지 하지 않든지 수령자들을 위한 최선을 원하기 때문이다. 커뮤니케이션 상황에서 우리는 우리에게 커뮤니케이션하는 사람들이 우리를 대접해 주기를 바라는 그대로 우리의 수령자들을 대접해야 한다(마 7:12; 이 문제의 뛰어난 논의는 Griffin 1976을 보라).

커뮤니케이터의 커뮤니케이션 과정을 인도하는 중요성에 대해 말할 때, 우리는 커뮤니케이터가 수령자들을 조종하는 것을 권하고 있는 것이 아니다. 우리는 유능한 커뮤니케이터가 되고자 한다면 커뮤니케이션 자체의 환경들을 조종하는 법을 배워 우리의 수령자들이 주의를 다른 데로 돌리지 않고 그들이 우리의 의도를 가능한 한 정확하게 이해하는 데 기여하도록 하라고 권하는 것이다. 환경을 조종하는 것과 사람들을 조종하는 것 간에 미세하고, 아마 보이지 않는 선이 존재하지만 나는 우리가 섬기는 목적과 우리가 전하는 메시지가 이해가 생기도록 하기 위해 우리의 최선을 다할 것을 우리에게 요구한다고 믿는다.

그러나 이해는 수용자들에 의한 수용을 자동적으로 의미하는 것이 아니다. 부자 청년과 예수의 대화(마 19:16-22)는 거부로 끝난 이해에 대한 훌륭한 성경의 실례를 보여준다. 유감스럽게도 많은 사람들이 이해하지 못하기 때문에 복음을 받아들이거나 거부한다. 커뮤니케이션들이 멋대로 수용자들을 오도할 수 있는 방법으로 커뮤니케이션 기술들(mechanisms)을 조종하기 때문에 많은 사람들이 그릇된 기대에 근거하여 복음을 받아들인다. 반면에 커뮤니케이터들이 수용자들을 메시지로부터 떠나게 하는 유해한 부가 메시지들을 제거할 수 있는 커뮤니케이션 기술들을 충분히 관리하지 못하기 때문에 많은 사람들이 복음을 거부한다. 예수께서는 함축된 의미들이 무엇인지를 부자 청년이 명백하게 알 수 있는 방식으로 커뮤니케이션 기술들을 조종하셨다.

우리가 유능한 커뮤니케이터가 되고자 한다면 따라야 할 세 번째 원리는 가능한 한 우리는 커뮤니케이션 상호 활동의 전달 수단들을 지배할 필요가 있다는 것이다. 9장에서 나는 이 영역에서 중요한 몇 가지 요소들을 명백하게 나타내려고 했다. 물론 사용되는 언어가 중요하다. 수령자들은 메시지를 자신의 언어로 들어야 한다. 의상, 가구, 공간, 예화 등의 사용을 포함하는 개인적인 행동 양식도 덜 중요하지 않다. 교회 커뮤니케이션의 전통적인 형태들에 길들여진 사람이 이 기술들을 배우기 위해 시간과 실험을 요하지만, 우리는 보다 덜 형식적인 커뮤니케이션 전달 수단들을 받아들이는 데 너무 서둘러서는 안 된다. 만일 우리의 청중이 특정한 양식의 언어와 특정한 복장 방식에 익숙하므로 우리가 그런 양식들로 변하고자 한다면, 점차적으로 한 번에 한 가지씩 변해야 한다. 이런 식으로 우리의 복장과 언어 방식이 비형식적이 되어 감에 따라 우리의 청중은 거기에 익숙해져서 그들과 상호 활동을 하도록 용인하게 될 것이다. 만일 이러한 수정들이 너무 빠르게 이루어지면, 수용자들이 그 변화들을 발전으로 해석하지 않고 속임수로 해석하기가 쉽다. 그리고 그런 해석은 메시지를 공중 분해시켜 버린다.

우리가 사용하는 전달 수단들을 지배할 필요성에 대해 생각할 때 다른 청중들에게는 다른 전달 수단들을 사용해야 한다는 사실을 인정하는 것이 중요하다. 수리공이 자신의 도구 상자에 한 가지 이상의 도구들을 갖고 다니는 것과 똑같이 유능한 커뮤니케이터는 행동 양식을 한 가지 이상 갖고 있어야 한다. 그래서 우리는 우리가 접촉하려고 하는 청중을 또는 청중 가운데에서 집단을 택할 때, 그 수용자 집단에게 메시지를 전하는 데 가장 적절하다고 판단되는 행동 양식을 사용할 수 있다.

어떤 청중들에게는 비형식적인 언어와 복장과 자세를 사용하는 것이 매우 현명하지 못할 것이다. 반면에 어떤 청중들에게는 형식적인 언어와 복장과 자세를 사용하는 것이 매우 현명하지 못할 것이다. 상황이 어떤 것이든지 간에, 사용되는 전달 수단들로 인해 청중이 자기 자신들에게 주의를 기울이는 해석을 하도록 해서는 안 된다. 오히려 전달 수단들은 수령자들의 의식에서 벗어남으로 가능한 한 주요 메시지의 흐름을 자유롭게 할 수 있어야 한다.

같은 맥락으로, 커뮤니케이션 상호 활동을 효과적으로 인도하고자 하는 커뮤니케이터들은 자신의 인격과 메시지를 모두 제시함으로 그 인격과 메시지가 수령자의 허용 범위 내에 들어가도록 하는 데 확고한 주의를 기울여야 한다. 이 일은 종종, 적어도 처음에는 수령자들이 커뮤니케이터를 '자신들 중의 한 사람'으로 느낄 수 있는 단어와 어구와 커뮤니케이션 방식을 사용하는 문제이다. 여기에 있어 기초를 이루는 요소는 수령자들이 적절하게 해석할 수 있는 방법으로 커뮤니케이터들이 자신들의 신뢰성을 증명하라는 요구이다.

예를 들어, 나는 매우 보수적인 교인들에게 성경 번역에 대한 일련의 수요 강의를 해달라는 요청을 받은 적이 있었다. 첫 번째 강의를 마치고, 한 주 후에 두 번째 강의를 하려고 할 때, 지도자가(사적으로) 내가 지난주의 강의에 '그리스도의 피'를 한 번도 언급하지 않았다는 지적을 했다. 그는 금주의 강의 동안 '그 말을 하라'고 넌지시 나에게 암시했다. 내가 그 어구를 사용하지 않은 사실이 커뮤니케이션의 흐름에 '잡음'을 형성하여 그들이 내가 말을 들을 수 있는 능력을 방해했던 것이다. 만일 내가 그 어구와 아마 다른 특정한 어구들을 사용하기만 했다면 아마 나는 그 문제를 해결할 수 있었을 것이다. 그 말을 들음으로 그들은 불신의 '잡음'으로부터 나오는 방해를 받지 않고 편안하게 귀를 기울일 수 있었을 것이다.

한 사회의 대부분의 소집단들과 마찬가지로, 이들은 특정한 어구들을 사용함으로 자신과 '함께' 하는 사람들(또는 자신들에게 반대하는 사람들)을 확인하였다. 그러나 그들이 진정으로 찾았던 것은 한두 개의 단어를 사용하는 것 이상이었다. 그들은 "우리가 당신을 신뢰할 수 있는가?"라고 묻고 있었다. "당신은 우리 중의 한 사람인가? 아니면 그들 중의 한 사람인가?"라고 묻는 것이었다. 이 사실을 인식하고 나는 시간을 들여 나의 개인적인 간증을 함으로 이 문제를 정면으로 다루기로 결정했다. 그렇게 함으로 그들의 필요로 하는 바를 만족시켰고, 그들의 질문에 대답하였고, 나를 그들의 허용 범위 안으로 훌륭하게 이동함으로 그들로 하여금 편안하게 나와 나의 메시지를 신뢰할 수 있게 하였다. 그 후 그들은 심지어 매우 민감한 주제들에 대해서도 매우 좋은 반응을 나타냈다. 두 번째 강의에서 내가 나의 신뢰성을 증명한 후, 나의 첫 번째 강의도 그들은 받아들일 수 있었다.

그러나 요구되는 신뢰성의 증명을 메시지의 일부분으로 보다는 어떤 다른 방법으로 커뮤니케이션해야 할 필요가 있는 경우가 매우 종종 있다. 예를 들어 수시로 교인들과 궂은 일을 하는 한 목사는 사람들에게 그런 일을 하는 것을 전혀 보이지 않는 목사보다 더 큰 신용을 얻는 경우가 종종 있다. 내가 그의 밑에서 자란 목사님은 종종 우리와 소프트 볼 경기를 함으로 우리에게 엄청만 신뢰와 신용을 얻었다. 우리가 그를 단순히 한 목사로 아는 것이 아니라 한 인간으로(즉, 정형을 벗어난) 안다는 사실은 우리에게 대단한 의미를 부여했다.

그 때 그 경기의 명칭은 신용이었다. 신용은 은행의 예금과 같다(Griffin 1976:126을 보라). 커뮤니케이션 과정을 시작할 때, 우리의 말을 듣는 사람들은 그 은행 예금에 많은 액수를 줄 수도 있고 소액을 줄 수도 있다. 큰 명성을 갖고 있는 커뮤니케이터들은 종종 그들이 가지고 일할 수 있는 상당히 큰 신용 자본을 얻는다. 또 어떤 커뮤니케이터들은 보다 작은 신용 자본으로 만족해야 할 것이다. 어떤 커뮤니케이터들은 그들의 말을 듣는 사람들이 보고 알 수 있는 신용을 소유하지 못했기 때문에, 상당한 부채를 지고 있는 자신을 발견할 것이다.

커뮤니케이션 활동의 과정 동안, 이 신용 자본은 증가될 수도 있고 소비될 수도 있다. 신용이 거의 또는 전혀 없을 때 민감한 문제들을 다루는 것은 커뮤니케이션 파산으로 끝날 수 있다. 처음에 큰 신용을 소유한 사람들이나 진행하면서 큰 신용을 얻은 사람들은 그들의 수령자들의 허용으로 광범위한 민감한 문제들을 다루면서도 여전히 신용 은행 예금을 좋은 상태로 유지할 수 있는 것이다.

청중이 많을 때, 가장 신용할 수 있는 커뮤니케이터들도 효과적인 친교를 유지하려면 감히 다루지 못하는 특정한 문제들이 있다. 그러나 그들이 아무리 많은 신뢰를 가지고 있다 하더라도, 만일 그들이 커뮤니케이션할 소명을 받은 메시지를 효과적으로 커뮤니케이션하기 위해 필요하다면, 심지어 위험까지 사용하는 것이 커뮤니케이터의 책임이다. 신용은 단순하게 축적되는 것이 아니다. 신용은 사용할 때에만 가치가 있다. 그리고 물론 신용도 오용될 수 있다.

커뮤니케이터들은 수령자들이 그들에게 허용 범위에 들어오는 것을 허용하는 지점으로부터 신용을 확대할 필요가 있다. 커뮤니케이터들은 자신들이 택한 수령자들이 받아들일 수 있는 전달 수단과 환경을 사용해야 한다. 일단 허용 범위에 들어온 다음, 커뮤니케이션들은 자신들의 신용의 증가와 지출에 계속적인 주의를 기울일 필요가 있다. 이 과정에서 수령자들의 허용 범위는(만일 처음에 좁게 출발하였다면) 이상적으로 커뮤니케이터가 매우 다양한 메시지들을 효과적으로 다룰 수 있는 지점까지 넓어진다. 그리고 커뮤니케이터는 수령자들이 그 메시지를 정확하게 이해할 것이라는 확신을 가질 수 있다. 그러나 만일 커뮤니케이터들이 자신의 신용을 함부로 사용한다면, 수령자들이 그들의 허용 범위를 좁히고 커뮤니케이터들을 내쫓을 것이다.

효과적이 되기 위해 커뮤니케이터들은 전체 상호 활동을 통해 일어나는 과정을 계속하여 측정할 필요가 있다. 그리고 필요하면 상실했을 수 있는 신용을 되찾기 위해 자신의 표현 방법을 수정할 필요도 있다. 예를 들어, 나는 음악을 통해 커뮤니케이션을 하는 것에 대한 발표를 하고 있었던 적이 있다. 어떤 지점에서 나는 대부분의 청중과 내가 다른 견해를 갖고 있는 것으로 알고 있는 문제에 대한 질문을 받았다. 나는 대답을 생각하면서 그 문제에 관련되어 반대되는 나의 실제적 느낌을 그들에게 말하는 것이 유익할지를 계산했다. 만일 그렇다면 나는 이 청중에게 솔직한 답을 할 수 있을 만큼 충분한 신용을 얻고 있는지, 내가 얼마나 많은 신용을 부담 없이 소비할 수 있고, 발표를 끝내기 전에 내가 잃을지도 모르는 신용을 되찾을 만큼 나에게 충분한 시간이 있는지도 계산했다. 그리고 나는 나의 신용이 높으며, 내가 나의 진정한 신념을 말하는 것이 유익할 것이며, 만회를 하여 그들에게 나와 나의 메시지에 대한 긍정적인 인상을 남길 만한 충분한 시간이 있다고 판단했다. 나는 솔직하게 답변했고, 약간의 신용을 상실했다. 그리고 나의 논점이 그들이 전에 믿어 왔던 바와 모순되었지만 많은 사람들이 자신들에게 매우 유익하다고 느꼈다.

커뮤니케이션을 인도함에 있어 여섯 번째로 중요한 원리는 관련성(relevance)이다. 관련성은 신용과 밀접하게 관련되었을 뿐만 아니라 수령자들의 허용 범위와도 밀접한 관련을 가지고 있다. 신용은 메시지와 메시지를 전하는 사람 모두에게 적용된다. 그러나 타당성은 전적으로 수용되는 메시지에만 초점을 맞춘다. 수령자의 허용 범위 안에 용이하게 수용되기 위해, 메시지는 믿을 만해야 한다. 그리고 믿을 만하기 위해 메시지는 관련성이 있어야 한다.

앞에서 주지한 바와 같이, 관련성은 커뮤니케이션 과정의 다른 국면들과 마찬가지로 수용자의 해석의 문제이다. 그리고 커뮤니케이터가 관련이 있다고 생각하는 것은 수령자들이 관련이 있다고 생각하는 것과 크게 다를 수도 있다. 그러므로 커뮤니케이션을 효과적으로 인도하려면, 커뮤니케이터들은 수령자들이 필요성을 느끼는 것이 무엇인지 발견하기 위해 그들의 일상 생활에서 그들을 연구할 필요가 있다. 나와 친밀한 한 목사는 자신의 교인들 대부분이 일하는 공장에서 파트 타임 고용원이 됨으로 이 일을 매우 효과적으로 행했다. 그렇게 함으로 그는 인류학자 등과 같이 인간 행동을 인식적으로 연구하는 사람들이 그들의 수령자들이 존재하는 곳을 발견하기 위해 착수하는 참여 연구(participant-research)와 같은 연구에 착수했다. 그 다음에 그는 거기에서 발견한 수령자들의 삶과 관련된 내용에 대한 구체적인 통찰력에 기초하여 자신의 메시지를 구성했다. 이런 전략은 대부분의 훈련을 실제적인 삶의 정황에서 받은 것이 아니라 학교에서 받은 목사들에게 특별히 중요하다.

커뮤니케이터가 메시지의 표준에 맞추어 수령자들의 허용 범위 가운데에서 얻을 수 있는 바가 바로 감지 욕구들(felt needs)과 관련성이 있다. 따라서 신용과 마찬가지로 이 관련성에 대한 계속적인 증명은 수령자들로 하여금 허용 범위를 넓히게 할 수 있다. 그러나 수령자들이 느끼는 욕구들을 커뮤니케이터가 청취하는 것이 매우 중요하다. 왜냐하면 감지 욕구에 기초한 커뮤니케이션 상호 활동 과정은 보통 두 가지의 이어지는 과정으로 귀착되기 때문이다. 첫째로 최초의 요구들 중 어느 정도가 해결된다. 그리고 그 다음에 보다 깊은 욕구들이 표면으로 떠오른다. 처음에 그 욕구들은 커뮤니케이션 상호 활동에서 중점이 아니다. 그 이유는 그 욕구들이 느껴

제11장 유능한 커뮤니케이터는 어떻게 활동할까? 257

지지 않았기 때문이거나 또는 수령자들이 그 요구들에 대해 마음 문을 열지 않았기 때문이다. 그러므로 커뮤니케이터는 이전에는 절실했으나 이제는 해결된 욕구들을 계속하여 다루는 메시지가 아니라 새로운 감지 욕구들을 다루는 메시지로 변화를 가질 필요가 있다.

유감스럽게도 많은 기독교 커뮤니케이션이 이 사실을 고려하지 않았다. 그러므로 우리는 많은 기독교 커뮤니케이터들이 그리스도인의 삶의 매우 초기 단계들만 다루고 있고 기독교 메시지의 실제적인 골자에는 거의 이르지 못하고 있는 것을 발견한다. 그럴 때에 두 가지 일이 일어난다. 첫째는 메시지들이 항상 동일한 주제를 다루기 때문에, 그 메시지들과 관련된 청중이 계속해서 변화한다. 이것은 마치 커뮤니케이터가 어린 아이의 말밖에 하지 못하는 것과 같다. 따라서 어린 아이의 말이 자신의 욕구와 관련이 있다고 생각하는 사람들밖에 관심을 가질 수 없다. 어린 아이의 말을 필요로 하는 단계에서 자라난 사람들은 떠나고 어린 아이의 말에 관련이 있다고 생각하는 새로운 집단이 들어오는 과정이 계속 이어진다. 두 번째로, 대부분의 교회에는 어린 아이의 말보다 성장하였으나 교회라는 환경에서는 어린 아이의 말이 유일하게 어울리는 말이라고 생각하는 수많은 사람들이 있다. 그들은 복음을 향한 이런 접근을 신성한 필수 의식 그 자체이며, 교회에서 유일하게 적당한 일로 여긴다. 그들은 더 이상 교회에서 자신들과의 관련성을 찾지 않는다. 그들은 목사와 다른 기독교 커뮤니케이터들이 수령자들의 진정으로 절실한 욕구들에 대해 말하는지, 그렇지 않은지에 근거하여 목사와 기독교 커뮤니케이터들을 평가하기보다는 그들(목사와 다른 기독교 커뮤니케이터들)이 적절한 단어, 어구, 그리고 관습들(예를 들어 모든 예배가 끝날 때 구원 초청을 하는 것과 같은)을 사용하는지, 그렇지 않은지에 근거하여 목사와 기독교 커뮤니케이터들을 평가한다.

효과적으로 커뮤니케이션하기를 바랄 뿐만 아니라 무엇인가 가치 있는 것을 커뮤니케이션하기를 진정으로 원하는 유능한 커뮤니케이터들은 자신들의 말을 듣는 사람들의 감지 욕구를 발견하여 그들이 그 감지 욕구에 관련된 것으로 인식할 성경 메시지를 제시하려고 노력한다. 이렇게 함으로 메시지를 전하는 사람의 신용과 함께 메시지의 신용도 쌓여 간다. 더욱이, 수령자들의 유익을 위해 헌신하는 기독교 커뮤니케이터들의 진실한 관심은 진정한 기독교의 방법에서 증명된다.

마지막으로, 특별성의 원리(the specificity principle)는 되풀이하여 말할 필요가 있다. 이 원리는 논리적으로 관련성의 원리에서, 그리고 본 장에서 말한 모든 다른 원리에서 나온다. 기독교 커뮤니케이터들은 구체적인 청중을 택할 때뿐만이 아니라 초점을 맞춘 수령자들에게 구체적인 방법으로 메시지의 내용을 제시할 때 효과가 있다. 하나님께서는 보편적으로 사람들과 관계하실 뿐만 아니라 실제적인 사람들과 관계하신다. 예수께서 관계하신 사람들은 이름과 직업과 가정과 포부를 갖고 있었다. 그러므로 예수께서는 그들 각자를 보편적인 범주로 다루신 것이 아니라 특별한 사람들로 다루셨다. 그리고 예수의 메시지는 그 특별성으로 인해 더 잘 이해되었고 더 충격적이었다.

그러므로 커뮤니케이션을 효과적으로 인도하기 위해, 현명한 커뮤니케이터들은 (1) 자신들의 청중을 택고, (2) 수령자들의 준거 틀 안으로 들어가 활동하며, (3) 커뮤니케이션 상호 활동에 사용되는 전달 수단들을 통제하며, (4) 수령자들이 허용 범위 안에서 자신과 메시지를 모두 제시하며, (5) 신용을 얻고, 유지하고, 창조적으로 사용하는 것에 최대의 주의를 기울이며, (6) 관련성을 찾고, (7) 특별 성을 찾는다.

3. 수령자들과 관계를 가지라

커뮤니케이터와 수령자 사이에 신분의 격차가 있을 때 특별히 어렵고 지속적인 문제는 커뮤니케이터가 수령자들과 어떻게 관계를 가져야 하는가 하는 문제이다. 지금쯤이면 완전히 명백해졌겠으나, 다시 말하자면, 나는 완전히 인간적인 커뮤니케이터가 한 인간으로 완전히 인간적인 수령자와 관계를 갖는 것을 이상적인 관계라고 생각한다. 종종 교회 지도자들은 어떤 저자가 '신분 대 신분'(station-to station)으로 명칭한 방식으로 수령자들과 관계를 갖는다(Loewen, 1979). 이러한 관계는 비록 편하기는 하지만, 한 인간과 인격적인 하나님의 효과적인 커뮤니케이션을 방해한다. 하나님에 대한 이해와 하나님과의 관계는 인격 대 인격 관계에 의해 가장 잘 전달된다.

그러나 교회 지도자들과 그들의 수령자들 간에 거리가 있는 것처럼 보이는 이유는 목사나 교사, 또는 다른 교회 지도자들의 잘못만이 아니다. 오히려 근본 문제는 수령자들이 그런 위치에 있는 사람들과 관계를 갖는 방법에 대한 인식이다. 비록 지도자가 인격 대 인격 스타일을 선호하여도 이런 수령자들은 종종 신분 대 신분 관계를 가진다. 문제는 ⑴ 커뮤니케이터가 어떻게 그런 신분 대 신분 관계를 깰 수 있고 ⑵ 누가 솔선해야 하는가 하는 것이다.

우리를 인도하시는 하나님의 활동을 전례로 하여, 나는 커뮤니케이터가 항상 솔선해야 한다고 믿는다. 이 과제를 성취하기 위한 방법으로 나는 다섯 가지 실천적인 단계를 제시하고자 한다.

⑴ 수령자들을 이해하려고 노력

우리가 커뮤니케이터들로서 취해야 하는 첫 번째 단계는 우리의 수령자들을 이해하려고 노력하는 것이다. 이것은 명백한 단계이지만, 항상 쉬운 방법은 아니다. 종종 우리는 쉽게 이해할 수 없는 경험들에 의해 깊은 영향을 받은 사람들에게 또는 우리가 어떤 이유 때문에 좋아하지 않는 사람들에게 커뮤니케이션을 하라는 소명을 받는다. 그들의 삶, 그들의 성향, 그들이 그들과 같은 사람이 된 이유와 그들이 어떤 일을 행하는 이유를 실제로 이해한다는 것은 어려운 주문일지 모른다.

종종 우리는 다른 집단 출신의 사람들을 이해하려고 할 때, 그들의 행동이 그들의 상황 내에서 전달하는 의미에 의해 이해하려고 하기 보다는 그들의 행동이 우리가 살고 있는 환경의 일부분이라면 의미하였을 그 의미로 이해하려고 한다. 예를 들어, 어떤 그리스도인의 행동은 우리의 예상과는 다르게 그들의 준거 집단의 다른 구성원들에 비해 상당히 진보적이다.

게다가 목사들과 그 밖의 교회 지도자들(직업적인 전문 지도자들과 평신도 지도자들 모두)이 받는 교육은 종종 우리가 소명 받은 실제적인 커뮤니케이션 과제들에 상당히 역효과를 초래한다. 그들이 받는 교육은 거의 전형적으로 완전히 지성적이고, 독서에 근거한 것이다. 그러나 우리가 직면하는 과제는 거의 완전히 사람들을 이해해야 하는 것이다. 그리고 그 사람들은 매일매일의 삶에서 주로 비지성적인 문제들에 관심을 두고 사는 사람들이다. 그러므로 우리는 책을 연구하는 방법 이상으로 사람들을 연구하는 방법을 배울 필요가 있다.

(2) 수령자들과 공감

이러한 이해에 기초하여 우리는 두 번째 단계를 취할 수 있는데, 그 두 번째 방법은 우리의 수령자들과 공감하는 것이다. 어떤 사람과 공감하는 것은 나를 그 사람의 자리에 두려고 노력하는 것, 그 사람의 세계에 들어가서 그 사람이 그 세상을 보는 대로 보려고 하는 것이다. 공감은 "만일 내가 그 사람이 인식하는 방법대로 세상을 인식한다면 나는 어떻게 생각하고 행동할까?"라는 질문으로 출발한다. 그럴 때에 공감하는 사람은 그 사람의 옆자리에 앉는다(실제로 또는 비유적으로, 참조 겔 3:15). 또는 인디언의 속담이 표현하는 바와 같이 그의 신발을 신고 1마일을 걷는다. 공감은 사랑을 표현하는 데 중요한 것과 마찬가지로 커뮤니케이션에 있어서도 중요하다. 교회 지도자들은 이 두 가지 목적 모두를 위해 공감에 완전히 몰입해야 한다.

(3) 수령자들과 동일시

이해와 공감 다음의 세 번째 단계는 자신을 수령자들과 동일시하는 것이다. 다른 사람과 동일시하는 것은 우리 자신을 그의 준거 틀 속에 두는 것이다. 사도 바울이 고린도전서 9:19-22에서 이방인을 얻기 위해 이방인이 되는 것에 대해 설명하면서 말하는 바가 바로 이것이다. 이러한 동일시는 천박하거나 위조가 아니다. 오히려 이런 동일시는 우리를 지금까지의 우리보다 더 나은 사람이 되는데 몰두하게 한다. 나는 이에 대해 다른 곳에서 다음과 같이 말한 적이 있다.

> 우리 대부분에게는 우리가 전혀 탐사한 적이 없는 차원들이 있다. 다른 사람들 또는 다른 집단들과 동일시하는 것, 즉 진정으로 그의 준거틀 안으로 들어가는 것은 우리에게 이 탐구되지 않은 영역들 중 하나를 탐구하도록 요구한다. 인간에게 놀라운 일들 중의 하나는 우리가 두 개의 문화를 병용할 수 있다는 것이다. 다른 사람들의 삶 속으로 들어감으로 우리는 우리의 평균적인 환경에 있는 것처럼 그 환경이 현실이 될 수 있다. 이 일은 더 많은 노력을 필요로 하고, 많은 학습을 필요로 하고, 많은 수정을 필요로 한다. 그러나 사람들이 "너는 우리 중의 한 사람과 똑같다"고 말함으로 우리의 노력에 답할 때, 우리는 이 일이 매우 가치가 있음을 실감하기 시작한다(Kraft 1979b:25).

(4) 수령자들의 삶에 실제적인 참여

이해와 공감과 동일시로부터 나오는 것이 네 번째 단계, 즉 우리의 수령자들의 삶에 실제적인 참여이다. 많은 교인들이 지도자들을 보는 것은 그 지도자들의 교회 생활에서 뿐이다. 그러므로 그들은 지도자들의 생활의 다른 면들에 대해서는 거의 이해하지 못한다. 예를 들어, 많은 교인들은 그들의 목사가 노동을 할 수 있다는 사실을 알았을 때 놀란다. 그러나 목사가 교인들에게 진정한 인간으로 인식되는 다양한 활동을 교인들과 함께 한다면, 그들의 이해가 확대될 수 있다. 교인들과 함께 오락을 하는 것이 종종 적어도 그들과 함께 오락을 하는 것 만큼 가치가 있을 수도 있다. 앞에서 언급했지만, 나 어린 시절의 친구들 중 몇몇은 수시로 우리와 함께 놀면서 시간을 보냈던 목사님에 의해 지워지지 않는 좋은 영향을 받았다.

(5) 자기 노출

그와 같은 활동들 범위 내에, 그리고 그 범위를 넘어 다섯 번째 단계가 있다. 이 다섯 번째 단계를 나는 자기 노출(self-disclosure)이라고 말한다. 이 단계에서, 커뮤니케이터들은 그들이 접촉하고자 한 사람들에게 진실로 자신을 드러낸다. 나는 자기 노출을 다음과 같이 정의한다:

> 자기 노출은 자신의 가장 깊은 감정들을 참여하는 사람과 함께 나누는 실천이다. 이 자기 노출은 어떤 사람들이 자신의 내적인 생활을 공공연하게 드러내면서 방종스럽게 행하는 미심쩍은 관행과는 다른 것이다. 이와는 반대로, 자기 노출은 자신의 가장 깊은 감정들을 친밀감을 얻은 사람과 함께 나누는 것이다. 이 단계에서, 허물과 의심과 불안들을 고백함으로, 그의 말이 설득력을 상실하기는 커녕 오히려 그의 신앙 고백을 유효하게 한다....우리의 수령자들에게 진실하고, 믿을 만한 사람이 될 때, 우리는 이해와 공감과 동일시를 넘어 이 자기(노출)에 이르게 된다(Kraft, 1979b:26)

따라서 우리의 수령자들과의 관계를 얻기 위한 추구는 그들을 이해하는 것으로 시작하여, 그들에게 우리 자신을 주는 것으로 끝이 난다. 이 과정에서 우리는 그들과 동일시하고 그들의 삶에 참여한다. 그리고 우리의 자기 노출과 자기 전달을 통해 우리는 그들을 우리와 동화하게 할 수 있다. 커뮤니케이션의 순환은 이렇게 완성된다. 그리고 그들은 우리가 그리스도를 본받는 것 같이 우리를 본받을 수 있다. 왜냐하면 우리를 본받는 것이 무엇인지를 알기에 충분히 가까운 거리에서 우리를 보기 때문이다. 물론 이런 절차는 대집단에게는 사용될 수 없다. 그러나 우리가 한 집단의 모든 사람과 이 절차를 행할 수 없기 때문에 이 절차를 누구와도 행하지 않는다면 슬픈 일일 것이다. 동일시하고 참여하기 위해 청중을 선택하고, 그 다음에 그들에게 우리를 전달하는 일은 비록 그들이 대집단의 일부분이더라도, 아무하고도 친밀하게 상호 활동을 하지 않는 것보다는 좋은 일이다.

4. 사회 구조와 함께 일하라

나는 우리가 그 안에서 사역하는 사회 매트릭스의 본질과 커뮤니케이션에 끼치는 영향을 다방면으로 주목해 왔다. 물론 이 매트릭스가 없으면 커뮤니케이션은 존재하지 않을 것이다. 그렇지만 그리스도인들은 사회 문화적 환경의 모든 면을 긍정적으로 대할 수 없다. 사탄은 우리가 그 안에서 활동하는 정치적 구조, 사회적 구조, 경제적 구조, 그리고 그 밖의 모든 구조들을 통해 역사할 뿐만 아니라, 커뮤니케이션 구조를 통해서도 역사한다. 그렇다면 "이런 구조들을 향한 우리의 태도가 어떠해야 하는가?"라는 문제가 제기된다. 우리는 우리의 메시지가 오염되지 않기 위해 이런 구조들을 거부해야 하는가? 그렇게 하는 것은 도움이 되지 않을 것이다. 왜냐하면 우리에게 다른 구조들이 없기 때문이다. 그렇다면, 우리에게 더 나은 구조들이 없기 때문에 이 구조들을 시인해야 하는가? 그와 같은 접근법은 반대 방향으로 너무 멀리 나아가는 것이 될 것이다.

나는 우리가 이 구조들에 대해 실재적이 되라고 제안한다. 즉 비록 그 구조들이 하나님의 목적들에 반하는 목적들을 위해 넓게 사용됨으로 오염되었지만, 우리는 그들을 사용해야 한다는 사실을 인정하라는 것이다. 그러나 우리는 하나님의 보호를 청하면서, 그 구조들을 사용하는 비그리스도인들을 특징지우는 동기들보다 더 나은 동기들을 가지고 그 구조들을 사용해야 한다. 그리고 더 나아가, 우리는 이 전달 수단들의 통상적인 용도를 능가하는 목적들을 위해 이들을 사용함으로 궁극적으로 우리의 사용으로 인해 그 전달 수단들 자체가 변화되는 결과에 이르도록 해야 한다.

내가 말하고 있는 사실의 예를 들면, 사람들은 권력과 명망을 갖고 있지 않은 사람들의 말보다 그런 자격들을 갖고 있는 사람들의 말에 더 잘 귀를 기울인다는 것이다. 사람들이 마땅히 귀를 기울여야 하는 권력 있는 사람들도 있지만, 그런 사람들에게 과도한 주의가 기울여지는 반면에, 보다 더 사리에 맞지만 덜 알려진 사람들의 발언은 무시되는 경우가 종종 있다. 그리스도인들은 이런 사회 구조를 기독교의 목적을 위해 보다 기독교식으로 사용할 수 있을까?

나는 우리가 종종 그렇게 사용할 수 있다고 믿는다. 만일 우리가 개인적인 명성을 가지고 있다면, 그 명성을 그리스도를 위해 사용할 수 있을까? 그러나 여러 가지 구조들을 향한 기독교의 접근법은 경청을 요구하기 보다는 경청을 얻는 것이 되어야 할 것이다. 기독교의 접근법은 사람들이 커뮤니케이터와 메시지를 얼마나 신용할 수 있다고 믿는가에 근거하여, 그들에게 듣고 응답하라고 정중하게 부탁하는 것이 되어야 한다. 그리스도인들은 비록 모든 능력의 근원이신 하나님과 친밀한 관계를 갖고 있지만 경청을 요구해서는 안 된다.

비록 문화 구조는 권력을 가지고 있는 사람들에게 우선권을 부여하지만, 그리스도인은 이 점에 있어 예수의 모범을 따라야 한다. 예수께서는 하나님이신 자신의 위치에 대한 적법한 권리로 요구할 수 있는 권력과 명성을 거부하셨다. 그 대신 예수께서는 구조들이 통상적으로 사용되는 방법을 훨씬 초월하는 목적들을 성취하기 위해 구조들을 지배하는 자들을 이용하심으로(그리고 결국 그들에게 죽으심으로) 인간들과 교제하시는 자신의 길을 얻고자 결정하셨다.

또 다른 방식의 예증은 소위 동질 단위 원리(homogeneous unit principle)이라는 것이다(Wagner 1981:; Kraft 1978). 이 원리에 대한 진술들은 사람들이 같은 생각을 가진 사람들의 집단으로 무리를 짓는다는 사실을 지적한다. 그러므로 모든 기존의 교회는, 다른 모든 존재하는 조직들과 마찬가지로 동일한 사회 경제적 계급의 구성원이 되기를 열망하는 사람들이나 이미 구성원이 된 사람들, 그리고 이에 덧붙여 많은 다른 시각들과 관심들을 자주 나누는 사람들로 이루어진다. 종종 이런 집단들은 주위의 다른 집단의 구성원에 대해 배타적이고 무관심하게 되는 경향이 있는 정도까지 내면화된다. 따라서 "이런 집단화를 하나님이 기뻐하시겠는가?"라는 질문이 종종 제기된다.

내가 강조하고자 하는 것은 비록 이런 사회 조직에 두드러지는 문제들이 있지만, 우리에게 단지 인간은 이런 식이라고 인정하고 그런 집단들과 함께 일할 수밖에 없다는 사실이다. 그러나 우리는 단지 우리가 그런 구조들과 함께 일한다는 이유 때문에 구조들의 노예가 될 필요는 없다는 것이다. 그리스도인들에게만이 아니라 기독교 메시지로 받는 피해를 인정하면서도, 우리는 그리스도에게 동일한 열심을 가지고 있으나 예배와 섬김에 있어 다른 접근법들을 가지고 있는 집단들과 기독교 집단들을 접촉하게 해야 한다. 이 다른 집단들은 우리의 그리스도인 형제 자매들이다. 그러므로 비록 우리 사이에 의견이 맞지 않는 점들이 있지만 우리는 그들과의 경험을 통해 그들을 사랑하고 수용하는 법을 배워야 한다. 그러므로 우리에게 존재하는 동질성은 우리로 하여금 우리의 배타성을 초월할 수 있게 하는 수단이 된다.

우리가 사회 구조들을 초월하기 위해 그 사회 구조들과 함께 일할 수 있는 세 번째 지점은 의견 주도자들(opinion leaders)과 관계가 있다. 사회의 모든 부분에는 다른 사람들의 의견보다 더 무게를 가지고 있는 사람들이 있다. 심지어 기독교 집단들에 있어서도 이들이 항상 공정한 것은 아니다. 강력한 의견 주도자들과 불화하는 목사들에게 화 있을진저! 그러나 현명한 커뮤니케이터들은 종종 이러한 구조가 도움이 될 수 있음을 인식한다. 그러므로 그들은 집단에서 누가 의견 주도자들인가를 찾아 그들과 함께 그리고 그들을 통해 자신의 생각을 커뮤니케이션한다.

내가 알고 있는 한 나이가 지긋한 목사님은 그의 교단의 지도자들이 자신처럼 나이가 든 사람들이 하는 새로운 착상을 수용하지 않으려고 한다는 사실을 발견했다. 그래서 그는 젊은 지도자들의 착상에 자신의 착상을 반영시키는 전략을 개발했다. 그러면 교단 지도자들이 그 착상의 장점을 보고 채택을 할 것이라는 생각이었다. 결과는 이 목사님의 생각대로 교단 지도자들이 그의 많은 착상들을 자주 채택하게 되었다. 그러나 대개, 그 착상들은 즉시 채택되지 않았다. 왜냐하면 젊은 목사들이 각각의 착상을 다른 사람에게서 나온 것이 아니라 자신들에게서 나온 것이라고 믿게 되기까지 충분히 오랫동안 숙고할 필요가 있었을 것이기 때문이다.

그들은 그 착상들을 발표할 때 다른 사람의 착상이 아닌 자신들의 착상으로 발표했다. 그리고 그들과 함께 활동하는 의견 주도자들은 그 착상들을 젊은 사람들의 착상으로 받아들였고, 결국 나이든 목사님의 전략을 받아들인 것이었다. 나이든 목사님은 자신이 그 착상들을 창안했다는 인정을 받지 못한다는 사실에 종종 실망하기도 했지만, 그래도 불공정한 구조를 그런 식으로 이용하는 방법을 터득했기 때문에 자신의 많은 착상들이 시행되는 것을 보며 매우 기뻐할 수 있었다.

이 장에서 시종일관 초점의 대상이었으며, 문제로 생각될 수도 있는 네 번째 영역은 감지 욕구(felt needs) 또는 집단 편애(group preference)이다. 여기에서 제기되는 의문은 보다 더 중요한 문제들을 다룰 수 있도록 사람들의 허락을 얻기 위해 매우 사소한 일들에 대한 그들의 욕구를 부채질하는 것이 타당한가 타당하지 아니한가 하는 문제이다. 이와 유사한 의문으로 사람들을 그리스도인의 길에 이르게 하기 위해 이기적인 동기들에 호소하는 것이 타당한가 타당하지 아니한가 하는 문제가 있다. 물론 이런 일은 종종 행해진다. 내가 어렸을 때 비그리스도인들에 대한 주된 접근법은 만일 그들이 그리스도를 영접하지 않으면 영원히 지옥에 빠질 날이 임박했다고 경고하는 방법이었던 것 같다. 지금 나는 이 방법을 다소 이기적이라고 판단한다. 그러나 나 자신이 이런 초청에 응답했고, 그런 메시지를 제시한 사람들이 나의 동기들이 덜 순수할지도 모른다고 우려하여 전도를 그만두지 않았다는 것을 매우 다행으로 여긴다.

이 특별한 문제를 다룰 때, 두 가지 사실이 명백해진다. 첫째는 인간에게 순수한 동기와 같은 것은 없는 것 같다는 것이고, 둘째는 인간들의 삶을 감싸고 있는 동기 부여의 원리가 이기주의 같다는 것이다. 만일 이 말들이 사실이라면, 그런 구조들을 사용하는 것을 판단하는 우리의 기준들은 우리가 추구하는 목표들의 타당성에 크게 제한을 받고, 또한 그 목표들을 달성하는데 우리가 사용하는 구조들의 유용성과 윤리적 본질에 크게 제한을 받는다. 개인 또는 집단이 더 높은 목적에 헌신함으로 이기적인 목적을 초월하게 하기 위한 수단으로 개인 또는 집단의 이기주의에 호소하는 것은 구조의 바람직하지 못한 특징들을 초월하기 위해 그 구조를 사용하는 것으로 판단될 수 있다. 우리의 윤리적이고 기독교적인 수단은 우리의 관점으로 볼 때만이 아니라 수령자의 관점으로 보기에도 사랑의 수단이 되어야 한다.

5. 더 효과적으로 커뮤니케이션하는 법을 배우라

모든 다른 인간 활동과 마찬가지로, 커뮤니케이션의 능력도 습득되는 것이다. 어떤 사람들은 성장하면서 효과적인 커뮤니케이션의 원리들을 매우 훌륭하게 습득한다. 반면에 그렇게 운이 좋지 않은 사람들도 있다. 특정한 상황들에서 커뮤니케이션하는 법을 잘 배운 사람들이 다른 상황들에서 완전히 실패를 하는 경우도 있다. 문제는 이 영역에서 배운 것이 모든 영역에서도 습관이 되어 버린다는 것이다. 그러므로 우리는 다른 기술들을 배울 필요가 있다는 것을 발견할 때 과거의 습관들을 버리는 것이 매우 어렵다는 사실에 직면한다. 그럼에도 불구하고, 만일 우리의 동기 부여가 충분히 높다면, 만일 우리가 충분하게 열심히 노력한다면, 그리고 만일 우리가 우리의 과제에 집중하도록 격려하고, 계속 우리의 동기 부여와 노력을 유지시킬 수 있을 만큼 보상이 충분하다면, 새로운 습관들을 습득하는 일이 아무리 어려울지라도 우리는 그 습관들을 습득할 수 있다. 여러분이 관찰하는 또는 참여하는 모든 커뮤니케이션 상황을 더 정확하게 분석할 수 있기 위해 커뮤니케이션 과정에 대한 충분한 통찰력을 여러분에게 제공하고자 하는 것이 본서의 바램이다. 이 분석은 더 큰 커뮤니케이션 효과로 나아가는 첫걸음이다. 우리는 주로 우리가 인식하는 법을 배운 바를 인식한다. 만일 우리가 커뮤니케이션 사건들에서 우리를 더 효과적인 커뮤니케이터가 되는 데 도움이 될 일들을 인식하는 법을 배우지 못했다면, 우리는 우리의 목표에 도달하지 못할 것이다. 따라서 분석적으로 인식하는 법을 배우는 것은 중요한 첫걸음이다.

인간으로서 우리는 완전히 커뮤니케이션 사건들에 몰두하기 때문에, 분석 자료들은 절대로 우리와 멀리 있지 않다. 우리가 열중하든지 열중을 하지 않든지 간에 우연한 대화, 강연, 라디오나 텔레비전의 광고, 서적, 노래, 그리고 모든 몸짓, 눈짓, 태도, 그리고 이런 사건들에 동반하는 공간 사용은 모두 커뮤니케이션 분석을 위한 효과적인 대상이다. 이 모든 것이 우리의 자료들이다. 따라서 본서에 제시된 원리들은 이러한 분석이 이루어지는 시각을 제공하려는 것이다.

우리가 어떻게 커뮤니케이션하는 법을 배워야 하는가에 대해 주장하고자 하는 두 번째 논점은 커뮤니케이션의 관점에서 성경을 연구하는 법을 배워야 한다는 것이다. 우주의 하나님에 대한 우리의 열심은 우리가 연구하고자 하는 원리들의 창시자이신 분에 대한 열심이다. 또한 이 열심은 그 분께서 자신의 말씀에 계시하신 내용에서 배우고자 하는 열심이다. 본서의 초기 부분에서 지적한 바와 같이, 하나님의 자기 계시에는 하나님께서 세상 가운데 두신 커뮤니케이션 원리들을 사용하시는 방법에 대한, 그리고 우리도 사용하시기를 기대하시는 방법에 대한 계시가 포함되어 있다고 나는 확신한다. 성경의 주된 목적이 하나님의 메시지들에 대한 계시들을 기록하기 위한 것이라는 사실을 부정하지 않는다면, 우리는 성경에 하나님의 커뮤니케이션 방법들에 대한 계시도 많이 있다고 확신 있게 단언할 수 있다. 여기에서 나는 본서에 제시된 시각을 가지고 성경의 커뮤니케이션 자료들을 살펴볼 것을 권한다. 그 이유는 우리로 하여금 하나님의 메시지들을 하나님께서 선호하시는 방법들로 더 훌륭하게 다룰 수 있게 해 주는 통찰력을 얻기 위함이다(이 영역에 대한 추가적인 도움을 얻고자 한다면, Gobb 1985, Engel 1988, Webber 1980을 보라).

일상적인 커뮤니케이션 사건들과 성경의 커뮤니케이션 사건들을 모두 분석했을 때, 우리는 새로운 이해를 가지고 기독교 커뮤니케이션을 관찰할 수 있다. 그 다음에 어려운 작업이 시작된다. 왜냐하면 그와 같은 이해를 얻을 때, 우리는 과거 우리의 커뮤니케이션 습관들을 버리고 더 나은 습관들을 위해야 할 필요성을 더욱 절실하게 깨닫게 되기 때문이다.

커뮤니케이션 과정에서 수령자들의 중요성에 대한 인식은 우리에게 수령자들의 흥미와 관심에 전보다 훨씬 더 많은 주의를 기울이는 법을 배울 것을 요구한다. 목사들과 다른 기독교 지도자들이 받은 훈련 중 많은 부분이 자료 지향적 또는 메시지 지향적인 경향이 있다. 이 말로 내가 의미하는 바는 이렇다. 즉 대개 설교에 대해 글을 쓰거나 가르치는 사람들은 커뮤니케이터에 의해 성경 본문에서 인식되는 하나님의 메시지가 기독교 커뮤니케이션의 주요 초점이고 주요 초점이 되어야 한다는 인상을 준다는 것이다.

내가 기억하는 설교 논고들이 나에게 남긴 인상은 하나님의 권위 있는 말씀에 대한 주해적 선언이 설교의 기본적인 구성 요소가 되어야 한다는 것이다. 회중의 관심과 메시지를 결합시키는 필요성에 대해서는 거의 초점이 맞추어지지 않았다. 우리는 수령자들을 성경 시대로 되돌아가게 하는 데에 우리의 설교 대부분을 할애했다. 그리고 물론 메시지의 끝에서 우리는 그 메시지를 현대에 적용하려는 시도를 했다. 그러나 그 적용은 사람들에게 이해시키려고 설계된 말씀의 주해에 비하면 덜 중요한 문제로 보였다 (이 주제의 더 자세한 논의에 대해서는 Chartier 1981, Lewis and Lewis 1983을 보라).

만일 내가 그 때에 성경을 커뮤니케이션적으로 분석하는 법을 충분히 알았다면, 나는 예수께서 사람들과 상호 활동을 하실 때 거의 성경으로 시작하지 않으시고, 그 대신 그들의 관심과 그들의 감지 욕구들로 시작하심으로, 그들의 관심과 감지 욕구들을 충족시키실 수 있는 하나님에게로 인도하셨다는 사실을 주목하고 언급하였을 것이다. 하나님의 메시지를 사람들에게 전하기 위해 예수께서 하신 일은 단순히 그들을 과거에 다른 집단의 사람들을 지향했던 다른 메시지들로 되돌아가게 하는 것이 아니었다. 예수께서는 그들에게 긴급한 관심들에 대한 주제들이 적절하게 다루어지는 메시지를 말씀하셨다. 그럼에도 불구하고 많은 설교학 교사들은 주제 설교를 가장 바람직하지 못한 종류의 설교로 간주하고 있다!

게다가 우리는 설교의 극히 중요한 부분이 다루어질 주제들의 개요를 약술하는 것이라고 배웠다. 그래서 우리는 이 개요가 설교의 실제 내용이라고 믿게 되었다. 사람들의 주의력를 유지시키고 어려운 점들을 명료하게 하기 위해 우리는 수시로 예화를 도입해야 했다. 그러나 우리가 전달해야 하는 것은 예화가 아니라 메시지의 내용이었다. 만일 우리가 예수의 커뮤니케이션을 향한 접근법을 충분히 분석할 줄 알았다면, 예수께서 논리적 개요로 말씀하시지 않고 비유적으로 말씀하셨다는 사실을 명백하게 알았을 것이다. 예수께서는 사람에게서 사람에게 설득하는 메시지를 전할 때 직설적인 진술들(주장들)보다 훨씬 더 유추법(analogies)이 가장 효과적이라는 사실을 분명하게 파악하셨다(Gibbs 1985를 보라). 이 사실을 터득한 후부터, 나는 전보다 훨씬 더 철저하게 예증을 할 것을 스스로에게 강요했고, 상대적으로 나의 커뮤니케이션 노력의 효과는 증대했다.

많은 기독교 커뮤니케이터들이 바꿀 필요가 있는 또 한 가지 습관은 기독교 메시지를 다루는 방법에 있어 지나치게 형식적이 되는 것이다. 형식이 때로 유익하며, 종종 우리가 통제할 수 없는 환경에 의해 강요된다는 사실을 고려할 때, 나는 예수께서 말씀을 하실 때 거의 형식적이 아니셨다는 점을 주목할 가치가 있다고 확신한다. 물론 예화 자료의 양을 증가하는 것이 우리가 비형식화를 향한 중요한 단계이다. 또한 메시지를 보다 더 인격화하는 것도 역시 비형식화를 향한 중요한 단계이다.

물론 예수께서는 주로 말보다는 행동으로 자신의 메시지를 인격화하셨다. 예수의 수령자들은 예수의 삶 전체를 볼 수 있었다. 보통 우리의 생활이 우리의 수령자들에게 드러나는 것에 비해 훨씬 많은 양이었다. 그러므로 우리는 예수께서 하신 것보다 우리의 경험을 더 많이 말로 나타냄으로 어느 정도 이를 보상해야 할 것이다. 그러나 우리는 우리의 자기 노출이 과시하고자 하는 욕망에 의한 것이 되지 않도록 주의할 필요가 있다.

커뮤니케이션 장치로서의 자기 노출은 우리가 전하는 메시지들이 공중분해되지 않고 전달되도록 돕고자 하는 것이다. 하나의 기술로서 자기 노출의 사용은 적어도 두 가지 방법에 있어 균형이 맞아야 한다. 첫째로, 우리는 우리의 성공만이 아니라 우리의 실패와 어려움과 불안들도 토론해야 한다. 둘째로, 우리의 어려움들을 드러낼 때, 우리는 그리스도인의 성숙을 향해 노력하며 나아가는 동료로서 우리가 문제들의 해결을 위해 하나님과 동역하고 있는 방법들도 주의 깊게 토론해야 할 필요가 있다. 사람들이 우리의 내면을 보는 것을 현명하게 허용하는 법을 배우는 것은 우리의 커뮤니케이션 상호 활동을 비형식화하고 우리의 수령자들이 우리와 동일시하는 능력을 강화함으로 유익을 얻을 수 있게 하는 강력한 수단이 될 수 있다.

또한 우리는 메시지 전달에 있어 정보는 보다 적게 전달하고 수령자들의 삶에 그 정보를 예증하고 적용하는 데 더 많은 주의를 기울이는데 많은 시간을 들이는 법을 배울 필요가 있다. 우리 미국인의 정보에 대한 애착은 정보 과잉을 낳았다. 이에 따라 많은 미국인들에게 '정보 소화 불량' 증상이 나타났다. 너무 많은 정보에 접하게 됨으로 미국인들은 그 정보들을 적절하게 지식으로 가공 저장하고 삶에 적용시키지 못하고 있다. 이 상황은 내가 앞에서 언급한 바 있는 농부를 생각나게 한다. 그 농부는 그가 이미 알고 있는 것을 바로 이해하기 전까지 자신의 농작물을 처리하는 방법을 배우고 싶어하지 않았다.

나는 우리 대부분이 필요로 하는 것은 더 많은 정보가 아니라(많은 정보가 아무리 매력적일지라도) 더 많은 적용이라고 확신한다. 우리의 교육 과정(세속 교육과 종교 교육 모두)과 교회의 설교에 기초된 정보에 대한 우리의 과잉 애착은 이 영역에서 보다 유익한 습관들을 개발하는 것을 방해하는 강력한 요인들이다. 그러나 나는 효과적인 대안을 개발한 적어도 한 명의 설교자를 알고 있다. 내가 기억하기로, 어떤 설교에서도 그는 절대로 한 가지 요점 이상을 전개하려고 하지 않았다. 그리고 그가 그 요점을 전개하는 방법은 항상 그 단 한 가지 요점에 대해 이어지는 예화들과 적용들이다. 나는 그의 메시지를 적어보려고 하다가 실패했던 경험을 기억한다. 그러나 그의 요점은 매우 효과적으로 전달되었다.

우리는 수령자들을 조직적으로 커뮤니케이션 과정에 더 완전하게 몰입시키는 습관을 붙일 필요가 있다. 그럴 때에 우리의 접근법은 창조적인 기술을 개발하게 될 것이며, 그 기술에 의해 수령자들은 피드백을 만들어 보내라는 격려를 받을 수 있을 것이다. 그리고 그들은 그 피드백이 우리의 메시지 제시 방법에 영향을 끼친다는 것을 알게 될 것이다. 어떤 교회 지도자들은 교인들이 사용할 수 있는 피드백 인쇄물을 개발하여 교인들에게 설교와 강의에 대한 반응을 적도록 격려한다. 또 어떤 교회 지도자들은 설교에 이어 독백식 발표에 의해 제시된 주제들을 덜 형식적인 상황에서 철저하게 토론하는 소그룹 상호 활동을 개발했다.

훨씬 더 창조적인 착상은 설교를 하기 전에 설교 주제에 대해 소그룹 회의를 하는 것이다. 이런 회의는 목사들에게 준비 작업이 된다. 즉 이 회의를 하면서 목사들은 요점들이 효과적으로 전달되려면 이루어져야 할 변경들에 대해 알게 된다. 수령자들에게 이 회의는 목사의 메시지를 기억하는 기회도 되고 목사의 메시지 구성에 참여하는 기회도 된다. 이러한 기회는 참여하는 사람들과 나머지 신도 모두에게 자극을 줄 뿐만 아니라 메시지의 커뮤니케이션 가치도 강화한다.

수령자들의 참여를 증대하기 위한 또 한 가지 기술은 더 많은 질문들을 사용하는 것이다. 예수를 포함한 많은 커뮤니케이터들은 진술보다는 질문들을 통해 중요한 답변을 제시하여 사람들이 스스로 발견을 하도록 하는 뛰어난 기술을 개발함으로 감화력을 증대했다(Gibbs 1985를 보라). 수령자의 관점에서 볼 때 이 과정은 자극과 칭찬이 된다. 자극이 되는 이유는 이 기술이 수령자들에게 존재하는 모든 방향을 지적하지 않고 한 방향을 지적하기 때문이다. 그리고 칭찬이 되는 이유는 질문들의 사용은 모든 것을 자세히 설명해 주지 않아도 수령자들이 정확한 결론을 이끌어낼 정도로 충분히 이성적이라고 암시하기 때문이다.

이 기술을 사용함에 있어, 매우 명백하고 쉽게 추론할 수 있는 답변을 가지고 있는 질문들을 하는 것이 좋다. 때로는 우리의 청중들 중에 보다 창조적인 사람들이 중요한 문제들을 스스로 해결하도록 격려하기 위해 우리가 암시적으로라도 답을 가르쳐 주지 않는 질문들을 하는 것이 좋을 때도 있다. 예수께서는 이 방법을 매우 자주 사용하셨던 것 같다. 이러한 질문은 분명히 큰 힘을 가지고 있다. 여기에 대해 여러분은 어떻게 생각하는가?

이런 영역들, 그리고 아마 다른 영역들에도, 커뮤니케이션에 있어 비생

산적인 습관들을 보다 생산적인 습관들로 교체하는 것이 가능하고 현명하다. 앞에서 지적한 바와 같이, 이 작업은 종종 매우 어렵다. 이 작업은 통찰력과 결심과 많은 실험을 요할 것이다. 또한 우리가 실험을 할 때 종종 실패도 할 것이다. 그러나 우리가 성공했을 때 그 만족은 대단할 것이다.

Communication Theory for Christian Witness

제12장 삶의 변화를 위한 커뮤니케이션

1. 그리스도인의 새로움

사람들이 그리스도인이 될 때 무슨 일이 일어나는가? 그리고 삶에 대한 그리스도인의 시각과 비그리스도인의 시각 간의 차이는 무엇인가? 사도 바울은 인간 존재의 깊은 수준에서 새로움을 말함으로 이 문제를 다룬다: "그런즉 누구든지 그리스도 안에 있으면 새로운 피조물이라 이전 것은 지나갔으니 보라 새것이 되었도다"(고후 5:17).

이 새로움은 '하나님께로' 난 것이다(18절). 그러나 이 새로움은 중요한 인간적인 차원도 가지고 있다. 왜냐하면 이 새로움은 하나님의 원수였다가 '화목하게' 된 사람들에게 '화목하게 하는 직책'에 헌신할 것을 요구하기 때문이다(18절). 그러므로 우리는 "그리스도를 대신하여 사신이 되어 하나님이 우리로 너희를 권면하시는 것 같이 그리스도를 대신하여 간구하노니 너희는 하나님과 화목하라"고 커뮤니케이션해야 한다(20절).

우리가 기독교 커뮤니케이터로 받은 명령은 명확하다. 우리는 먼저 '우리를 강권하시는 그리스도의 사랑'(14절)에 의해 우리 자신이 새로움을 경험해야 한다(11-16절), 그리고 그 다음에 우리는 '그리스도를 대신하여' 다른 사람들에게 이 새로움에 참가하라고 간구해야 한다(20절). 이 새로움은 깊은 수준의 변화이다. 이 새로움은 철학자들이 전형 변화(paradigm shift)라고 칭하는 것(Kuhn 1970; Barbour 1974), 시각의 철저한 변화(Kraft 1979a)를 요구한다. 예수께서는 이를 '거듭남'이라고 칭하셨다(요 3:3). 그리고 바울은 여기에는 하나님의 관점으로 우리 주위의 인간 세상을 보는 것이 포함된다고 지적한다(고후 5:16).

이러한 변화는 인간 경험의 가장 깊은 수준, 세계관의 수준에서 일어난다. 이 수준에서의 변화를 위해 사람들에게 커뮤니케이션하는 것은 커뮤니케이터가 되고자 하는 사람들에게 가장 큰 도전을 한다. 삶의 변화를 위한 커뮤니케이션은 사람들에게 그들이 갖고 있는 세계관의 가정들, 가치관, 그리고 헌신에 있어 존재적인 새로움의 전달을 목표하는 것을 의미한다.

2. 세계관의 가정들, 가치관, 그리고 헌신

인간들에 대해 많이 배울수록, 우리는 인간의 가정들과 가치관과 헌신의 깊이에 대해 더 많이 알게 된다. 삶의 변화를 위한 커뮤니케이션에 대한 모든 논의는 깊은 수준의 변화를 일으키는 데 가장 효과적인 전략들을 숙고하기에 앞서 이 깊이를 어느 정도 탐구할 것을 요구한다. 이 자료를 분석할 수 있는 여러 가지 방법들이 있지만, 나는 사람들이 자신의 삶을 운영하는 깊은 수준의 가정들과 가치관과 헌신들로서의 세계관에 초점을 맞춘 분석을 선택하고자 한다.

이 세계관적 가정들과 가치관과 헌신들은 인간이 현실을 내다보는 창문에 비유될 수 있다. 고린도전서 13:12의 "우리가 이제는 거울로 보는 것 같이 희미하나 그 때에는 얼굴과 얼굴을 대하여 볼 것이요 이제는 내가 부분적으로 아나 그 때에는 주께서 나를 아신 것 같이 내가 온전히 알리라"에서 사도 바울에 의해 언급된 우리가 희미하게 보는 거울이 이것일 것이다.

우리 문화의 모든 다른 국면들과 마찬가지로, 우리의 세계관도 태어날 때부터 우리에게 교육되는데, 너무 설득력 있게 교육되기 때문에 우리 대부분은 우리의 현실관이 유일하게 정확한 것이라는 것에 전혀 이의를 제기하지 않는다. 우리의 깊은 수준의 세계관 시각은 우리에게 우리 주위의 인간 세상과 비인간 세상에 대한 우리의 이해를 제공한다. 그러한 시각을 교육받으면서 우리는 인간 세상에서 누가 '우리' 범주에 일치하며, 누가 '그들'의 범주에 일치하는지를 학습한다. 또한 우리는 인간과 초자연적 존재간의 차이들과 유사점들, 남성과 여성간의 차이들과 유사점들, 성인과 어린이간의 차이들과 유사점들, 한 사회 계급에 속하는 인간들과 다른 사회 계급에 속하는 인간들간의 차이들과 유사점들, 지도자들과 추종자들간의 차이들과 유사점들 등을 학습한다. 우리는 어떤 집단들이 존재하는가를 배울 뿐만 아니라 어떤 집단들이 존재해야 하는가, 그리고 그들이 어떤 역할을 해야 하는가도 학습한다. 또한 우리는 우리가 개인적으로 그리고 집단적으로 세상 어디에 어울리는지도 학습한다.

우리는 이와 같은 기본적인 시각을 주로 관찰, 그리고 실험과 오류를 통해, 또한 간혹 구두적 교훈을 통해 학습한다. 이런 학습은 어린이 때 매우 적합하다. 그리고 어린이들은 주로 무의식적으로 학습을 하면서, 연장자들의 학습을 매우 중요하게 여긴다는 사실과 학습을 하지 않으면 생존하지 못할지도 모른다는 사실을 감지한다. 오래되지 않아 우리는 우리 사회가 초점을 맞추는 일들에 초점을 맞추게 되고, 우리 사회에 속한 사람들이 높이 평가하는 것들을 높이 평가하게 되고, 우리 사회의 다른 사람들이 반응을 나타내는 대로 우리의 세계에 반응을 나타내게 된다. 가장 깊은 수준에서 우리는 인간 세상과 비인간 세상의 본질에 대해, 그 세상들의 조직과 역학에 대해 우리 사회의 성인들과 일치하게 된다. 우리는 이런 시각들을 받아들이고 절대적인 것으로 믿는다.

우리는 이 기본적 시각들을 우리 심리의 가장 깊은 수준에서 무의식적으로 받아들여 따른다. 그리고 우리 대부분은 이 기본적인 시각들 중 대부분에 대해 전혀 의심을 하지 않고 우리 생애를 마친다. 인간들과 초자연적 존재들이 질적으로 다르다는 믿음(그러나 모든 사회에 속한 사람들이 공유하는 믿음은 아니다), 또는 시간이 원보다 선과 더 유사한 구조라는 믿음, 또는 세상에 복종하기보다는 정복해야 한다는 믿음과 같은 가정들은 매우 깊은 가정들로 우리 주위의 현실을 인식하고 평가하는 시각을 우리에게 제공한다.

그 다음에 보다 외관(역시 무의식적인)에 가깝고 대안들을 허용하는 시각들이 있다. 그 중에 한 가지가 다른 것보다 우월한 것으로 가르침을 받는 것이다. 예를 들어, 오른 손잡이와 왼손잡이, 사람들이 먹고 자는 방법들, 종교적 예배의 다른 형식들, 다른 언어와 국적을 가진 사람들에 대한 시각, 등이다. 이러한 시각들은 우리가 현실을 내다보는 창문을 제공한다.

우리는 보기만 하는 것이 아니라 평가한다. 그리고 우리는 심리적으로 가장 높게 평가하는 것에 헌신한다. 우리는 우리 자신, 우리 집단, 우리 가족, 우리 직장, 우리 하나님, 우리 국가, 우리의 세계관 등과 같은 우리 삶의 여러 가지 국면들에 깊은 수준의 헌신을 한다. 이 헌신의 대상은 우리가 가장 깊게 평가하는 것들로서, 종종 우리는 이 헌신의 대상인 집단, 사상, 또는 사람들을 위해 죽음도 사양하지 않는다. 우리가 상당히 덜 중요하게 여기는, 심지어 하찮게 여기기까지 하는 헌신들은 표면 수준에 존재한다. 그러므로 우리는 치약 상표, 특정 유형의 자동차, 의복과 주택의 종류, 특정 지역들, 음식의 유형 등을 선호하여 그런 것들에 헌신한다. 전형적으로, 한 사회의 거의 모든 구성원들은 대부분 동일한 수준의 헌신을 공유한다. 표면에 가까울수록 차이가 나타나는 경향이 있다. 즉 어떤 사람들이 매우 진지하게 헌신하는 대상들에 대해 어떤 사람들은 매우 피상적으로 헌신한다. 예를 들어, 어떤 단체의 여러 회원들이 그 단체에 쏟는 헌신의 차이를 생각해 보자. 어떤 회원들에게 그 헌신은 사실상 생사의 문제일지도 모르는 반면에, 다른 회원들이 그 단체에 두는 가치와 그들이 쏟는 헌신은 매우 작을 수도 있다.

3. 변화 과정의 본질

세계관의 일반적인 특성들에 대한 진술 다음에 중요한 과제는 우리 주제의 커뮤니케이션 차원들을 다루기에 앞서, 변화 과정의 본질에 대해 약술하는 것이다. 인정해야 할 첫 번째 사항은, 일반적으로 사람들에게 표면에 가장 가까운 일들(그것이 시각이든지 또는 헌신이든지 간에)을 바꾸어야 한다고 납득시키기는 매우 쉽다는 것이다. 예를 들어, 사람들에게 질병을 일으키는 원인이 세균이 아니라 악령들이라고 믿게 하기보다는 다른 상표의 치약으로 바꾸라고 설득하기가 훨씬 더 쉽다. 그럼에도 불구하고 광고주들은 표면 수준의 변화를 유도하는 것이 상당히 큰 과제라는 사실을 인정하면서도 자신들의 치약 상표에 사람들의 마음을 사로잡기 위해 설계된 광고 방송에 엄청난 돈을 쏟아 붓는다. 그렇다면 주로 자기 자신들에게 헌신을 하고 있는 사람들을 하나님에게 충성하는 믿음의 헌신으로 바꾸라고 설득하는 것이 얼마나 어려운 일이겠는가?

변화는 개인 또는 집단이 헌신에 대한 새로운 시각을 받아들일 때 시작된다. 만일 텔레비전 시청자들이 광고 되고 있는 목욕 비누에 비해 자신들이 사용하고 있는 목욕 비누의 질이 떨어진다고 수긍할 수 있는 방식으로 광고가 이루어진다면, 새로운 시각이 나타나기 시작하는 것이다. 텔레비전 시청자들은 새로운 제품을 사용하기로 마음을 바꿀 수도 있다(또는 바꾸지 않을 수도 있다). 나는 내가 신뢰하는 출판물에서 기사를 읽은 다음 감기약을 다른 종류로 바꾼 적이 있다. 그 기사의 저자는 생산되고 있는 약물 중에 유일하게 유용한 약물은 아스피린이라고 주장했는데, 나 역시 아스피린을 신용하고 있었다. 그리고 그는 아스피린의 가격이 내가 사용하던 약보다 상당히 저렴하다고 주장했다. 그러므로 내가 아스피린을 사용하면, 나는 돈을 절약할 수 있을 뿐만 아니라 건강에도 유익할 수 있었던 것이다. 따라서 나는 내가 사용하던 약에 대한 시각과 헌신을 아스피린으로 변경했다.

내가 받은 새로운 정보는 나의 행동과 내가 먼저 사용하던 약에 대한 신뢰를 재해석하게 했다. 나는 나의 상황에 대한 새로운 시각을 받아들였고 결국 새로운 습관을 붙이기로 결정했다. 여기에서 내가 경험한 과정은 다음과 같은 절차들을 포함했던 것으로 보인다: (1) 새로운 시각, (2) 재해석,

(3) 새로운 헌신, 그리고 그 다음에 비로소 (4) 새로운 습관. 나는 이것이 변화 과정의 전형적인 순서라고 믿는다. 여기에 선행되는 것이 수령자로 하여금 그가 이전에 의식했을 수도 있고 의식하지 못했을 수도 있는 신념 또는 행동을 분석하게 만드는 새로운 정보이다.

아래에서 나는 중산 계급 영국계 미국인들의 세계관(가정들, 가치관, 헌신)의 특정한 국면들을 간단히 분석하고자 한다. 이 분석에 의해 제공되는 인식들이 의도하는 바는 이 사회 계급에 속한 사람들에게 그들의 세계관적 이해에 대한 새로운 시각을 제공하여, 그 이해를 기초로 하여 그들로 하여금 자신의 해석과 헌신과 습관들 중 일부를 변화하고자 하는 마음을 일어나게 하는 것이다. 이 사회 계급에 속하지 않은 사람들에게 이 정보는 그들을 더 잘 이해하는 데 도움이 될 것이고, 바라기는 스스로 자신의 세계관을 분석하는 일에 착수하는 데도 도움이 될 것이다.

변화 과정의 본질을 로에웬(Loewen)은 재사회화(resocialization)라는 제목 하에서 논했다. 1968년과 1969년에 출판된 세 편의 뛰어난 논문에서 로에웬은 사회화 연구를 요약하고, 그 연구를 교회에 새로운 구성원들을 데리고 오는 일에 적용했다. 그리고 그는 어떤 사회(또는 교회)의 새로운 참여자들이 세 단계의 과정을 경험한다는 사실을 지적했다. 즉 이 과정에서 그들은 (1) 만족, (2) 사회적 승인, 그리고 (3) 자기 승인을 추구한다는 것이다(1968b:147). 따라서 사람들이나 집단들이 추구하는 만족을 고려하면서 그들에게 호소하는 것은 그들을 변화 과정으로 인도하는 데 있어 결정적으로 중대하다.

변화 과정에 있어 집단의 중요성을 주목해 보자. 집단의 구성원들을 집단의 독창적인 시각과 헌신을 학습하고 확신하는 데 이르게 하는 것이 바로 집단의 승인(그리고 집단의 승인이 확대되어, 자기 승인)이다. 따라서 새로운 시각과 헌신을 지지하는 집단의 힘은 변화 과정에 있어 결정적으로 중요하다. 비그리스도인에서 그리스도인으로의 변화 과정에 있어 교회의 큰 중요성을 확증한다.

세계관의 개념(더 자세한 내용은 Kraft 1989를 보라)과 변화 과정의 본질(더 자세한 내용은 Kraft 1979a를 보라)에 대한 이 개요를 가지고, 이제 영국계 미국인들을 지향한 기독교 커뮤니케이션과 특별히 관련하여 그들의 여러 정황들에 존재하는 원리들을 구체적으로 적용해 보기로 하자. 먼저 우리는 영국계 미국인들의 가치관을 개관하고, 그 다음에 기독교 커뮤니케이터들이 호소할 수 있는 해결되지 않은 욕구들을 고찰하고자 한다.

4. 영국계 미국인의 세계관

많은 사람들이 영국계 미국인의 세계관의 여러 가지 국면들을 유익하게 설명해 왔지만(Arensberg and Niehoff 1971; Bellah et al. 1985; Kraft 1989; Kluckhohn 1949를 보라), 아직도 우리는 진실로 포괄적인 논문을 기대하고 있다. 아마 영국계 미국인들의 시각과 헌신은 너무 복잡하여 간결하게 분석할 수 없을지도 모른다. 따라서 여기에서 나는 단순하게 네 가지 세계관적 수준의 '핵심 가치관들'을 지적하고자 한다. 이 핵심 가치관들은 전형적이며, 우리가 이 미국인 집단에게 커뮤니케이션을 하려고 할 때 반드시 다루어야 하는 깊은 수준의 시각들로 우리 자신을 변경하는 데 있어 도움이 될 것이다. 이 네 가지 영역은 서로 밀접하게 상호 관련되어 있고 때로는 부분적으로 겹쳐지기도 한다. 그리고 이 네 가지 영역을 점유하고 사람들에게 이 네 가지 영역은 논리적으로 숙고되고 맹목적으로 확신되는 것이 아니라 당연한 일로 가정되고 있다.

(1)미국인의 방법(the American Way)

이 기본 시각들 중의 첫 번째는 미국인의 방법으로 칭해질 수 있을 것이다. 영국계 미국인들로서 우리는 대부분의 다른 사람들과 마찬가지로 우리의 방법이 최선의 방법이라고 믿는다. 게다가 우리는 세계에서 우리의 강력한 위치가 어떤 의미에 있어 우리의 우월성을 정당화해 준다고 믿는다. 우리는 매우 이상적으로 정의된 민주주의, 개인주의, 자유, 자본주의, 다원론을 신뢰한다. 우리는 사람이 평등한 기회를 가지고 창조된다고 믿으며, 통치자들은 국민의 허락에 의해 통치해야 한다고 믿으며, 보통 사람들도 타당한 판단을 내릴 수 있다고 믿으며, 사람들은 자신이 믿겠다고 택한 바를 믿을 권리를 가지고 있다고 믿으며, 모든 사람이 행복한 생활을 할 권리가 있다고 믿으며, 모든 사람이 학교에 다녀야 한다고 믿으며, 이외에도 여러 가지 다른 사항들을 믿는다.

더욱이 우리는 우리의 관점을 너무 절대화하여 우리 미국인의 방법이 특별히 모든 미국인들에게 더할 나위 없이 훌륭할 뿐만 아니라 세계 모든 사람들에게 있어서도 더할 나위 없이 훌륭하다고 믿는다. 그러므로 우리는 우리의 이념과 제도들을 수출하기 위한 여러 가지 책략들을 고안한다. 그리하여 유감스럽게도 많은 선교 기관들은 기독교의 본질적 요소들을 커뮤니케이션하는 데 성공을 하기보다는 미국인의 방법을 수출하는데 더 많은 성공을 거두어 왔다.

(2) 과학적 인본주의(scientific humanism)

영국계 미국인들을 특징짓는 두 번째 세계관은 과학적 인본주의라고 칭할 수 있는 것이다. 우리는 세계와 세계 안에 존재하는 여러 세력들(질병과 죽음을 가져오는 세력들도 포함하여)이 인간들에 의해 지배될 수 있다고 믿는다. 과학은 우리의 실제적인 종교이고, 과학자들은 우리가 가장 진지하게 받아들이는 제사장과 예언자들이다. 그리고 우리는 우리의 학교 제도를 미국인과 세계를 위한 희망으로 생각한다.

중산 계급의 영국계 미국인들은 인간이 원래(감정적이거나 강퍅하다기보다는) 이성적이고, 만일 우리가 충분한 지식과 정보를 얻을 수 있다면, 사실상 완전할 수 있다고 믿는 경향이 있다. 우리는 그리스인들과 같이 인간이 갖고 있는 근본적인 문제는 무지이며 그 해결책은 더 많은 정보라고 믿는다. 우리는 철저하게 세속적이며 자연주의적이다. 종교는 사적이고, 개인적이고, 시대에 뒤진 것으로 간주된다.

따라서 학교, 교양, 대중 매체들은 우리 모두를 완전을 향해 나아가게 하는 기술로 크게 찬양된다. 우리는 실천적인 수준과 기술적 수준의 문제들을 인정하면서도, 그 문제들은 극복될 때까지 존재하는 한시적인 문제에 불과하다고 믿는다. 사람들이 서로 사이 좋게 지내지 않으면, 우리는 국제연합과 같은 조직들을 설립하여 위성들을 통해 세계 구석구석에 있는 모든 사람에게 커뮤니케이션을 하는 계획들을 세운다. 인간의 교정하고 지배하는 능력을 신뢰하는 우리의 믿음은 사실상 무한하다.

우리는 진보(progress)를 믿는다. 우리는 역사를 진화론적으로 해석한다. 즉 이 시점까지의 모든 역사는 열등한 사회들에서 우리 자신의 사회, 즉 역사가 지금까지 알아온 사회들 중에 가장 이상적인 사회로의 끊임없는 전진으로 해석한다. 이 개념은 보통 다음과 같은 진술로 명백하게 표현된다: "모든 점에 있어 우리는 점점 더 나아지고 있다". 두 번의 세계 대전은 이 낙천적인 진술을 약화시켰다. 그러나 진보에 대한 신념은 아직도 강건하게 우리와 함께 존재한다. 따라서 우리는 아직도 밝은 미래를 바라고 있다.

우리의 사회는 미래 지향적인 사회이다. 이 사회에서 우리는 자녀들이 그들의 부모를 능가하여 위대하고 아름다운 내일이 존재할 수 있기를 기대한다. 우리는 안정보다 변화를 지지하고, 이미 달성된 위치를 유지하는 것보다 정복을 지지하고, 옛 것들을 통합하는 것보다 새로운 것들로 나아가는 것을 지지한다. 그리고 우리는 역사의 교훈들에 대해 너무 무지하여 우리의 '우월한' 생활 방식이 더 이상 지배력을 갖지 못할 날을 상상할 수 없다.

우리는 개인주의를 낭만화한다(Bellah et al. 1985를 보라). 우리는 개인의 행복이 집단의 행복보다 더 중요하다고 믿는다. 우리 모두는 개인으로서 자신의 권리를 가지고 있으며, 따라서 다른 사람들에 의해 무엇을 하라는 명령을 받지 않아야 한다. 우리는 당연히 보통 사람들이 당연히 이성적이며 유능하게 사고하고, 투표하고 결정을 내리는 능력이 있다고 믿는다. 그러므로 우리는 사람들이 서로 다르지만 합당한 삶의 접근법들을 갖고 있는 것으로 기대한다. 우리는 노력이 보답되며 누구나 열심히 노력하면 정상에 이를 수 있다고 믿는다. 경쟁은 우리를 정복을 향해 밀어붙이기 때문에 우리는 정복을 높이 평가한다.

우리는 성공을 숭배하고 무엇보다 실패를 두려워한다. 우리는 모든 강제로부터 자유롭기를 원하며, 심지어 우리의 생존을 위해 설계된 법들(예를 들어 속도 제한법)로부터도 자유롭고 싶어한다. 우리는 독립을 희생하지 않으려고, 그리고 우리가 완전하게 충분한 능력이 있는 것이 아니라는 사실을 인정하지 않으려고, 피상적으로 헌신하고, 피상적으로 관계를 가진다. 우리는 개인의 상당한 불안전에 대해 시위를 하고 불평한다. 그러나 더 큰 안전을 얻기 위해 우리의 개인주의를 조금이라도 희생하기보다는 차라리 죽기를 원할 것이다.

4. 영국계 미국인 사회의 해결되지 않은 욕구들

이상과 같이 중산 계급 영국계 미국인들의 가장 깊은 가정들과 가치관과 헌신들 중 일부를 이야기했다. 그러나 이야기할 것이 더 있다. 최근에 우리의 가치관에 대한 헌신에 이의를 제기하지 않을 수 없게 하는 일들이 일어나고 있다. 우리는 미국인의 방법을 절대적인 것으로 여겼다. 그러나 오늘날 우리는 다른 방법들, 그 중의 어떤 방법들은 여러 가지 점에 있어 우리의 방법보다 더 낫게 운영되고 있다는 사실을 알고 있다. 여기에서 의문들이 일어난다. 과거에 흑이 아니면 백으로 보이던 영역들이 이제 회색으로 보인다. 우리는 동등하게 유효한 많은 취사 선택들을 앞에 놓고 있다. 그런데 우리는 그 중에서 선택을 하려고 할 때 무력해진다. 왜냐하면 우리의 선택을 위한 근거가 사라진 것처럼 보이기 때문이다. 세상은 빠르게 움직이고 있다. 그러므로 우리는 앨빈 토플러(Alvin Toffler 1970)가 주장한 것처럼, 심지어 우리 사회 내에서도 문화적 충격을 받는다(앨빈 토플러는 이 현상을 '미래의 충격' 이라고 칭했다).

과거에 우리는 확신을 가지고 있었다. 우리는 전쟁에서 패배할 수 없었다. 그러나 우리는 베트남에서 승리하지 못했다. 과거에 우리는 모든 사람이 우리와 같이 되기를 원한다고 믿었다. 그러나 세계의 사건들은 이 가정을 뒷받침하지 않는다. 과거에 우리는 만일 세계에서 일들이 잘못되면, 특별히 만일 사람들이 우리에게 거역하면, 우리는 단순하게 우리의 힘을 행사하여 다시 그 일들을 바르게 하기만 하면 된다고 믿었다. 그러나 우리가 더 이상 지배자의 위치에 있지 않다는 사실이 점점 더 명백해지고 있다. 게다가 내적으로 우리는 고독하다. 많은 사람들이 정상에 다다랐으나 그로 인해 동료들과 가족들과의 인격적인 관계가 희생되었다. 또한 많은 사람들은 경기를 하여 정상을 전혀 차지하지도 못했지만 똑같이 동료들과 가족들에게서 소원해졌다. 이제 우리는 혼란하고, 도덕적으로 문란하고, 고독한 미래를 마주하고 있다. 우리가 우리의 믿음을 두고 있던 그 진보와 그 과학적 인본주의는 어떻게 된 것인가?

미국 사회가 갖고 있는 문제들은 대체적으로 개인적인 수준에서 드러나고 있다. 즉 광범위한 개인적인 혼란, 도덕적 문란, 불안정, 고독, 극한 경쟁, 표면적이고 피상적인 대인 관계, 그리고 다양한 정신 장애로부터 중증 정신 장애들이 그것이다. 만일 우리가 복음을 효과적으로 커뮤니케이션할 수 있는 근거로서의 감지 욕구들을 찾고 있다면, 분명히 엄청나게 많다. 이어지는 단락들에서 나는 그 중 몇 가지를 다루고자 한다.

미국인들은 안정(security)을 깊이 갈망하고 있다. 빠른 변화에 대한 우리의 전념과 참여는 보다 건강한 사회가 그 구성원들에게 제공하는 안정을 우리에게서 빼앗아 갔다. 대부분의 사회들은 적어도 충분한 전통을 제공하기 때문에 사람들은 심리적으로 안정할 수 있다. 전형적으로 사회는 사람들이 다른 사람들과 관계를 가지는 방법을 규정하기 때문에 사람들은 새로운 사람을 만날 때마다 새로운 관계를 협상할 필요가 없다. 그러나 우리 사회는 종종 이 일을 하지 않는다. 그러므로 우리는 새로운 사람을 만나고 새로운 대인 활동에 들어갈 때마다 우리가 할 수 있는 최선을 다하여 새로운 관계를 협상해야 한다.

대부분의 사회들은 사람들이 평생 동안 매우 안정되게 차지할 수 있는 신분과 역할들을 사람들에게 충분하게 지정해 준다. 그러나 우리 사회의 상징은 모든 사람의 결혼 생활을 전제하고 모든 사람에게 결혼 생활을 완수할 것을 요구하지만 많은 사람이 결혼 생활을 완수하지 못하고 중도에서 포기하는 것을 묵인하며, 또한 사실상 사회에 결함이 있을 때에도 사람들로 하여금 스스로를 비난하게 한다. 또한 우리 사회는 충분하게 열심히 노력한 사람은 어떤 분야에서도 정상에 이를 수 있다고 약속하지만, 여기에서도 역시 약속을 지키지 못한다.

이렇게 성취될 수 없는 이런 기대들이 늘어날 때 사람들은 심한 불안에 빠지게 되며, 종종 바람직하지 못한 수단으로 명예, 재물, 명성, 또는 단순한 인기와 같은 덧없는 일에서 안정을 미친 듯이 추구하기도 한다. 때로 사람들은 결과가 어떻든지 관계없이 무작정 개종을 하거나 어떤 유명한 인물이나 집단에 스스로 빠져들어 감으로 안정을 추구하기도 한다. 증상들이 어떠하든지 간에, 명백한 것은 안정 추구가 많은 영국계 미국인들(그리고 다른 미국인들) 삶에 있어 중요한 요소라는 사실이다.

둘째로, 이 안정 요소와 밀접하게 관련된 문제는 사회가 우리에게 갖고 있는 기대에 일치하려는 욕구이다. 우리는 종종 두 가지 이상의 상호 배타적인 기대를 동시에 성취할 것으로 기대된다. 보통 아내들은 완전히 가사에 헌신하고, 완전히 자녀 양육에 헌신하고, 또한 종종 동시에 완전히 직업에 헌신하는 섹시한 여성이 될 것으로 기대된다. 남편들은 종종 직장에 다니면서 가정과 아버지 역할에 완전히 헌신할 것으로 기대된다. 젊은이들은 부모, 교사, 교회, 그리고 동배 집단의 수많은, 그리고 종종 모순되는 지침들을 따라야 한다는 기대를 받는다. 이런 기대들은 너무 여러 가지이고 지나치게 요구적이다. 게다가 이런 기대들을 떠맡기는 사람들은 대개 자신들이 하고 있는 행동에 대한 이해력에 있어서도 부족하며 적용의 일관성에 있어서도 부족하다.

역시 첫 번째 문제와 관련된 세 번째 감지 욕구는 우리 사회의 이상들과 우리의 실제 행동간의 깊은 분열의 적당한 해결을 구하는 욕구이다. 이상은 여성이 결혼을 하는 것이다. 그러나 실제 상황은 그녀가 자신의 욕망을 노골적으로 추구해서는 안 되고 발견되기를 기다려야 한다고 요구한다. 이상은 우리가 대접받고자 하는 대로 모든 사람을 대접하는 것이다. 그러나 실제 상황은 우리가 이르기 원하는 곳에 이르기 위해 그 위치를 추구하는 모든 사람과 악랄하게 경쟁하지 않으면 안 된다는 것이다. 이상은 젊은 남성이 가능한 한 많은 시간을 아내, 그리고 자녀들과 함께 보내는 것이다. 그러나 실제 상황은 그가 가족의 미래를 위해 가능한 한 전적으로 자신의 직업에 쏟아야 한다는 것이다.

네 번째로, 영국계 미국인들이 가르침을 받아온 방법이 절대적이지도 않고 항상 옳은 것도 아니라는 것을 깨달을 때 심각하게 혼란에 빠진다. 많은 영국계 미국인들이 성장하면서 많은 삶의 영역들이 검거나 희지 않고 어두운 회색이라는 사실을 발견할 때 그것은 공포나 다름없다. 왜냐하면 우리 영국계 미국인들은 오직 한 가지 길만이 옳은 길이라고 배워왔기 때문이다. 그러므로 우리는 우리 사회 안의 다른 사람들이나 우리 사회 밖의 다른 사람들이 다른 기준들에 의해 살면서 벌을 받지 않는 것을 볼 때 심각한 혼란에 빠진다.

젊은 세대들은 이런 다양성을 '하나의 바른 길 교리'와 조화시키려는 시도를 하다가 결국 다원론을 절대화하게 되었다. 다른 사람들의 견해와 관행들이 아무리 이상할지라도 그것들을 관용하는 것이 현대의 '옳은 방법'의 주요 교리가 되었다. 그리고 지각적 현실(perceptual reality)을 향한 이 이미 수습 불가능한 접근에 새로운 모순과 당착들이 추가되었다.

감지 욕구의 다섯 번째 영역은 미국의 진정한 종교인 과학적 인본주의와 영국계 미국인들인 우리가 그 안에서 양육 받아온 기독교 전통들 간의 모순에 중심을 두고 있다. 학교와 교회는 서로 다른 것을 가르친다. 우리는 모든 진리는 한 가지이어야 하며, 따라서 종교와 과학 간에 일치가 있어야 한다는 느낌을 갖고 있다. 그러나 종교와 과학은 너무 멀어 보인다. 그리고 비그리스도인들에게나 적지 않은 수의 그리스도인들에게나 기독교의 선택은 너무 시대에 뒤진 것 같이 보인다. 그러므로 우리는 혼란하여 덜 적절한 것은 버리고 싶은 유혹을 받는다.

여섯 번째 욕구의 영역에서, 많은 사람들은 점점 더 무력감을 느끼며, 또한 적어도 그들이 갖고 있는 문제들 중 약간이라도 영적인 해답이 필요하다고 느끼고 있다. 인간사에 영향을 끼치고 있는 또는 영향을 끼칠 수 있는 무엇인가가 보다 '저편에' 존재한다는 느낌이 넓게 퍼져 있다. 심지어 '세속' 사회에서도 많은 사람들이 과학에 환멸을 느끼고 물질을 초월하는 영적 실체를 찾고 있다.

어떤 사람들은 실험을 하기 시작했다. 그리고 그들 중 불안한 숫자의 사람들이 뉴에이지 유형의 관계를 통해 사단과의 영적 관계를 발견하고 있다. 기독교 내에서 어떤 사람들은 은사 경험에서 영적 실체를 발견하고 있다. 그러나 대부분의 세상 사람들과 대부분의 그리스도인들은 새로운 선택들을 탐구하기보다는 계속하여 그대로 불만들을 가진 채 살고 있다. 그리고 비록 많은 교회들이 영적 능력으로 옮겨 가고 있지만, 여전히 대부분의 교회들은 그런 움직임을 거의 보이지 않고 있다.

마지막으로 우리는 깊은 우정을 필요로 한다. 우리가 경험하는 많은 것은 우리를 서로 소원하게 하고 우리가 진정한 인간적 배려의 온정과 지지를 받지 못하게 하는 경향이 있다. 우리는 너무 자주 이곳 저곳으로 옮겨 다니기 때문에 스스로 깊은 우정을 막는다. 우리는 자립과 개인주의를 이상적으로 보기 때문에, 우리의 개인주의가 희생되지 않기 위해 의존이나 상호 의존을 요구하는 관계를 회피한다. 이 과정에서 우리는 우리 주위의 사회에 대해서 뿐만 아니라 자기 자신에 대해서도 '무생물'이 된다.

중산 계급 영국계 미국인들에게는 이 사회 내에서 생활하는 삶이라는 현실들로 인해 생겨나는 긴급한 감지 욕구들이 몇 가지 있다. 우리가 기독교를 커뮤니케이션하라는 소명을 받은 대상은 바로 이 사회에서 이런 종류의 욕구들을 느끼는 사람들, 또는 다른 사회들에서 동등한 욕구들을 느끼는 사람들이다.

5. 기독교의 매력

이 상황을 고려할 때, 기독교는 어떤 매력을 가지고 있는가? 내가 보기에 여전히 전통에 매여 정지하고 있는 기독교는 아무 매력도 가지고 있지 않다. 전통에 매여 정지한 기독교는 세상을 향해 "하나님은 낡았다"고 말하고 있다. 그리고 세상은 이렇게 대답한다: "너희 하나님이 정확한 일들을 말하고 있을지 모른다. 그러나 하나님은 그 정확한 일들을 아무에게도 말하고 있지 않다. 그는 우리가 어디에 있는지 모르고 우리를 찾는 데 관심이 없다. 하나님이 우리를 위해 그 정도로 시간과 관심이 없는데, 왜 우리가 하나님과 함께 시간을 낭비해야 하는가?"

그러나 예수께서는 전통에 매인 정지된 제도를 창설하려고 오신 것이 아니다. 예수께서는 종교 소화 불량에 걸린 세상에 또 다른 종교를 설립하려고 오신 것도 아니다. 그는 풍성한 생명을 주시려고 오셨다(요 10:10b). 그리고 우리가 경험하는 삶은 역동적이고, 창조적이고, 항상 움직이는 것이다. 이것이 우리가 신약성경에서 보는 기독교이다. 그 기독교는 사람들과 접촉했고 사람들은 기독교의 관심을 실제적으로 느꼈다. 그 기독교는 현대적이었고, 사람들을 과거 시대로 끌고 가려는 시도를 하지 않았다. 비록 제도들을 사용했지만, 신약성경의 기독교는 제도들에 포로가 되는 것을 거부했다. 신약성경의 기독교는 하나님께서 관심을 가지고 계시다는 것을 알고 있는 사람들 중에 하나님의 생명에 대해 말했고, 진정으로 하나님의 생명을 생활하고 있었다.

대부분의 영국계 미국인들의 기독교 해석과 달리, 성경의 기독교는 인간의 수준에서 존재했을 뿐만 아니라 영적 차원들에 있어 생기에 넘쳤다. 성경의 기독교는 진심으로 지식과 능력을 구하는 사람들과 관계가 있었다(고전 1:22, 24). 그리고 성경의 기독교는 인간의 독창력뿐만 아니라 성령을 필요로 했다. 성경의 기독교는 본서 첫 장에서 언급한 예수와 성부 하나님의 친밀함을 본받았다. 성경의 기독교는 인간의 정황에서 볼 수 있는 하나님의 가시적인 행동들 이면에 존재하는 영적 실체를 깨닫고 그 영적 실체와 관계를 가졌다. 우리가 기적이라고 칭하는 일이 그들에게는 정상적인 일이었다. 왜냐하면 그들은 예수께서 자신을 따르는 사람들에게 주신 능력과 권세를 진지하게 받아들였고(눅 9:1, 2) "나를 믿는 자는 나의 하는 일을 저도 할 것이요"(요 14:12)라고 말씀하신 예수를 믿었기 때문이었다. 그들은 봉사하시는 예수를 본받아, 예수께서 하신 것과 똑같이 치유를 자신들의 삶과 커뮤니케이션 활동에 통합했다.

이 일이 20세기의 미국에서 가능할 수 있을까? 아니면 상황들이 너무 부적당하니까, 프란시스 쉐퍼(Francis Shaeffer 1976)가 충고하는 바와 같이, 상대주의가 우리 사회에 널리 퍼져 세력을 떨칠 때에는 과거의 시대로 후퇴해야 할까? 개인적으로, 나는 후퇴를 권하는 사람들에게 가담하기를 거부한다. 나는 하나님께서 아직도 세상에서 역사하고 계시며 우리 세상에 의해 무력해지지 않으신다고 확신한다. 그러므로 우리는 하나님과 같이 우리 수령자들이 실제로 느끼는 욕구들을 다루어야 한다. 사람들이 자신들의 문제들에 대해 하나님께서 무관심하신 것으로 생각하는 것을 하나님의 동역자인 우리가 허용하고, 이 시대의 문제와 개념들을 붙잡고 씨름하고 싶어하지 않고, 신학과 고대 역사와 죽은 언어들에 특별한 취미를 갖고 있는 사람들과의 관계에만 흥미를 갖는다면, 하나님의 의도를 왜곡시키는 것이다.

본서에서 나는 비평적 실재론(critical realism)이라고 칭하는 철학 개념에 기초한 커뮤니케이션 이해에 대해 말한 적이 있다(제7장에서 세 가지 현실들을 보고, Barbour 1974도 보라). 이 입장은 실제의 현실과 그 현실에 대한 인간의 인식을 항상 구별할 필요가 있다고 제안하면서, 이들 간의 차이를 조화시키려고 시도한다.

그러나 많은 보수적인 그리스도인들은 다른 입장에 전념한다고 가정했다. 즉 바부어(Barbour)가 소박한 실재론(naive realism)이라고 칭한 입장이다. 이 입장에 의하면 지식이 있는 관찰자는 객관적인, 그리고 주관적인 시각에 의해 왜곡되지 않은 현실을, 실재 있는 그대로, 직접적으로 본다는 것이다. 보수적인 그리스도인들은 종종 자신들이 하나님께 너무 완전하게 전념하기 때문에 하나님의 계시가 자신들에게는 명백하다고 생각한다. 그리고 자신들과 의견이 다른 사람들은 무조건 틀렸다고 생각한다(예를 들어, Lindsell, Shaeffer, Henly 등과 같은 보수파에 속한 사람들의 저술들을 보라).

이런 사람들은 비평적 실재론을 기독교의 본질에 대한 위협으로 여긴다. 그들이 생각하기에 이 입장은 그리스도인들이 포용하고 사용해야 할 하나님께로부터 온 통찰력이 아니라 싸워 물리쳐야 하는 세상으로부터의 침입이다. 분명히 나는 동의하지 않는다. 나는 이 시각을 보수적인 그리스도인들도 수용할 수 있을 뿐만 아니라, 우리 사회에 기독교를 제시하고자 하는 우리를 위해 매우 유익하다고 확신한다. 비록 다원주의를 지지하는 미국인들이 종종 상대주의를 너무 많이 받아들임으로 하나님을 상대적으로 취급했지만, 너무 극단적으로 치달아 하나님과 하나님의 말씀에 대한 특정한 인간의 이해를 절대화하는 것은 문제에 도움이 되지 않는다. 균형된 비평적 실재론적 입장이 없기 때문에 극단적이 되는 것이다. 이러한 입장이 없을 때 "우리는 인간의 제도들을 절대화하거나 하나님을 상대적으로 취급하게 된다"(Nida 1954:282).

우리는 성경의 영감과 권위를 고수한다. 그럼에도 불구하고 성경 계시에 대한 비평적 실재론을 받아들일 때, 우리는 우리의(또는 다른 모든 사람의) 인간적 성경 해석을 절대화하는 것을 막을 수 있다. 우리는 하나님께서 분명히 자신을 우리에게 계시하셨다고 말한다. 그러나 우리는 그 계시에 대한 우리의 인식을 성령께서 인도하시는 인식으로 제한한다. 우리는 비록 성령께 우리의 해석에서 우리를 인도해 주시기를 청하지만 하나님의 계시에 대한 우리의 해석의 절대성을 주장할 수 없고, 하나님도 우리에게 그런 기대를 하지 않으신다. 우리가 할 수 있는 최상의 주장은 하나님께서 우리에게 그 안에서 일하도록 결정하신 한계들을 아신다는 사실과 따라서 하나님께서 우리를 인도하시는 인식들은 절대로 절대적이지 않지만 하나님의 목적에 적합하다는 사실이다.

더욱이 우리는 비평적 실재론의 입장에서 우리의 실재(reality)에 대한 인식의 범위를 초월하는 실재(Reality)가 존재하며, 심지어 절대적인 하나님도 존재하신다고 주장할 수 있다. 우리는 그 실재를 절대로 객관적으로 볼 수 없다고 인정하지만, 그 인정으로 인해 우리가 그 실재의 존재를 부정해야 하는 것은 아니다. 그러므로 나는 비평적 실재론적 그리스도인이 되는 것이 가능하다고 믿는다. 더욱이 우리는 비평적 실재론의 입장이 이런 식으로 실재를 보는 수많은 사람들에게 증거하는 우리의 시도에 도움을 주며, 또한 하나님께서 무엇을 하고 계시며 그 일을 어떻게 하고 계시는지 이해하는 데에도 도움을 준다고 믿는다.

현재의 상황에서 사역하는 데 우리에게 도움이 될 수 있는 가능성들에 대한 두 번째 예증은 무엇이 절대적이며 무엇이 상대적인지에 대한 보다 큰 문제이다. 위에서 본 바와 같이, 비평적 실재론의 입장은 우리의 인식을 초월하는 실재를 인정하며 또한 인간 관찰자에 의한 그 실재의 객관적 인식도 인정한다. 만일 우리가 주장하는 바와 같이 우주에 절대적인 하나님께서 존재하신다면, 객관적으로 볼 수 있는 우리의 능력을 초월하여 존재하는 객관적 실재의 한 부분일 것이다. 비록 하나님을 직접 볼 수 없지만, 우리는 우리의 인식들이 우리에게 부여하는 실재의 어떤 국면에 대한 객관적 실존을 가정할 수 있는 것과 동일한 근거로 하나님의 존재를 가정할 수 있다. 그러나 비록 우리가 우리의 인식에 전념하고, 또한 이 인식들을 더 정확하게 인도하시는 성령으로부터 받은 도움(요 16:13)에 전념할지라도, 우리의 인식을 절대화해서는 안 된다.

어떤 기존 체계에는 오직 하나의 절대성밖에 존재할 수 없다는 사실을 인정할 때 우리는 상대성 이론을 많이 이해할 수 있다. 우주와 같은 체계에서는 우주를 창조하고 유지시키는 분만이 절대적일 수 있다. 나머지 존재들은 그 분의 노력으로부터 비롯되어 그 분의 능력에 의해 유지되기 때문에 그 분과 상관이 있거나 상대적이다. 따라서 우주에서는 오직 하나님만 절대적일 수 있으시다.

우주가 작동하는 법칙들 원리들도 하나님에 의해 고안되었고 하나님에 의해 유지된다. 그러므로 우리는 그런 법칙들과 원리들을 절대자로 칭할 수는 없지만 불변자(constants)로 칭할 수는 있다. 특별히 윤리적 영역들에 있어 이런 불변자들은 성경에 두드러진다. 그리고 이것들은 하나님에게서 나오는 것들이고 이들에 대한 관찰은 하나님께 대한 우리의 전념을 표현하는 것이기 때문에 이런 불변자들을 관찰하는 것은 그리스도인들의 의무이다. 그러나 우리가 사물에 대한 객관적인 깨달음에 복종하기보다는 하나님의 명령들에 대한 우리의 인식에 복종하고 있다는 사실을 인정할 때 사물들이 실재로 존재하는 방법에 대한 상당한 깨달음을 얻는 반면에 우리가 잃는 것은 아무것도 없다고 나는 확신한다. 따라서 그리스도인들간에 이 명령들에 대한 이해에 있어 차이가 있을 때, 우리는 우리의 형제 자매들을 비난하고 미워하기보다는 사랑으로 서로 일치할 수 있다.

더욱이 우리는 문화적 다양성이라는 사실을 용납할 수 있다. 왜냐하면 성경 전체에서 하나님께서 이 사실을 용납하시는 것 같기 때문이다(고전 9:19-22). 또한 하나님께서 어떤 문화나 언어도 재가하시지 않으셨지만 자신께서 함께 일하시는 집단을 위해 적절한 모든 전달 수단들을 통해 기꺼이 일하셨던 것처럼, 우리도 그렇게 할 수 있다. 비록 삶의 모든 방식(우리의 생활 방식도 포함하여) 속속들이 죄에 의해 침범되었고 '이 세상 임금' (요 14:30; 요일 5:16)이라고 불리는 원수에 의해 배후로부터 영향을 받고 있지만, 우리는 모든 문화적 생활 방식의 다양성을(재가하지는 않지만) 용납할 수 있다. 황금률은 개인적 수준으로만 적용될 수 있는 것이 아니라 문화적 수준으로도 적용될 수 있다. 또한 황금률은 우리가 우리 주위의 개인들과 문화들에서 보는 다양성을 타당한 것으로 받아들이라는 명령으로 이해될 수 있으며 또한 각 사람이 삶을 향한 접근에 대해(우리가 거기에 완전히 찬성하든지 그렇지 않든지 간에) 사랑과 관심을 표현하라는 명령으로 이해될 수 있다.

그러므로 인식적 상대성뿐만이 아니라 문화적 상대성도 우리가 반대해야 하는 것이 아니라 그리스도인들이 함께 살며 함께 활동할 수 있는 하나의 입장이다. 그러나 우리는 문화적 상대성(하나님께서 재가하시는)과 윤리적 상대성(하나님께서 비난하시는) 간의 차이에 대해 명확해야 한다. 문화적 상대성은 바울이 고린도전서 9:19-21에서 했던 것처럼 여러 문화 체계들의 타당성을 받아들인다. 반면에 윤리적 상대성은 자신의 문화 체계의 윤리적 규범들(그것이 토착적인 것이든지 또는 차용된 것이든지 간에)을 따르기를 거부하는 것이다. 예수께서 계속하여 바리새인들을 책망하신 이유가 바로 윤리적 상대주의 때문이었다(예를 들어, 마 23:3 이하). 바리새인들(그리고 수많은 그 시대의 사람들)은 그들이 사람들에게 따르며 살라고 주장한 그 원칙들을 받아들이지 않았다. 그리고 하나님께서는 그들이 그들 자신의 기준에 미달하는 것을 발견하셨다(이 중요한 차이에 대한 유익한 논의를 Mayer 1974에서 보라, 또한 Kraft 1991도 보라).

나는 니다(Nida)가 성경 문화적 상대론(biblical cultural relativism) 또는 상대적 상대론(relative relativism)이라고 칭하는 바를 지지하고 있다. 나는(Meyer를 따라) 이를 성경 문화적 타당성(biblical cultural validity)이라고 칭하고 싶다. 니다(1954:52)는 다음과 같이 이 성경적 입장을 회교의 순수한 실재론(naive realism of Islam), 그리고 많은 보수적 그리스도인들과 대조한다:

> 성경적 상대론은 모순의 문제가 아니라 기준과 행동에 영향을 끼치는 다양한 문화적 요소들에 대한 인식이다. 코란은 항상 회교도들의 행동에 집중하는 반면에 성경은 상대적 상대주의의 원리를 명확하게 수립한다. 상대적 상대주의는 예수 그리스도의 주권 하에서 성장 적응(growth adaptation)과 자유를 허용한다....기독교의 입장은 죽은 법칙들에 대한 정적 순응이 아니라 살아 계신 하나님께 대한 동적 순종이다.

(이 중요한 문제의 더 자세한 논의에 대해서는 Kraft 1979a:124-31을 보라).

그리스도인들이 크게 오해하고 있는 세 번째 세속적 이해는 종교가 믿음의 문제인 반면에 과학은 사실의 문제라는 견해이다. 내가 보기에 이 경우에 그리스도인들과 비그리스도인들 모두 문제의 본질을 오해하고 있다. 종교들이 증명될 수 없는 가설들에 대한 믿음에 기초한다는 견해는 실제로 사실이다. 그러나 종종 인식되지 않고 있는 사실은 과학도 역시 그런 논거들에 근거한다는 것이다. 하나님이 존재하지 않는다고 가정하는 모든 견해들은 하나님께서 분명히 존재하신다고 가정하는 견해와 똑같이 믿음의 견해이다. 더욱이 눈에 보이는 것들이 보이지 않는 것들보다 더 실재적이라는 견해, 질병은 악령들에 의해 발생하는 것이 아니라 세균에 의해 발생한다는 견해, 유기 물질의 부패율은 수 억 년 전에도 지금과 동일했다는 견해, 인간들이 보다 저열한 생명 형태로부터 발전했다는 견해, 그리고 과학자들에 의해 통상적으로 사용되는 이렇게 증명할 수 없는 수없이 많은 견해들은 모두 믿음에 기초하는 것이다.

사실상, 과학자들이 취하는 많은 믿음의 입장들(세상이 우연히 여기 있게 되었다고 말하는 것 같은)은 하나님을 우주의 창시자이시며 유지자로 가정하는 믿음의 입장보다 훨씬 더 큰 믿음을 필요로 한다. 그러므로 종교와 과학을 비교할 때, 그 비교는 두 무리의 믿음의 입장들 간의 비교이다. 그리고 유능한 과학자들이 인정하는 바와 같이 이런 주제들을 토론할 때 문제는 우리가 믿음의 입장을 받아들이는 것이 아니라 우리가 무슨 가정을 하는지를 말하는 데 종종 솔직하지 않다는 것이다. 모든 일의 증명이 대략적일 수밖에 없고 증명되지 않는 가정들에 기초할 수밖에 없다는 사실은 심지어 과학자들에게까지도 점점 더 분명해지고 있다.

내가 희망이 있다고 믿는 네 번째의 문제 영역은 전통과 변화의 문제이다. 우리는 삶의 많은 영역에서 변화를 이상적으로 강력하게 지지하는 사회의 일부분이다. 따라서 사회는 그러한 입장의 당연한 결론으로 전통의 보전, 특별히 현대의 세속주의자들에게 무의미하게 보이는 전통의 보전을 옹호하는 분야들에 대해 비판적이다. 결과적으로, 교회는 변화에 강한 애착을 가진 사회와 함께 움직이기보다는 고대의 전통들을 보전하는 습관에 빠지는 경향이 있었다. 우리는 오늘날 원래 의도된 의미들과 다른 의미들을 전하는 것으로 해석되는 과거부터 간직해온 형태의 관습에 사로잡혔다. 비록 우리는 우리 사회의 모든 것의 변화를 향한 무모한 돌진을 비판하지는 않았지만, 본질적인 기독교 신앙(신약성경에 제시된)이 전통의 지지자들에게 반대하고 변화의 지지자들의 편에 선다는 사실을 우리가 인식하지 못했다는 것은 정말로 유감스러운 일이 아닐 수 없다.

6. 우리는 무엇을 추구하는가?

우리가 추구하는 것은 신약성경의 페이지들에 나타나는 기독교에 상당하는 기독교, 오늘날의 사회에서 역동성에 있어 뒤지지 않는 기독교이다. 이것이 내가 역동적 등가 기독교(dynamic equivalence Christianity)라고 말한 기독교이다.

> 교회가 모험성을 버리고 정적 표현의 형태로 후퇴할 때는 언제나, 그리고 어디에서나 교회는 그 역동성을 상실했다. 오늘날의 제도적 교회에서 대부분의 사람들은 아마 죽은 영역들로 신학, 조직, 그리고 예배를 지적할 것이다. 그 이유는 찾기 어렵지 않으니, 바로 '권력 조직'(establishment)이다. 기독교(집권파)는 새로운 세대와 새로운 문화에 더 이상 문화적으로 어울리지 않는 형식들을 주입하는 것으로 만족하는 경향이 있었다. 권력 조직화된 교회는 그 형식들을 바꾸기를 두려워했다. 그 이유는 그렇게 할 때 내용이 상실될 것같기 때문이었다. 그러나 그렇게 하지 않음으로 자기도 모르게 내용을 크게 상실시켰다.
> 기독교의 역동성은 문화적 형식들 — 심지어 하나님께서 사용하셨던 문화적 형식들이라고 하더라도 — 의 신성시에 있는 것이 아니다. 기독교의 역동성은 하나님의 인간들과의 상호 활동을 위한 수단으로 더 부족함이 없이 섬기기 위해 이 시대의 문화 형태들을 변화시키는 역사에 하나님과 함께 참여하는 모험에 있다. 우리가 추구하는 바는 역동성에 있어 신약성경의 페이지들에 나타난 모습과 동등한 기독교이다.

그러나 우리는 종종 과거의 익숙한 형식들에서 벗어나는 것을 두려워
한다. 우리는 새로운 역동성의 욕구를 인식할 수 있다. 그러나 종종 우
리의 문화적 조건 반사는 우리가 그 역동성을 발견하게 할 수 있는 실
험에 착수하는 것을 억제한다(Kraft 1979a:382).

만일 우리가 기독교의 본질적으로 역동적인 특성을 인식하고 신약성경
의 기독교에서 보는 창조성과 모험에 몰두했다면(이 관점의 논의에 대해서
는 Kraft 1979a:18-21을 보라), 우리는 우리 주위의 사회에 커뮤니케
이션을 하는 데 훨씬 더 유리한 위치에 있었을 것이다.

우리가 마음껏 사용할 수 있는 자원들은 인상적이다. 첫째로 기도에 응
답하시는 주권의 하나님이 계시다. 그리고 가장 훌륭한 그리스도인의 생활
을 하면서 새로운 것을 좋아하는 사람들이 있다. 관련성의 도전에 진정으
로 관심을 가지고 응답을 하는 기독교 집단들(교회라는 칭함을 받는)이 있
다. 우리로 하여금 개인적으로 그리고 집단적으로 건설적이고, 목표 지향
적인 삶의 변화를 위해 하나님 자신의 능력을 사용하게 하실 수 있는 하나
님과의 관계가 있다. 사람들을 매혹시키고 바른 방향의 인격적 변화를 위
한 매트릭스를 제공할 수 있는 사랑의 수용이라는 큰 능력이 있다. 이 모든
자원들과 그 밖의 많은 자산들은 지금 자신들이 경험하는 것보다 더 나은
것을 찾고 있는 사람들에게 큰 호소력을 갖고 있는 진정한 기독교의 약속
을 제공한다.

그러나 기독교는 외부인들과 내부인들 모두를 위한 변화를 수반한다.
기독교는 하나님과 하나님의 형상을 향한 부단한 평생의 이동을 수반한다
(Kraft 1979a:240-45를 보라). 그리고 이런 변화는 미국인의 가치관을
변하지 않은 채로 남겨두지 않는다. 왜냐하면 비록 하나님께서는 미국인들
이 존재하는 곳에서 출발하기를 마다하지 않으셨지만, 우리가 교육 받아온
가치관에 계속 붙들려 주춤거린다면 이를 용납하지 않으시기 때문이다.

예를 들어, 만일 우리 사회가 삶을 향한 자연주의적 접근법을 지지한다
면, 기독교는 모든 것에 초자연적인 차원을 본다. 만일 우리 사회가 자기

중심을 장려한다면, 기독교는 우리를 하나님 중심으로 나아가게 한다. 만일 미국인의 방법에 대한 전념, 과학적 인본주의, 진보, 그리고 개인주의와 같은 것들이 우리에게 으뜸이 된다면, 기독교는 하나님과 하나님의 목적에 대한 전념을 우리의 전념들 중에 으뜸의 자리로 높인다. 만일 미국인으로서 우리가 독립에 주목을 집중한다면, 기독교는 하나님과, 그리고 다른 그리스도인들과의 심리적이며 영적인 상호 의존(interdependence)을 지지한다. 만일 미국 사회가 우리에게 '나의 권리들'이 최고라고 가르친다면, 기독교는 우리의 초점을 우리가 할 수 있는 봉사로 돌린다. 만일 미국 사회가 돈과 지위에 있어서 안정을 가르친다면, 기독교는 하나님과의 관계를 통한 안정, 그리고 하나님의 백성들과의 관계를 통한 안정을 가르친다. 만일 미국 사회가 우리에게 우리가 얻을 수 있는 최선을 얻기 위해 이웃과 경쟁을 해야 한다고 가르친다면, 기독교는 우리가 우리의 이웃을 사랑해야 하고 그들을 위한 최선을 추구해야 한다고 가르친다.

    기독교는 미국인의 피상적인 관계 대신에 하나님 및 다른 사람들과의 깊고 친밀한 관계를 권한다. 기독교는 미국인의 경쟁심과 적개심에 반하여 세대와 다른 사회적 간격을 가로지르는 사랑과 이해를 지지한다. 기독교는 변덕스러운 운명과 오만한 인간들이 지배하는 세계 대신, 전능하시고 사랑하시는 하나님께서 지배하시는 세상을 제시한다(비록 우리는 어떤 일이 진행되고 있는지 거의 이해하지 못하지만). 기독교는 미국인의 방법을 능가하며, 미국인의 방법이 단지 역사의 풍설이 될 때에도 여전히 존재할 것이다.

    기독교는 이미 사회의 한 부분인 시각들과 욕구들을 가지고 출발하지만 변화를 요구한다. 기독교는 수용과 더 나은 것을 바라는 소망을 모두 가지고 있다. 그러므로 더 나은 것을 위하여 커뮤니케이션을 하고자 할 때 우리는 하나님의 메시지를 무력하게 만드는 전통들의 포로가 되지 말아야 한다. 본서는 이 점에 있어 우리를 돕기 위해 의도된 것이다.

●●●●●●● Communication Theory for Christian Witness

CHRISTIAN LITERATURE CRUSADE

사단법인 기독교문서선교회는 청교도적 복음주의신학과 신앙을 선포하는 국제적, 초교파적, 비영리 문서선교기관입니다.

사단법인 기독교문서선교회는 한국교회를 위한 교육, 전도, 교화에 힘쓰고 있습니다.

만일 당신이 예수 그리스도와 그리스도인의 생활에 대하여 알기를 원하시면 지체말고 서신연락을 주십시오. 주 안에서 기쁜 마음으로 도움을 드리겠습니다.

서울 서초구 방배동 983-2
Tel. (02)586-8761~3

사단법인 **기독교문서선교회**

기독교 커뮤니케이션론

Communication Theory for Christian Witness

2001년 2월 25일 초판 발행
2021년 6월 30일 개정판 1쇄 발행

지 은 이 | 찰스 H. 크래프트
옮 김 이 | 박영호

펴 낸 곳 | (사)기독교문서선교회
등 록 | 제16-25호(1980.1.18.)
주 소 | 서울특별시 서초구 방배로68
전 화 | 02-586-8761~3(본사) 031-942-8761(영업부)
팩 스 | 02-523-0131(본사) 031-942-8763(영업부)
이 메 일 | clckor@gmail.com
홈페이지 | www.clcbook.com
송금계좌 | 기업은행 073-000308-04-020 (사)기독교문서선교회

ISBN 978-89-341-0705-7 (93230)

낙장·파본은 교환해 드립니다.

CLC 도서안내

현대사회문제와 기독교적 답변

Issues Facing Christians Today

존 스타트 지음/ 박영호 옮김
신국판/ 528면/ 값 11,000원

이 시대의 산적한 문제들에 대하여 그리스도인들은 어떠한 세계관을 가지고 어떻게 반응해야 하며, 어떠한 대안들을 가지고 어떠한 지평에서 조망해야 하는가? 저자 존 스타트는 오늘날 그리스도인들이 직면한 이러한 문제들이 발생하게 된 배경과 실상 그리고 그 대안을 성경적 조망을 통해서 명쾌하게 제시해 주고 있다.

CLC 기독교문서선교회

CLC 도서안내

성육신적 선교사역

Incarnational Ministry

폴 G. 히버트 · 엘로히스 히버트 메네시스 지음/ 안영권 · 이대헌 옮김
신국판/ 448면/ 값 13,000원

본서는 선교현장의 특성들을 충분히 고려한 복음전도 전략과 교회개척 전략을 수립할 것을 강조한다. 본서의 저자들은 사회를 사회구조의 유형에 따라 무리사회, 부족사회, 농촌사회, 도시사회로 분류하여 각 사회 구조의 특성들과 세계관에 대해 다루고, 그러한 특성들을 고려한 복음전도의 전략과 교회개척 사역을 위한 선교전략을 제시한다. 복음에 대한 열정과 헌신으로 가득 찬 한국 선교사들이 본서를 통하여 선교지 사회의 세계관을 체계적으로 이해하고 이에 따른 선교전략을 수립하는 계기가 되기를 기대한다. 예수님이 성육신적 전략으로 우리에게 다가왔듯이, 우리의 선교에 대한 열정도 성육신적 선교전략으로 구체화되어야 할 것이다.

CLC 기독교문서선교회